玻璃丝通信终成真

赵梓森传

贺金波 樊立岩 ◎ 著

科学家学术成长资料采集工程
中国工程院院士传记丛书

1932年	1954年	1977年	1980年	1982年	1995年	2000年	2015年
出生于上海	毕业于上海交通大学	率队拉出我国第一根光纤	任邮电部激光通信研究所所长兼总工程师	中国首条应用光纤"八二工程"架设光缆	当选为中国工程院院士	担任"武汉·中国光谷"首席科学家	荣获武汉市功勋市民称号

玻璃丝通信终成真
赵梓森传

老科学家学术成长资料采集工程
中国工程院院士传记丛书

贺金波 樊立岩 ◎ 著

中国科学技术出版社
上海交通大学出版社

图书在版编目（CIP）数据

玻璃丝通信终成真：赵梓森传 / 贺金波，樊立岩著.
北京：中国科学技术出版社，2020.8
（老科学家学术成长资料采集工程丛书. 中国工程院院士传记丛书）
ISBN 978-7-5046-8500-1

Ⅰ. ①玻… Ⅱ. ①贺… ②樊… Ⅲ. ①赵梓森－传记
Ⅳ. ① K826.16

中国版本图书馆 CIP 数据核字 (2019) 第 273684 号

责任编辑	何红哲
责任校对	邓雪梅
责任印制	李晓霖
版式设计	中文天地

出　　版	中国科学技术出版社　上海交通大学出版社
发　　行	中国科学技术出版社有限公司发行部
地　　址	北京市海淀区中关村南大街 16 号
邮　　编	100081
发行电话	010-62173865
传　　真	010-62173081
网　　址	http://www.cspbooks.com.cn

开　　本	787mm×1092mm　1/16
字　　数	260 千字
印　　张	16.5
彩　　插	3
版　　次	2020 年 8 月第 1 版
印　　次	2020 年 8 月第 1 次印刷
印　　刷	北京华联印刷有限公司
书　　号	ISBN 978-7-5046-8500-1 / K·270
定　　价	89.00 元

（凡购买本社图书，如有缺页、倒页、脱页者，本社发行部负责调换）

老科学家学术成长资料采集工程
领导小组专家委员会

主　任：韩启德

委　员：（以姓氏拼音为序）

　　　　陈佳洱　　方　新　　傅志寰　　李静海　　刘　旭
　　　　齐　让　　王礼恒　　徐延豪　　赵沁平

老科学家学术成长资料采集工程
丛书组织机构

特邀顾问（以姓氏拼音为序）

　　樊洪业　　方　新　　谢克昌

编委会

主　编：老科学家学术成长资料采集工程领导小组办公室

编　委：（以姓氏拼音为序）

　　　　定宜庄　　董庆九　　郭　哲　　胡宗刚　　胡化凯
　　　　刘晓堪　　吕瑞花　　秦德继　　任福君　　王扬宗
　　　　熊卫民　　姚　力　　张大庆　　张　藜　　张　剑
　　　　周大亚　　周德进

编委会办公室

主　任：孟令耘　　杨志宏

副主任：许　慧　　刘佩英

成　员：（以姓氏拼音为序）

　　　　冯　勤　　高文静　　韩　颖　　李　梅　　刘如溪
　　　　罗兴波　　王传超　　余　君　　张佳静

老科学家学术成长资料采集工程简介

老科学家学术成长资料采集工程（以下简称"采集工程"）是根据国务院领导同志的指示精神，由国家科教领导小组于 2010 年正式启动，中国科协牵头，联合中组部、教育部、科技部、工信部、财政部、文化部、国资委、解放军总政治部、中国科学院、中国工程院、国家自然科学基金委员会等 11 部委共同实施的一项抢救性工程，旨在通过实物采集、口述访谈、录音录像等方法，把反映老科学家学术成长历程的关键事件、重要节点、师承关系等各方面的资料保存下来，为深入研究科技人才成长规律，宣传优秀科技人物提供第一手资料和原始素材。

采集工程是一项开创性工作。为确保采集工作规范科学，启动之初即成立了由中国科协主要领导任组长、12 个部委分管领导任成员的领导小组，负责采集工程的宏观指导和重要政策措施制定，同时成立领导小组专家委员会负责采集原则确定、采集名单审定和学术咨询，委托科学史学者承担学术指导与组织工作，建立专门的馆藏基地确保采集资料的永久性收藏和提供使用，并研究制定了《采集工作流程》《采集工作规范》等一系列基础文件，作为采集人员的工作指南。截至 2016 年 6 月，已启动 400 多位老科学家的学术成长资料采集工作，获得手稿、书信等实物原件资料 73968 件，数字化资料 178326 件，视频资料 4037 小时，音频资料 4963 小时，具有重要的史料价值。

采集工程的成果目前主要有三种体现形式，一是建设"中国科学家博物馆网络版"，提供学术研究和弘扬科学精神、宣传科学家之用；二是编辑制作科学家专题资料片系列，以视频形式播出；三是研究撰写客观反映老科学家学术成长经历的研究报告，以学术传记的形式，与中国科学院、中国工程院联合出版。随着采集工程的不断拓展和深入，将有更多形式的采集成果问世，为社会公众了解老科学家的感人事迹，探索科技人才成长规律，研究中国科技事业的发展历程提供客观翔实的史料支撑。

总序一

中国科学技术协会主席　韩启德

老科学家是共和国建设的重要参与者，也是新中国科技发展历史的亲历者和见证者，他们的学术成长历程生动反映了近现代中国科技事业与科技教育的进展，本身就是新中国科技发展历史的重要组成部分。针对近年来老科学家相继辞世、学术成长资料大量散失的突出问题，中国科协于2009 年向国务院提出抢救老科学家学术成长资料的建议，受到国务院领导同志的高度重视和充分肯定，并明确责成中国科协牵头，联合相关部门共同组织实施。根据国务院批复的《老科学家学术成长资料采集工程实施方案》，中国科协联合中组部、教育部、科技部、工业和信息化部、财政部、文化部、国资委、解放军总政治部、中国科学院、中国工程院、国家自然科学基金委员会等 11 部委共同组成领导小组，从 2010 年开始组织实施老科学家学术成长资料采集工程。

老科学家学术成长资料采集是一项系统工程，通过文献与口述资料的搜集和整理、录音录像、实物采集等形式，把反映老科学家求学历程、师承关系、科研活动、学术成就等学术成长中关键节点和重要事件的口述资料、实物资料和音像资料完整系统地保存下来，对于充实新中国科技发展的历史文献，理清我国科技界学术传承脉络，探索我国科技发展规律和科技人才成长规律，弘扬我国科技工作者求真务实、无私奉献的精神，在全社会营造爱科学、学科学、用科学的良好氛围，是一件很有意义的事情。采集工程把重点放在年龄在 80 岁以上、学术成长经历丰富的两院院士，以及虽然不是两院院士、但在我国科技事业发展中作出突出贡献的老科技工作者，充分体现了党和国家对老科学家的关心和爱护。

自 2010 年启动实施以来，采集工程以对历史负责、对国家负责、对科技事业负责的精神，开展了一系列工作，获得大量反映老科学家学术成长历程的文字资料、实物资料和音视频资料，其中有一些资料具有很高的史料价值和学术价值，弥足珍贵。

以传记丛书的形式把采集工程的成果展现给社会公众，是采集工程的目标之一，也是社会各界的共同期待。在我看来，这些传记丛书大都是在充分挖掘档案和书信等各种文献资料、与口述访谈相互印证校核、严密考证的基础之上形成的，内中还有许多很有价值的照片、手稿影印件等珍贵图片，基本做到了图文并茂，语言生动，既体现了历史的鲜活，又立体化地刻画了人物，较好地实现了真实性、专业性、可读性的有机统一。通过这套传记丛书，学者能够获得更加丰富扎实的文献依据，公众能够更加系统深入地了解老一辈科学家的成就、贡献、经历和品格，青少年可以更真实地了解科学家、了解科技活动，进而充分激发对科学家职业的浓厚兴趣。

借此机会，向所有接受采集的老科学家及其亲属朋友，向参与采集工程的工作人员和单位，表示衷心感谢。真诚希望这套丛书能够得到学术界的认可和读者的喜爱，希望采集工程能够得到更广泛的关注和支持。我期待并相信，随着时间的流逝，采集工程的成果将以更加丰富多样的形式呈现给社会公众，采集工程的意义也将越来越彰显于天下。

是为序。

总序二

中国科学院院长 白春礼

  由国家科教领导小组直接启动，中国科学技术协会和中国科学院等12个部门和单位共同组织实施的老科学家学术成长资料采集工程，是国务院交办的一项重要任务，也是中国科技界的一件大事。值此采集工程传记丛书出版之际，我向采集工程的顺利实施表示热烈祝贺，向参与采集工程的老科学家和工作人员表示衷心感谢！

  按照国务院批准实施的《老科学家学术成长资料采集工程实施方案》，开展这一工作的主要目的就是要通过录音录像、实物采集等多种方式，把反映老科学家学术成长历史的重要资料保存下来，丰富新中国科技发展的历史资料，推动形成新中国的学术传统，激发科技工作者的创新热情和创造活力，在全社会营造爱科学、学科学、用科学的良好氛围。通过实施采集工程，系统搜集、整理反映这些老科学家学术成长历程的关键事件、重要节点、学术传承关系等的各类文献、实物和音视频资料，并结合不同时期的社会发展和国际相关学科领域的发展背景加以梳理和研究，不仅有利于深入了解新中国科学发展的进程特别是老科学家所在学科的发展脉络，而且有利于发现老科学家成长成才中的关键人物、关键事件、关键因素，探索和把握高层次人才培养规律和创新人才成长规律，更有利于理清我国科技界学术传承脉络，深入了解我国科学传统的形成过程，在全社会范围内宣传弘扬老科学家的科学思想、卓越贡献和高尚品质,推动社会主义科学文化和创新文化建设。从这个意义上说,采集工程不仅是一项文化工程,更是一项严肃认真的学术建设工作。

中国科学院是科技事业的国家队,也是凝聚和团结广大院士的大家庭。早在1955年,中国科学院选举产生了第一批学部委员,1993年国务院决定中国科学院学部委员改称中国科学院院士。半个多世纪以来,从学部委员到院士,经历了一个艰难的制度化进程,在我国科学事业发展史上书写了浓墨重彩的一笔。在目前已接受采集的老科学家中,有很大一部分即是上个世纪80、90年代当选的中国科学院学部委员、院士,其中既有学科领域的奠基人和开拓者,也有作出过重大科学成就的著名科学家,更有毕生在专门学科领域默默耕耘的一流学者。作为声誉卓著的学术带头人,他们以发展科技、服务国家、造福人民为己任,求真务实、开拓创新,为我国经济建设、社会发展、科技进步和国家安全作出了重要贡献;作为杰出的科学教育家,他们着力培养、大力提携青年人才,在弘扬科学精神、倡树科学理念方面书写了可歌可泣的光辉篇章。他们的学术成就和成长经历既是新中国科技发展的一个缩影,也是国家和社会的宝贵财富。通过采集工程为老科学家树碑立传,不仅对老科学家们的成就和贡献是一份肯定和安慰,也使我们多年的夙愿得偿!

鲁迅说过,"跨过那站着的前人"。过去的辉煌历史是老一辈科学家铸就的,新的历史篇章需要我们来谱写。衷心希望广大科技工作者能够通过"采集工程"的这套老科学家传记丛书和院士丛书等类似著作,深入具体地了解和学习老一辈科学家学术成长历程中的感人事迹和优秀品质;继承和弘扬老一辈科学家求真务实、勇于创新的科学精神,不畏艰险、勇攀高峰的探索精神,团结协作、淡泊名利的团队精神,报效祖国、服务社会的奉献精神,在推动科技发展和创新型国家建设的广阔道路上取得更辉煌的成绩。

总序三

中国工程院院长　周　济

由中国科协联合相关部门共同组织实施的老科学家学术成长资料采集工程，是一项经国务院批准开展的弘扬老一辈科技专家崇高精神、加强科学道德建设的重要工作，也是我国科技界的共同责任。中国工程院作为采集工程领导小组的成员单位，能够直接参与此项工作，深感责任重大、意义非凡。

在新的历史时期，科学技术作为第一生产力，已经日益成为经济社会发展的主要驱动力。科技工作者作为先进生产力的开拓者和先进文化的传播者，在推动科学技术进步和科技事业发展方面发挥着关键的决定的作用。

新中国成立以来，特别是改革开放30多年来，我们国家的工程科技取得了伟大的历史性成就，为祖国的现代化事业作出了巨大的历史性贡献。两弹一星、三峡工程、高速铁路、载人航天、杂交水稻、载人深潜、超级计算机……一项项重大工程为社会主义事业的蓬勃发展和祖国富强书写了浓墨重彩的篇章。

这些伟大的重大工程成就，凝聚和倾注了以钱学森、朱光亚、周光召、侯祥麟、袁隆平等为代表的一代又一代科技专家们的心血和智慧。他们克服重重困难，攻克无数技术难关，潜心开展科技研究，致力推动创新发展，为实现我国工程科技水平大幅提升和国家综合实力显著增强作出了杰出贡献。他们热爱祖国，忠于人民，自觉把个人事业融入到国家建设大局之中，为实现国家富强而不断奋斗；他们求真务实，勇于创新，用科技为中华民族的伟大复兴铸就了辉煌；他们治学严谨，鞠躬尽瘁，具有崇高的科学精神和科学道德，是我们后代学习的楷模。科学家们的一生是一本珍贵的教科书，他们坚定的理想信念和淡泊名利的崇高品格是中华民族自强不息精神的宝贵财富，永远值得后人铭记和敬仰。

通过实施采集工程，把反映老科学家学术成长经历的重要文字资料、实物资料和音像资料保存下来，把他们卓越的技术成就和可贵的精神品质记录下来，并编辑出版他们的学术传记，对于进一步宣传他们为我国科技发展和民族进步作出的不朽功勋，引导青年科技工作者学习继承他们的可贵精神和优秀品质，不断攀登世界科技高峰，推动在全社会弘扬科学精神，营造爱科学、讲科学、学科学、用科学的良好氛围，无疑有着十分重要的意义。

中国工程院是我国工程科技界的最高荣誉性、咨询性学术机构，集中了一大批成就卓著、德高望重的老科技专家。以各种形式把他们的学术成长经历留存下来，为后人提供启迪，为社会提供借鉴，为共和国的科技发展留下一份珍贵资料。这是我们的愿望和责任，也是科技界和全社会的共同期待。

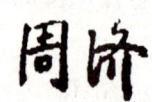

周济

赵梓森院士

采集小组负责人贺金波教授与赵梓森院士合影

采集小组负责人贺金波教授访谈赵梓森院士

光纤的诞生引发了一场通信技术的革命

赵梓森 二〇〇六年十月十七日

序

受中国科协老科学家学术成长资料采集工程项目组的多次邀请,希望我为赵梓森院士学术成长传记写序,我既感到荣幸,又感到惶恐。

荣幸之处不仅因为赵院士是我国著名的科学家、"中国光纤之父",在中国通信界地位颇高,还因为赵院士既是我的良师,也是我的同事和益友,看到他这部非常翔实的学术成长传记我也非常受感动,能为这部传记作序委实是我至高的荣耀!惶恐的是,我才疏学浅,于赵院士来说更是学生一辈人物,难有资格为其传记写序啊!所以,尽管去年就接到赵院士项目负责人贺金波教授的数次邀请,我都婉拒了。

今年上半年贺教授又为此事专门来寒舍拜访,确实不好再拒绝,就答应斗胆写几句,从我的真情实感角度写点与赵院士的交集,我对他的感情和感动之处,只当作是对老师的崇敬和祝贺!

赵梓森院士首先是我的良师,在武汉邮电学校上学期间他教授我们《脉冲技术》课程。我当时对他的印象与大部分学生相同,既喜欢又害怕。喜欢他深入浅出的讲课风格,再难的问题在他的讲述中都那么浅显易懂。当时的教材文字表述多,图解少,他几乎把每一个重要的知识点和原理都绘制成思维导图或者示意图,我们听起来就比较轻松。这些知识为我后来从事脉冲调相通信机的研制奠定了非常扎实的基础。害怕的是,他的考试题目相对较难，无论是单元测验还是期中期末考试，都有一些需要深入思考才能回答的题目，要想顺利通过他的课程考试要花很大的气力复习和思考才行。后来想想，正是这份严厉促使我们学习到了过硬的专业知识，为后来的发展奠定了基础。1982年，我在武汉邮电科学研究院攻读硕士学位时，赵院士已经鼎鼎有名了，他作为我的合作导师，每次研究讨论会上他的发言都给我很大启发，不仅教给我们最前沿的光纤通信知识，而且总能启发我们的科研头脑。他虽然不是我的直接导师，但对我学位论文的完成影响很大。因此，称他为良师并非出于礼貌的尊称，而是名副其实！

赵梓森院士也是我多年的同事。因为大学成绩优秀，我毕业后留校工作，有幸成为他的同事。开始我在实验室工作，与他的直接交集不多。直到1976年，他在我们单位行政楼一楼的一个废弃的厕所间建立实验室时，我主动要求加入他的实验团队，有幸与他一起自力更生、艰苦奋斗，在极端简陋的条件下熔炼出我国第一根光纤。现在想起来，当时决定跟着他研制光纤也是没有多少信心的，好奇心是主要动机。但随着研究的开展，我的信心逐渐增加，因为每一次他对实验结果的分析都能让我们看到希望，他话语不多，但句句切中要害，抓住关键点，就感觉虽然一直行走在泥泞之中，下面都是硬地的踏实。果不其然，经过近两年的摸索实践，实验室在1977年3月研制出了中国第一根短波长（0.85微米）阶跃型石英光纤（长度17米，损耗300dB/km）。作为这次历史意义的光纤研制参与者，作为他的实验团队一员，这是我终身的荣耀！这次的光纤研制过程，赵院士给我们的不仅是一个科学家的示范和楷模，还同时展现了他朴素、善良的人格光芒。记忆最深刻的是，只要是有危险的实验，他都让我们年轻人离得远远的。他常说，我已经结婚生子，你们还没成家，危险的事情还是我来比较好。其中一次实验，真的发生了爆炸，剧毒液体喷进他的口鼻，他当即昏倒在实验台旁。当我们把他送到医院抢救过来后，他第一句问的是：实验设备损失大不大？我们当时都非常感动。而且，当医生清洗完他的口鼻，他稍加休息，当天下午又赶回实验室分析实验事故的原因。可以说，没有这种奋不顾身的精神，就没有武汉邮电科学研究院在中国光纤通信事业的领导地位，就没有现在的武汉·中国光谷这世界上最大规模的光电子产业基地。

作为他的同事，对他最深的印象还是他永不言弃的精神。记得在1979年左右，我们在武汉邮电科学研究院内开展光纤通信线路实验。他主导实验的光纤材料解决了，激光器也从美国引进了，但数字化通信机始终未能解决。分管通信机这块的一些工程负责人气馁了，他们认为，连发达国家都没有研制出半导体集成块数字通信机，我们这么差的条件更没有希望，不如等发达国家生产出来我们直接引进，然后再做。赵院士非常着急，他参与我们的讨论后，觉得等待不是办法，必须积极主动解决困难。经过数天的深入思考，他单独找我商量，提出了用脉冲相位技术暂时替代的方案。待我基本理解他的思路后，他就让我主要负责这个项目。在他的指导下，我们经过数十次研制，终于做成了脉冲式数字通信机。很快，武汉邮电科学研究院院内 8Mb/s、120话路、5.7千米的架空光纤通信试验段线路得以完成。慢慢地，在我们邮电科学研究院内同事之间逐渐形成一个共识：在赵工那里，没有克服不了的困难。虽然这个说法不太科学，但确实反映了同事们对赵院士能力的认可和钦佩之情。很多事情过去后回过头来想想，每到关键的时候，都是赵院士挺身而出，勇敢接受挑战，找到解决问题的办法。放到小的层面说，没有赵院士就没有武汉邮电科学研究院的今天。放到大的层面说，没有赵院士的奋力拓展，我国的光纤通信事业至少要再多奋斗数十年。因此，作为一个亲眼见证中国光纤事业发展的赵院士的同事，我衷心地说："中国的光纤之父"称号，赵梓森院士确实当之无愧！

赵梓森院士更是我的益友。与赵院士同事数十年，他从没有把我当作学生看待。无论何时何地，没有一点老师或者师父的架子。什么事情都是与我们先协商，取得共识之后再分配和落实任务，所以大家都很愿意跟他交朋友。有什么困难或苦恼，不管是工作上，还是家庭里面，也都愿意向他倾诉，而他总是耐心倾听，积极帮助我们想办法、出主意，甚至帮助向领导反映情况，为我们解决科研和生活中的后顾之忧。从我自己感受来说，我觉得赵院士对我有某种偏爱，不仅在科研工作中常常指导我，而且时常与我交心谈心，疏通我思想上的一些问题。我后来的事业发展，及至做到武汉邮电科学研究院副院长兼总工程师职位，是与赵院士的关心和关怀分不开的。1995年，他当选中国工程院院士后，放弃了很多单位想给他的优厚待遇，但转而对我们的待遇十分关心，经常去我们家里查看生活情况，问寒问暖，积极帮我们一线科研人员解决待遇问题。记得有几次我生了小病，但考虑到工程进度，没有就医，他知道后硬是派专车强迫送我去医院就诊。他几次跟我说，工作要做，身体健康也不能忽视，只有身体健康才能更为持久地做好工作。及至后来，我渐渐感觉到，在我的心中，老师和同事的成分越来越少，朋友的成分越来越多。可以说，没有赵院士这个益友，就没有我的今天！

贺金波教授一直希望我能对赵梓森院士的学术成就和地位做个评价，但仔细斟酌，我还是觉得就我的学识和地位，确实不敢也没有资格做这件事，所以，只能拉拉杂杂表达我的一些感受。

再次感谢中国科协老科学家学术成长资料采集工程这项非常有意义的工作！

祝我的良师益友和杰出同事赵梓森院士身体健康，快乐幸福！

毛　谦

二〇一七年十月十六日

目 录

老科学家学术成长资料采集工程简介

总序一 ································韩启德

总序二 ································白春礼

总序三 ································周济

序 ··································毛谦

导 言 ································1

第一章 | 基础教育阶段兴趣执着 ················11

出生于制衣作坊之家 ······················11
大姐带动的艺术氛围 ······················16
战火中的流离生活 ·······················21
勇敢又聪慧的小学生 ······················27
偏科爱制作的初中生 ······················35
萌生信仰的高中生 ·······················45

执拗兴趣"三考"大学·· 50

第二章 | 三尺讲台下的科研梦想·· 57

从实验室到三尺讲台·· 57
风不止而心独静·· 62
科研才华初展示·· 67
自主科研觅新路·· 73
相互欣赏结伴侣·· 82
受冲击却逍遥·· 86
眉山工程初练手·· 92

第三章 | 确定光纤通信方案·· 98

突破大气激光通信·· 98
科研规划会力推光纤入项·· 107
光纤技术路线提出始末·· 114
"背靠背"辩论以小搏大··· 135

第四章 | 玻璃丝通信终成真·· 141

厕所清洗间拉出首根光纤·· 141
展览会上决定的光纤命运·· 147
突破通信光源瓶颈·· 151
第一条实用化光纤之争·· 164

第五章 | 架通光纤通信网·· 170

开启先河的"八二工程"··· 170
一箭三雕的"汉荆沙"工程··· 177

第六章　小光纤编织大光谷 ·················· 187

规划光纤产业之路 ·················· 187
人代会议议三峡 ·················· 189
倡议建立中国光谷 ·················· 192
牵挂光纤到户工程 ·················· 196
荣膺武汉市功勋市民 ·················· 200

结　语 ·················· 203

附录一　赵梓森年表 ·················· 208

附录二　赵梓森主要论著目录 ·················· 229

参考文献 ·················· 234

后　记 ·················· 236

图片目录

图 1-1	20 世纪 30 年代上海莫利爱路的花园洋房	12
图 1-2	1938 年赵梓森童年照	13
图 1-3	20 世纪初上海先施公司大楼	14
图 1-4	赵梓森童年时代的全家福	16
图 1-5	青年时代的赵梓森在拉小提琴	20
图 1-6	赵梓森的油画习作	21
图 1-7	1937 年淞沪会战日军侵入上海	23
图 1-8	1946 年少年时代爱踢足球的赵梓森	31
图 1-9	1942 年少年赵梓森在制作飞机模型	39
图 1-10	原上海市市长吴国桢	40
图 1-11	矿石收音机原理示意图	43
图 1-12	上海辅仁中学校徽	45
图 1-13	1948 年民国时期上海发行的金圆券	47
图 1-14	1951 年赵梓森大学登记照	51
图 1-15	原上海大同大学校景	53
图 2-1	1954 年武汉群众在江汉关筑堤防汛	58
图 2-2	中国科学院院士陈芳允	78
图 2-3	赵梓森夫人范幼英画作《金烁漓江》	84
图 2-4	赵梓森全家合影	85
图 3-1	赵梓森在实验室查阅资料	103
图 3-2	20 世纪 70 年代武汉市汉口水塔旧貌	104
图 3-3	"世界光纤之父"、诺贝尔物理学奖得主高锟	108
图 3-4	中国科学院院士钱伟长	113
图 4-1	赵梓森与同事在熔炼车床前工作	144
图 4-2	1977 年赵梓森在"工业学大庆"展览会上演示的光纤图片	149

图 4-3	1995年"世界光纤之父"高锟向赵梓森颁发纪念品	156
图 4-4	2010年赵梓森与李天培等人合影留念	161
图 4-5	20世纪80年代赵梓森在贝尔实验室与厉鼎毅合影	163
图 5-1	中国首条实用光纤布线图	171
图 5-2	20世纪80年代"八二工程"光缆建设现场	173
图 5-3	1985年"八二工程"获奖证书	175
图 5-4	20世纪80年代赵梓森讲解光缆研制过程	178
图 5-5	1988年"汉荆沙"工程验收合格证书	179
图 5-6	1988年"汉荆沙"工程获国家光纤通信试点示范工程证书	180
图 5-7	1991年合肥—芜湖光缆试验工程开通典礼	183
图 5-8	1991年"合芜"工程获邮电部一等奖证书	184
图 5-9	1993年"合芜"工程获国家科学技术进步奖三等奖证书	185
图 5-10	20世纪90年代赵梓森在长沙视察"京汉广"工程	186
图 6-1	1983年赵梓森参加第六届人大会议	191
图 6-2	赵梓森院士证书	192
图 6-3	武汉·中国光谷鸟瞰图	195
图 6-4	2004年赵梓森作"光纤到户"主题演讲	196
图 6-5	2016年5月赵梓森接受中国科技网采访	199
图 6-6	2015年赵梓森获得的武汉市功勋市民证书	200
图 6-7	2015年武汉市功勋市民颁奖现场	201

导 言

现在，当我们能随时随地上网，舒适享受宽带接入带来的信息便利之时，不得不提到"中国光纤之父"——赵梓森院士。

通信是人类文明进步的标志性符号。通信技术的每一次革命性突破都会推动人类文化和经济迈上一个新台阶。最早，人们利用击鼓传声和筑台烽火传递信息，来实现长距离的互通信息和协作。随着电磁波的发现和电报、电话的发明，人们通过金属导线和空气介质来传送信息，把"千里眼"和"顺风耳"的神话变为现实，有力推动了工业革命。到了20世纪中叶，信息革命浪潮呼之欲出，但传统的以金属导线传送信息的方式难以适应这次革命的需要，因为金属导线传送的信号容量小、损耗高、距离近、成本大。1880年，贝尔发明了一种利用光波作载波传递话音信息的"光电话"，它证明了利用光波作载波传递信息的可能性，是光通信历史上的第一步，贝尔实验室由此全球闻名。但因为没有合适的载体，贝尔发明的光信号在很长一段时期还是要通过金属导线传送。1966年，美籍华人高锟发表了一篇题为《光频率介质纤维表面波导》的论文，开创性地提出光导纤维在通信上应用的基本原理，描述了长程及高信息量光通信所需绝缘性纤维的结构和材料特性，解决了光导纤维（玻璃丝）传送光信号的理论问题。随着第一个光纤系统于1981年成功问世，高锟的"世界光纤之父"美誉传遍世界，也因此获得2009年度诺贝尔物理学奖。用光导纤维传送信号，容量大、损耗小、距离远、成本低，可以极大推动信息技术的巨大变革，特别是适应因特网高速发展的需要。高锟的理论因此点燃了通信领域科学家研制光纤通信的热情。20世纪70—80年代，美国、英国和日本等国调动顶尖科研资源花巨资研制光纤通信技术，光纤通信技术处在飞速发展的前夜。但此时在我国，受"文化大革命"和西方科技封锁的影响，少数科技工作者虽然知晓高锟的理论和西方正在研制光纤的信息，也开展了一些小范围的试验和研究，可因为体制限制、政策缺乏和基础工业薄弱，光纤通信的研制工作举步维艰，进展缓慢，我国因此存在严重落后于世界先进通信技术的危险。赵梓森院士当时身处武汉一个很小的邮电基层单位——武汉邮电学校，信息渠道较为闭塞，直到1973年才有机会读到高锟的论文。但一经读到该论文，他就非常认同高锟的理论并十分憧憬光纤通信革命的未来。在得知美国、英国、日本等发达国家在急速秘密研制光纤通信技术后，他没有像其他科研人员那样等待国家政策出台和发展时机的出现，而是立即行动，顽强地说服各级领导，积极主动争取各种政策的支持，克服基础工业落后的困难，土法上马，自力更生，硬是在非常艰苦的条件下研制出我国第一根实用型通信光纤，并以此为基础，配套研制、生产和建设了我国第一条光纤通信线路，在武汉建立了世界上规模最大的光电子产业基地——武汉·中国光谷。因为他的出色工作，我国的光纤通信技术不仅没有落后于世界，还在很多方面达到了世界领先水平。赵梓森院士也因此被业界一致认可为"中国光纤之父"。

赵梓森院士1932年出生于上海市卢湾区一个很小的制衣作坊家庭。自幼兴趣广泛，尤偏于理科和制作。尚在小学和初中阶段，就因陋就简制造过氢气球、矿石收音机、滑翔飞机模型和小提琴等。1937年8月，淞沪会战爆发，国军强占了他们家新盖的房子，全家人被迫颠沛流离，遍尝生活艰辛，因而促使其从小就树立了科学救国的理想。1949年高中毕业时，因追求感兴趣的动手性强的实用性学科，他先后从浙江大学农艺系（就读一年）、复旦大学生物系（拿到入学通知书但未去报到）退学，两次重新参加高考，最后于1950年考入上海大同大学（1952年并入上海交通大学）

电机系，为他日后接触和研制光纤打下了基础。

赵梓森1954年大学毕业后被分配到武汉邮电学校当老师，在教授基础学科之余不忘刻苦钻研实用通信知识，且一直醉心于多项自己感兴趣的小制作和技术发明。"文化大革命"期间，他白天参加政治学习，晚上在家偷偷自制电视机和高端收音机，为后来的光纤研究奠定了扎实的理论基础。功夫不负有心人，他为科研兴趣的不懈努力不断得到回报。1959年，他率领团队研制的可解三阶微分方程的模拟计算机，在"武汉市高校五年成就展览会"上演示获得成功，被授予"武汉市高校科技成果特等奖"。1964年，他独立演算提出的"$0-\infty$法解网络"解"梅森公式"因简捷实用得到学术界高度评价。1973年，他采用太阳光作平行光源，主导解决了立项研究多年而长期鲜有突破的国家级大气激光通信项目。这些理论研究和实践成果，既是他多年专注于科研兴趣不断积累的结果，也是他科研天赋和能力的反映，从此领导和同事们一致认可他为"技术专家"，觉得他"搞科研很有一套"，此为他日后说服领导并促成光纤研制积累了人力资本。

1973年主导解决了大气激光通信难题后，当许多同事为此欢欣鼓舞之时，赵梓森却非常冷静地看到这种技术会受到天气和障碍物的局限，很难有好的发展前景，于是开始思考新的通信方式。在听说光纤（玻璃丝）能够通信后，他急切地去湖北省图书馆找到华裔英籍科学家高锟于1966年首次发表的关于光纤通信的论文《光频率介质纤维表面波导》抄写阅读，初步认可了光纤通信技术的可行性和巨大发展潜力。后又通过多方了解，知道美国、英国和日本等发达国家已经在研制光纤通信技术并取得初步的成功后，更加坚定了自己的判断，感觉找到了光纤通信这座"青山"。就他的性格而言，咬定青山就难以放松。但当时的中国，因为长期的政治运动和信息闭塞，不仅是领导层，就连科研人员都不相信玻璃丝可以通信。怎么办？赵梓森意识到，机会不是坐等来的，而必须通过努力才能争取到。他抓住一切可能的时机，不遗余力地呼吁和说服各层级领导支持和发展中国的光纤通信研究，并最终把握住了三次重大的机会。

第一次是1973年5月，赵梓森作为技术代表，在出席全国邮电科研规划会议时，从刚访美归国的著名科学家钱伟长那里打听到美国已经秘密研制成功实用光纤的消息后，非常着急，感觉时不可待，硬是多方说服会议领导把"积极创造条件开展光导纤维研制工作"这句话列入未来科研规划中来，促使光导纤维研制第一次成为一般性研究课题。第二次是1974年10月，他创新性提出的符合我国国情的光纤通信研究技术方案（石英光纤作传输介质、半导体激光器作光源、脉冲编码调制为通信制式），在国务院科技办组织的"背靠背"辩论中，"击败"已经有前期研究基础且研究实力明显强于自己的竞争单位，使光纤研制项目首次被纳入国家课题的层面，为我国的光纤研制确立了正确的方向。第三次是1977年5月，在"邮电部工业学大庆展览会"上，他演示了用自行研制的光纤传输黑白电视信号，得到了时任邮电部部长钟夫翔的称赞和赏识，光纤通信因此被破格列为国家级重点攻关项目，从而促成其所在单位放弃了原来确定的重点攻关目标，而改为全院通力攻关光纤通信，并被任命为技术负责人，主导全院的光纤通信技术研究。我国的光纤通信研究从此迈入了快车道。

对光纤通信研制来说，争取到政策和单位的支持，只是万里长征走了第一步。按照赵梓森提出的方案，光纤通信的三个基本要素（光纤、激光器和通信机）在当时我国落后的生产设备和工艺条件下，哪一个都是空白，都需要自力更生去解决、去突破、去攻关。

第一步是研制实用型光纤（理论上石英纯度高于109、光损低于20dB/km）。当时的情况是，虽然通过"背靠背"辩论把光纤研制纳入国家级课题，但武汉邮电科学研究院内部并未真正重视，没有为此建立团队也没有专门的实验室。他好不容易说服领导，才把办公楼一层厕所旁一个废弃洗手间改造成简陋的实验室。他和10位志同道合的同事，采用最简易的实验设备（电炉、试管和酒精灯等）、最简单的工艺（烧烤）和最基础的原料（四氯化硅、氧气），经过1年多数千次的试验，才熔炼出高纯度（杂质10^{-9}）的石英玻璃。并以此试验为基础，采用改良的化学气相沉积法（MCVD），自力更生绘制300多张图纸，利用院内一台旧车床和废旧机械零件，制造出一台光纤拉丝机，终于在1977年3月成功拉制出了我国第一根实用型、短波长（0.85微米）和阶跃型石英光纤（长度17米，损耗 300dB/km）。又经过近三年的试制探索，于 1980 年 4 月，使拉制出的长波长光纤最低损耗值在 1.55 微米处达到 0.29dB/km，最终达到实践应用的要求。

第二步是研制半导体激光器。就中国当时的工业和技术水平，如果单靠自力更生研制半导体激光器需要很长的摸索时间，如此会极大延误光纤通信在我国的推广使用。他利用被派到美国参观访问的机会，不失时机地与美国半导体激光器的发明人谢肇金博士进行商谈并达成了技术合作协议。为冲破美国设立的"技术壁垒"，必须分别在美国和中国合作建厂，利用谢肇金享有的美国专利技术生产长波长半导体激光器。1979 年 9 月，受邀来华访问的谢肇金与武汉邮电科学研究院签订正式合作办厂协议，在中国开办长江激光电子有限股份公司，赵梓森为中方技术代表和负责人。但赵梓森清醒地意识到，引进技术是为了更好借鉴，绝不能单纯依赖。经细心考察员工后，他大胆启用了公司里年轻有为的李同宁为课题组组长，领导激光器的自主研发。经过两年多的努力，中方主导的长江激光电子有限股份公司终于在 1981 年 9 月研制出了我国第一个享有自己知识产权的长波长半导体激光器，摆脱了依赖美国技术的历史。

第三步是通信机问题。按照赵梓森在"背靠背"辩论时提出的技术方案，光导信号必须是数字信号，需要数字式通信机（脉冲编码调制机）。但符合脉冲编码调制机要求的半导体集成块，即使在发达国家当时还没研制出来，这成了解决通信机问题的"拦路虎"，难倒了一些同类型科研机构。而赵梓森没有因此退缩，也没有等待，他根据已掌握的扎实通信理论知识，认为半导体集成块研制出来只是时间问题，在研制出来之前，暂时可以通过"脉冲调相"来替代解决。随后的发展再次证明了他的"准确眼光"，一是武汉邮电科学研究院采用了这个替代方案研发出了可用于光纤通信实践的通信机，并在试验中获得了成功；二是国际上随后果然研发出了符合通信技术要求的半导体集成块。利用这些集成块，赵梓森指导科研团队很快研制出了脉冲编码调制二代机和三代机，顺利应用于我国的第一条实用光纤线路——"八二工程"，武汉邮电科学研究院因此在研制光纤通信中赢得了邮电部领导的信任和支持，取得了我国光纤通信研制的主导地位。

完成了材料和设备研制并通过试验验证后,接下来就是实用光纤线路架设了。1981年9月,邮电部和国家科学技术委员会确定在武汉建立一条光缆通信实用化系统,意在通过实际使用,完成商用试验以定型推广。由于该工程建设限于1982年完成,故简称"八二工程"。按照设计方案,该工程是一个市内电话局间中继工程,其主要技术指标为:传输速率8.448Mb/s,传输容量120个市话话路,中继距离6千米,线路长13.3千米,跨越长江、汉江,贯穿武汉三镇,连接武汉市四个市话分局。与研制过程中的试验线路相比,该工程最突出的困难有两个:一是线路长,这就要求光纤必须大批量生产。光纤的量产包括熔炼、拉丝、测试、套塑四个基本环节,每个环节内还包括其他子工艺。尤其是拉丝环节,为了兼顾光纤的质量和产量,还需要克服很多技术难题。二是在长距离传输中光纤可能面临的损坏,即断点问题。光纤无论是悬于空中,还是埋于地下,难免会发生意外出现断裂。这些断点有的显而易见,查找容易;有的则十分隐蔽,查找困难。为此,一方面必须研制光纤断点测试设备,另一方面还要随时待命,排查线路中断故障。1982年12月31日,中国光纤通信的第一个实用化系统——"八二工程"按期全线开通,正式进入武汉市市话网,从而标志着中国开始进入光纤数字化通信时代。

随着"八二工程"的成功入网,1983年5月,赵梓森被提拔为武汉邮电科学研究院总工程师。在他的领导下,又先后完成了数十项由短及长的光纤通信架设工程。其中,1987年完成的全长244.86千米的"汉荆沙"工程(武汉—荆州—沙市)被作为全国同类行业的示范。1993年完成的全长3046千米的"京汉广"工程(北京—武汉—广州),是目前中国、也是世界上最长的架空光缆通信线路,该工程跨越北京、湖北、湖南、广东等6省市。工程中为了解决原140Mb/s传输设备不适合中小城市电路条件的问题,他专门组织研发了140Mb/s1B1H码型机。由于北京到广州之间温差很大,会导致光纤在应力作用下信号传输出现延时,赵梓森指导学生毛谦进行攻关,确保了如此长距离光纤传导延时小于规定的14微秒。为了方便沿途各省市单位对工程维护,他们还在工程监控上首次采用了汉字终端显示。京汉广架空光缆工程的开通，不仅有效缓解了京汉广沿线的通信线路紧张状况，也对疏通全国光纤通信线路起到了很好的调节作用。这样在不到10年时间，赵梓森和他的团队就将大容量高传速的光纤通信线路连通到天南海北，完成了我国的信息高速公路建设工作。

如果用人体血液循环系统做比喻，"京汉广"工程只是光纤通信线路的大动脉，要把光纤通信深入到每个城市和乡村，实现光纤入户，还需要建立数量庞大的分支动脉、小动脉和毛细血管网。如此一来，单靠武汉邮电科学研究院和全国为数不多的几家单位生产相关材料和设备显然是不够的，必须加强光纤和光电产品的产业化和规模化。1983年，国家计委和邮电部考虑到我国工业基础薄弱，为了使光纤通信、光纤光缆迅速形成产业，决定寻求外企合作，武汉邮电科学研究院被指定为负责单位。1984年，邮电部、湖北省和武汉市三方达成协议，在武汉建设邮电部武汉通信光纤厂，赵梓森担任技术负责人。他经过认真调研和艰苦谈判，于1985年与荷兰飞利浦公司达成协议，合作建立中外合作公司——长飞光纤光缆服务有限公司（以下简称长飞公司）。长飞公司1988年成立，1992年即建成投产。不过，因工业基础过于薄弱，在投产的数年间国产光纤与世界先进水平仍存在较大差距，这也导致了在1988年到1998年建设"八纵八横"的一系列光缆干线工程中，一律采用进口的购自美国康宁公司的光纤。面对长飞公司发展初期面临的技术困难，赵梓森始终亲临一线指导，不断帮助公司提高技术水平。经过6年多的发展，到1998年长飞公司生产的光纤质量已接近世界先进水平，量产突破100万千米，现在该公司的技术和市场占有率已大大超过早期技术合作的飞利浦公司，成为中国第一、世界知名的大型公司。长飞公司的建立和发展，抑制了国外产品对中国光纤产业的控制，使得中国的光纤产业由弱到强，最终成为世界光纤制造大国。

美国有一个硅谷，中国有一个光谷。"武汉·中国光谷"拥有国内最大的光纤、光缆和光电器件生产基地，最大的光通信技术研发基地，是中国在光电子信息领域参与国际竞争的标志性品牌。此光谷建立有一个源头不容忽视——赵梓森。1995年，因在中国光纤通信领域的开创性工作与突出贡献，赵梓森被评选为中国工程院院士。同年，他首次提出加快武汉的光电子产业发展，将武汉建设成全国的光电子产业基地。2000年5月7日，湖北省科协主持召开"中国光谷建设武汉地区院士和专家座谈会"，会上，包括赵梓森在内的26位院士和专家在《关于加快技术创新，发展我国光电子信息产业的建议》上签名，吁请党中央、国务院批准武汉建设国家级光电子信息产业基地———"中国光谷"，意在集全国之力，促进中国光电子信息产业的重组与扩张，形成武汉光电子产业的示范效应和品牌效应。2000年5月31日，"武汉·中国光谷"领导小组聘请赵梓森、李德仁院士为首席科学家。2001年2月28日，科技部正式批准在武汉建立国家光电子信息技术产业化基地，命名为武汉·中国光谷。光谷建成后，很快达成了预期目标。从2001年立项批建到2007年，只用了不到6年时间，武汉·中国光谷就成为世界上最大的光电子产品研产基地。

赵梓森不仅是一个杰出的科学家，还是一个善于科普的专家。因为长期醉心于科学研究，他不善交际，对科研之外的话题几乎很少言语。但只要一提到光纤，他的话匣子就滔滔不绝，尽量浅显易懂地介绍为何玻璃丝可以通信，以及玻璃丝用于通信的巨大优势。作为课题组负责人，我与他第一次见面，他就送给我一本他写的科普读物《玻璃丝的神通：浅谈光纤通信》。通过他的介绍，我在很短时间内就基本了解了光纤通信的原理和技术要点。我还注意到，无论在谈话还是报告中，很多时候赵梓森院士都不用"光纤"这个正式名称，而是用"玻璃丝"这个俗称。作为一个心理学者，我从中看到了他潜意识中的核心动力——玻璃丝通信之梦，所以，我决定用赵院士这个梦作为他学术传记的名称《玻璃丝通信终成真》。

2010年，由中国科学技术协会牵头，联合中组部、财政部、中国科学院等相关部门共同实施了老科学家学术成长资料采集工程。2015年本课题小组有幸承担了"赵梓森院士学术成长资料采集工程"的项目任务。

在采集过程中，我们以赵梓森院士的学术成长经历为主线，采集整理了反映赵梓森家庭背景、求学历程、工作经历、科研发展，尤其是对其日后科学成就产生深刻影响的工作环境、科研发展中关键节点和重要事件的口述历史资料，以及反映其学术思想和观点产生、形成、发展过程的实物资料和图像资料等。

非常幸运的是，赵梓森院士身体非常健康，健谈且记忆良好，故课题小组采取了以直接访谈为主的研究路线，通过对赵院士本人、重要团队成员及其亲人的结构化、半结构化和开放式的访谈，基本获取了赵梓森院士学术成长的资料全宗。

经过近两年的努力，采集工作获得了较为丰富的成果。比较重要的有：赵梓森院士珍贵的手稿、笔记类8件，重要著作6本，代表性学术论文65篇，人事科技档案资料108份，相关照片60张，获奖证书34份，音频、视频访谈资料1800分钟左右。此外还收集了关于赵院士先前的相关报道39则，传记1部。

本课题小组撰写的《玻璃丝通信终成真——赵梓森传》以采集到的真实资料为基础，按照时间顺序和学术发展脉络的交叉路线，从赵梓森少年时期的求学开始，详细地叙述他此后的学习、教学以及科研经历，着重对那些体现他学术创新、工作精神和人生态度的事件做了细致、深入的描述和分析，旨在为读者还原一个真实而又不平凡的科学家形象。在传记结构安排上，我们选取关键节点，着重突出4个影响他学术成长和科研成就的个性与重要事件的结合部分：①不达兴趣不罢休——为了选择喜欢的专业两次退学三次高考；②醉心于科研和实践——不管外面政治运动喧嚣，自己在家悄悄搞发明和制作；③看准目标就坚忍执着——认同光纤通信理论和前景后，就顽强甚至于偏执地说服各级领导支持，创造研制光纤通信的条件；④不等不靠艰苦创业——争取条件但不完全依赖，根据实际情况自己创造条件，用最原始设备研制出中国第一根实用光纤。

这本传记就是以此为核心，在尊重历史事实的基础上，真实而生动地讲述了赵梓森院士学术成长和科研发展的故事。

传记共有六章。第一章从赵院士出生讲到大学毕业，重点讲述了他从小显露出的理科兴趣和制作天赋，以及对兴趣的坚忍执着。第二章介绍他如何从一名普通中专老师成长为一名科研工作者的故事，着重描述了他不忘初心，不受政治运动影响，埋头搞科研的经历。第三章阐述他抓住机会，说服各级领导把光纤研制纳入国家级项目，并提出了具有中国特色的实用性的光纤研制方案。第四章是他自力更生研制和试制光纤线路的故事。第五章讲述他领导架设连通南北的中国光纤通信网络的历程。第六章介绍他主导推动建立中国光谷,引领我国成为光纤和光电子产品制造大国的事迹。

希望这本传记能够让更多的读者了解赵梓森院士的学术成长经历和中国的光纤事业发展历程,更希望年轻的科研工作者能够以赵梓森院士为榜样,学习他自力更生、艰苦奋斗、励志科研报国的精神,为中华民族的伟大复兴作出自己应有的贡献。

第一章
基础教育阶段兴趣执着

出生于制衣作坊之家

赵梓森出生于上海市卢湾区一个小小的制衣作坊之家。

20世纪30年代的上海市卢湾区莫利爱路[1]，是一条不过300多米长的小街。此街由法国租界公董局[2]修建后，以法国著名戏剧家莫里哀[3]的名字

---

[1] 莫利爱路（Rue Moliere），因翻译不同，也称莫里哀路。

[2] "公董局"相当于公共租界的"工部局"，是旧上海法租界最高的市政组织和领导机构。早在1860年太平军东进上海期间，上海的几个租界为共同防卫租界，对付太平军而决定联合，市政统归工部局指挥。当上海的战事稍呈平稳时，1863年法国人就提出放弃联合，并自己设立与工部局一样的市政机构，早期也被译作"法租界工部局"，后来为避免机构名称同名，被译为"公董局"。"董"就是"董事"，即由多人组成董事会，设总董一名为最高执行董事。

[3] 莫里哀（Molière, 1622—1673），本名让-巴蒂斯特·波克兰，法国著名剧作家、戏剧活动家、芭蕾舞喜剧创始人。代表剧作有《伪君子》《恨世者》《无病呻吟》等。从1644年开始他以艺名"莫里哀"出演喜剧，1952年成为剧团负责人并尝试创作剧本，1658年率团在卢浮宫为路易十四演出，得到上层社会赏识。1659年，他在巴黎创作的第一个剧本《可笑的女才子》上演。之后几年，其喜剧创作进入全盛时期，相继诞生了一部部脍炙人口的戏剧作品，奠定了他在法国乃至世界戏剧史上的崇高地位。

命名。抗战时期，上海被汪伪政权接管后，街名被改名香山路并一直沿用至今。

当时的莫利爱路居民，大多是西方人，华人十分稀少。小街梧桐浓荫，一排排的红色砖墙，一页页的木制百叶窗，半圆形大阳台的花园洋房镶嵌其间，恍然置身宁静的欧洲乡村。与这些反客为主的洋房相比，巷尾的数间华人居所就完全是非常简陋的贫民窟了。

图 1–1 20 世纪 30 年代上海莫利爱路的花园洋房

1932 年 2 月 4 日，农历腊月二十八，赵梓森就降生于这个贫民窟里一间民居中。

赵梓森是个早产儿，在娘胎里待了 7 个月就出生了。父亲赵泽銮、母亲谢秀群和他们的三个女儿围着这个预产在鸡年出世、不想竟揪着猴年的尾巴出来的男孩子，都非常欣喜。但欣喜之余更多的是对这个瘦小且哭声微弱的婴儿生命力的担忧。事实也证明了他们的担忧，年幼的赵梓森两天一小病三天一大病，几乎成了药罐子，婴幼儿期的两场伤寒差点使他夭折。不过，一到学会走路和奔跑后，这个属猴男孩的天性似乎一下迸发出来，满世界活蹦乱跳，手脚一刻也无法停歇。

为了改善家人的生活，在赵梓森出生后不久，父亲就举家迁到居住条件稍好的北四川路（现四川北路）的公益坊。这个弄堂里，欧洲联排式房屋风格与传统江南民居合二为一的石库门建筑[①]，是最具上海特色的民宅。

---

① 石库门多为砖木结构的二层楼房，坡型屋顶常带有老虎窗，红砖外墙，弄口有中国传统式牌楼。大门采用两扇实心黑漆木门，以木轴开转，常配有门环，进出发出的撞击声在古老的石库门弄堂里回响。门楣做成传统砖雕青瓦顶门头，外墙细部采用西洋建筑的雕花刻图。二楼有出挑的阳台，总体布局采用了欧洲联排式风格。上海注意保存老的建筑，一些具有海派特色的石库门里弄被作为近代优秀建筑整组保存。

石库门里赵家的女主人谢秀群，是广东香山县人①。在未及成年时，就因家庭贫困被卖到了上海的一个医生家里做丫鬟。虽说平日里只是做些清洁整理的工作，但身处医生之家感受到的那种建立在学识之上的优裕生活，强烈地冲击着这个未曾上过学堂的姑娘。她除了私下里自学认字外，还暗下决心，自己以后嫁人有了一男半女，不管再苦再累，哪怕砸锅卖铁，也要供他们读书上学。与一般女孩不同的是，这个出身贫苦的女人，

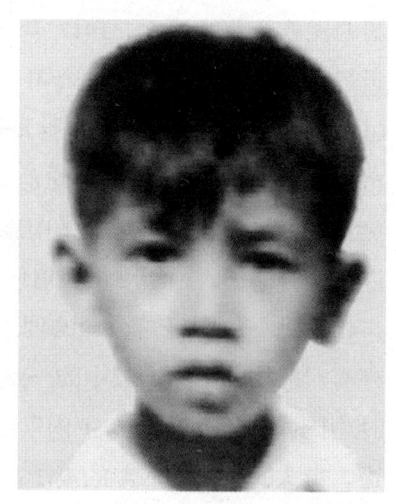

图 1-2　1938 年赵梓森童年照

不仅有梦想，而且敢于实践，后来把自己养育的 8 个子女都送进了上海的大学，而且有 6 个是响当当的名牌大学。赵梓森后来的成就应该很大程度上得益于这样一位伟大的母亲。

　　1925 年，经老乡牵线搭桥，谢秀群嫁给了广东香山老乡赵泽鋆，两人对这桩婚事都十分满意。赵泽鋆当时供职于南京路上的先施公司。这一位列四大百货公司②之首的民族企业，其创办者马应彪③，是许多以"实业救国"为志向的民族工商业先行者的代表。马应彪早年家境贫苦，为了生计漂洋过海到澳大利亚悉尼拓荒种地，在通过贩卖水果淘得第一桶金之后，开商店、办银号，业务如滚雪球般发展，逐渐成为当地小有名气的商人。归国后受到同乡孙中山救国运动的激发，马应彪产生经商救国的念头。他不但慷慨资助孙中山先生的革命事业，还力争打破国外资本的垄断，积极

---

　　①　香山县，古时县名。主要地域涵括现广东省中山市、珠海市、澳门特别行政区及今广州市番禺部分地区。

　　②　从 20 世纪第一个 10 年的后期，到 30 年代，随着经济的发展，尤其是租界地区，南京路上先后开设了先施、永安、新新、大新四大百货公司，全都是民族资本。先施开办最早，又称"中华百货第一楼"。

　　③　马应彪（1864-1944），出生于香山县沙涌村，中国百货业的先驱。1900 年，在香港开设先施百货商店；1914 年，在广州长堤建立先施粤行，附设东亚大酒店，并创办化妆品厂、玻璃厂、铁器厂等，取得巨大成功；1917 年建成了第一家由中国人开办经营的现代化百货公司——上海先施公司；1921 年，与蔡兴等创办了香港国民商业储蓄银行；1944 年病逝于香港。

第一章　基础教育阶段兴趣执着　　13

投身民族企业的建立。1917年10月20日，一家由中国人自己创办的、有世界市场之称的大型百货公司——上海先施公司在南京路上正式开业。据《先施公司二十五周年纪念册》载："中西士女临场观礼者逾万人，嘉宾济济，盛极一时。华人惊为此前未，有之大观，即西人亦叹为观止。""先施"的名号取自四书里的《中庸》："盖营业之道，首贵乎诚实，倘未能先以诚实施诸于人，断难得人信任。"其英文名SINCERE亦有诚实守信的含义，足见马应彪经营公司的理念。先施的营业方式不仅有对传统的继承，亦有对旧物的革新。其中的一大亮点，即在于率先雇用女性店员，这在当时中国人"男主外，女主内"的传统文化氛围下，无疑是破天荒的头一遭。带头的正是马应彪的妻子霍庆棠，她冲破传统的勇气，一度成了公司的活广告。随后的数年间，先施公司蒸蒸日上，不仅在新加坡、泰国等地开设分公司或分店，还在英国伦敦开设分庄，又投资保险信托，办起了化妆品厂和其他十多间工厂，产品行销海内外，形成了一个颇具规模的"先施帝国"。

得益于先施公司的兴盛，在赵梓森出世前，赵泽鋆仅靠一个人的薪水，不仅养活了3个孩子（赵梓森上面的3个姐姐），还攒了些许积蓄，家庭也算小有富足。但随着赵梓森及五弟、六弟的相继出生，加之稍长的几个孩子都到了上学的年龄，家庭的经济压力与日俱增。在上海滩这一冒险家的乐园里，在商

图1-3 20世纪初上海先施公司大楼

界闯荡了近十年的赵泽鎏,不可抗拒地想投身于创业增收的路子。但从商之路该如何选择呢?多年在先施公司从事服装销售的经验,让他看到了商机。当时上海人口激增,服装买卖市场很大。赵泽鎏发现,和成人服装的光鲜亮丽、款式新颖相比,儿童服装则显得千篇一律,少有亮色。基于此,赵泽鎏最终决定涉足童装生意,开设一家专门生产童装的家庭小作坊。

家庭小作坊建起来后,那间原本逼仄的石库门小宅就显得更加拥挤了。和妻子商量后,赵泽鎏决定利用手头的这笔积蓄,在当时地皮相对便宜的闸北盖一座小楼,既可经营生意,又可供家人居住。1936 年,闸北虬江宝通路上立起的一座高三层的小楼,成了赵梓森的新家。新家盖起不久,赵泽鎏又在三层楼顶的平台加了一间阁楼,这种格局当地人称作"假四层"。据赵梓森回忆,当时在周围低矮的平房中,他家的"假四层"楼房显得鹤立鸡群,十分惹眼[1]。

为了保证孩子们上学和生活的支出,赵泽鎏继续在先施公司当柜员,服装作坊的一应事务都由赵梓森的母亲打理。她不仅要亲自踩缝纫机,还要购买布料和销售,十分辛苦。她这是在用实际行动实现她少女时立志把子女培养成知书达理之人的梦想。赵梓森对此感触很深,他曾回忆说:"我的母亲说过,如果你不念书,将来就是去扫马路。虽然怎么样培养小孩,她不知道,她自己根本不懂,她不可能辅导我们学习,但一定要我们去念书,哪怕她天天踩缝纫机赚钱,也让我们上学。我的母亲很伟大。要是我不能上大学,现在也不可能是什么院士。她真的很伟大。"[2]

在缝纫机没日没夜地突突作响声中,谢秀群逐步兑现了自己当初的诺言,她不仅养育了八个孩子,还把他们一个个都送进了名牌大学。老大赵丽文,震旦大学中文系毕业,震旦大学是复旦大学的起源地,著名诗人戴望舒和画家徐悲鸿均毕业于该校;老二赵美文,沪江大学外文系毕业,著名诗人徐志摩和李公朴毕业于该校,沪江大学是现在上海理工大学的前身;老三赵汉文,大同大学外国文学专业毕业,著名经济学家于光远毕业于该

---

[1] 赵梓森访谈,2015 年 11 月 18 日,武汉。资料存于采集工程数据库。
[2] 同[1]。

图 1-4 赵梓森童年时代的全家福（右三为赵梓森）

校，大同大学一部分后来并于上海交通大学；老五赵梓辉，华东师范大学音乐系毕业，后来成为上海交响乐团的一名乐队指挥；老六赵梓光，复旦大学物理系毕业；老七赵志文，南京药学院制药专业毕业；老八赵梓雄，兰州艺术学院戏剧系毕业。而作为老四的赵梓森，先上浙江大学，学习一年后退学再考到复旦大学，再退学考到大同大学的电机专业，在读大二时该专业并入上海交通大学。

大姐带动的艺术氛围

20世纪初，在"实业救国"和"振兴中华实业"的思潮下，香港、广州、上海、汉口等大商埠的新型大公司纷纷兴起。到1926年11月上海新新百货公司开业时，仅上海南京路上就有包括先施公司在内的三家大型商场。为了赢得顾客，各家商场竞相开展减价和附送赠品等活动，竞争异常激烈。

对于后起的企业而言，想在上海这样的大市场生存下来非常困难。于是，有些企业家开始另觅他处寻找商机，而还处于起步阶段的华北市场不失为最佳的选择地之一。1926年年底，具有香港、上海先施公司管理经验的黄文谦、林寿田及旅日商人林紫垣等人，在天津大沽路兴隆洋行楼上设立筹备处，一面招股，一面调查市场，准备在天津开设一家大型百货公司。经过一年多的筹建，公司大楼于1928年1月1日正式剪彩营业，公司定名为"中原股份有限公司"，商场名为"中原百货"。商场开业之日，场面热烈，万人入场，交通堵塞。为避免发生意外，不得不采取购票入场的方法，票价1角，并作为购物代用券，当日销货即高达1.5万银圆。

中原百货是当年华北地区最大的百货零售商场和天津的新型娱乐中心，在开业的最初几年，左右了天津的百货市场，鼎盛时期日销五六万元，为天津百货业之冠，比之港沪各大公司亦无逊色。中原百货以天津的中产阶级为销售对象，以香港、上海各大百货公司为蓝本，确立了高档、新潮、精致、齐全的定位，打出"推销中华百货，统办环球货品"的口号，集中采购高档商品，凡是法国的化妆品、英国的呢绒毛毯、瑞士的钟表、瑞典的搪瓷制品、德国的电器用具、俄国的花布、捷克的皮鞋以及美国的罐头食品、儿童玩具等，都作为开业初期招徕顾客的主要商品，其他日用百货、五金用品则由驻日、驻港、驻沪商号进行采购。中原百货公司开业后生意兴隆，香港、上海以及国外的各大厂商都乐于赊销商品。20世纪30年代初，上海先施公司抽调了大批商品来天津减价销售。

赵梓森的父亲赵泽銮在此背景下被安排北上天津中原公司开展促销活动。这时恰逢赵梓森的三姐赵汉文出生。赵泽銮远赴天津，短期难以回沪，三个孩子仅靠母亲谢秀群一个人带不过来。赵泽銮决定把刚到学龄的大姐赵丽文带去天津上学。

尽管当时的私立女校学费不菲，赵泽銮还是坚持将赵丽文送到了当时天津著名的女校。赵丽文很快就适应了学校的环境，结识了一批要好的同学，其中对她影响最大的是一个叫曾令容的同学，小姑娘雍容端庄，谈吐文雅，举手投足间都看得出深厚的家庭教养。原来这个女孩的身世不凡，是曾国藩的孙女。

赵丽文与曾令容渐成闺蜜，形影不离，以致出入曾公馆如同自家屋子。那个年代的大家闺秀，极为看重文学艺术修养，曾令容终日与诗书做伴，尤其喜欢音乐绘画。孩子们的爱好是会相互传染的，赵丽文对文学和音乐的终身爱好，就是从曾公馆起步的。曾令容卧室里满桌的画笔、颜料和一架德国钢琴，始终留存在赵梓森大姐赵丽文童年的记忆里。及至后来回到上海，赵丽文仍没有丢下绘画的爱好，几个弟弟妹妹有时看大姐画画，一看就是大半天。除了作画，大姐赵丽文还时常和家人谈及钢琴声的曼妙，言语间流露出对钢琴的渴望。

但即便是现如今，一般人家也很难轻松负担一架钢琴。在那个时代，钢琴更是非常富贵人家才有的奢侈品。赵丽文心里清楚，纵使那旋律何其动人，自家却是买不起钢琴的。对于承担一大家子生活的母亲，自然更加明白这个道理。虽不懂乐理，也无法欣赏钢琴，但曾在医生之家做过工的经历，让她知道艺术对人的益处。尽管维持生计已十分不易，母亲还是给大姐买了台脚踏风琴[①]，聊胜于无。

音乐和绘画是人类固有的天赋，只是天赋也需要适宜的环境才能萌发。正是母亲的支持和大姐营造出的艺术氛围让弟妹们的艺术天赋得以萌生和发芽。

艺术天赋最先被唤醒的是老二赵美文，她弹钢琴、跳芭蕾、学声乐，一上手就超过了练习多年的人。赵梓森谈及二姐时，脱口而出"二姐最聪明，她练琴两三个月，比别人练两三年弹得还好"。老三赵汉文，也酷爱音乐，一有空闲时间就黏上家中的那台脚踏风琴，对音乐的痴迷也影响到她婚姻的选择。街坊邻居都说，赵家四姊妹，数三姑娘长得最漂亮。甚至上海好几家大照相馆的橱窗，都张贴着她的玉照。追求她的人自然不少，赵汉文一直不为所动，直到一个拉得一手好提琴的青年华明德的出现，很

---

① 脚踏风琴也叫簧风琴，是一种小型的键盘乐器，键盘排列与钢琴相同。其音域一般为3~5个八度，音量由踩踏风板控制。不同于钢琴靠锤敲击琴弦发音，簧风琴是气流冲击发音簧片发音。簧风琴价格相对亲民，于1897年从日本传入中国。

快就俘获了她的芳心。老五赵梓辉，受大姐的影响最深，高考填报志愿时，一心想考钢琴系，去征求哥哥赵梓森意见时，赵梓森看出弟弟十分钟情于钢琴，但他从弟弟长远的发展来分析，提出了自己的见解：把钢琴作为自己的兴趣爱好固然很好，但纵观中外的知名钢琴家，无不是从小起步的。到了成人才开始练琴，要想有大的造诣恐怕不太实际。赵梓辉同意哥哥的分析，决定报考乐队指挥，以另一种方式圆自己的音乐梦想。老幺赵梓雄，从小就爱好文艺，在学校里是文娱活动积极分子，演戏、编戏、朗诵诗歌、画画样样都很钟情。自1972年起，他先后创作了《高山尖兵》《桥、桥、桥》《梁中孟》等知名话剧，1979年写的剧本《未来在召唤》，还被搬上首都的戏剧舞台，引起了文艺界和社会大众的巨大反响。当时的一篇评论文章这样写道，"尽管这三年来，有许多话剧演出受到过广大观众的注意和好评，但是像这个戏，引起人们如此的震动和尖锐的争论却还是不多见的"[1]，足见赵梓雄的才华。老六赵梓光和老七赵志文在艺术表现上虽不如其他兄弟姐妹突出，但在学习上却是数一数二。老七赵志文自小学起，一直是班里的第一名。老六赵梓光更是在科学研究中颇有造诣，他一毕业就因成绩优异，留在了上海复旦大学当助教，参与创建了学校的电子工程系。此后，还投身于电子器件的研发工作，屡屡攻克技术难关。中国第一颗人造卫星——"东方红一号"的无线接收机就是赵梓光主导研制的[2]。

由大姐赵丽文开始营造的艺术氛围，使兄弟姐妹们耳濡目染、你追我赶、互相学习。而这种同伴间互相影响的作用，也绝不仅仅局限在艺术领域，学习的氛围亦是如此。家中八个孩子都能考上好的大学，除了父母的全力支持外，稍长孩子的榜样带动作用不容忽视。

几个兄弟姐妹中，说到科学和艺术结合最完美的当属赵梓森了。作为

---

[1] 该剧本于1979年3月发表在《当代》杂志上，同年12月由中央实验话剧院在北京首演。此剧以试制新型飞机为背景，由某飞机制造厂新任党委书记梁言明和他的老战友、分厂党委书记于冠群在一系列问题上的分歧与冲突为主线展开叙述。梁上任之初，适遇飞机试飞失败，直接原因是分厂生产的关键部件不合格，根本原因是于冠群思想僵化，对新形势不能适应。他对粉碎"四人帮"后的思想解放、生动活泼的政治局面处处看不顺眼，坚持不为冤案平反，不执行知识分子政策，甚至不惜以飞机试验再次失败为代价。这是一部迸发时代思想火花的作品，赵梓雄在敏感时期，勇敢地批判了现代迷信的僵化思想，展示出了他的才华和锐气。

[2] 赵梓森访谈，2015年11月18日，武汉。资料存于采集工程数据库。

"中国光纤之父"，赵梓森不仅科学成就光彩夺目，音乐和绘画才能也是出类拔萃。从小就沐浴在琴声中的赵梓森，年龄稍长也跃跃欲试，但苦于家中只有一台琴，他不愿占用姐姐们的练琴时间。好在小学毕业的那个夏天，他意外地收获了一把小提琴。这要得益于赵梓森的一位表兄，一次他听了赵梓森姐姐们的风琴演奏后，也心血来潮，想学一个乐器，最后选择了小提琴，但小提琴买回家，拉了没多久就放弃了。因曾听说赵梓森想学乐器，就把这把小提琴送给了他。赵梓森如获至宝，姐姐们也很高兴，说以后家里可以开协奏音乐会了。于是，从初中开始，一直到现在，赵梓森每天都会拉上一两个小时，70年如一日，从未间断。赵梓森还十分迷恋美术，绘画作品十分丰富：既有自己的原创，也有知名画作的临摹；既有逼真的人物素描，也有色彩丰富的水彩。在计算机普及后，赵梓森也开始升级自己的绘画工具，并运用到 PowerPoint 素材的制作上，他制作的 PPT 文档，既生动形象，又精美无比，这显然与他的绘画功底有关。

从小培养的音乐和绘画爱好对赵梓森的科研道路有何影响呢？连他自己也说不清楚。但他却因此强调对青少年多种兴趣培养的重要性，他常

图 1-5 青年时代的赵梓森在拉小提琴

说，从事自己喜爱的兴趣活动，能让人沉醉其中，时间久了，开放的想象力和高度的注意力不知不觉就形成了，而这两个品质也正是从事科研创造工作所需要的。意大利绘画大师达·芬奇的例子为此作了诠释，他不仅绘画成就闻名全球，还在建筑、数学和发明方面颇有造诣。再譬如爱因斯坦这位大名鼎鼎的科学家，也是非常杰出的小提琴手。

图 1-6　赵梓森的油画习作

战火中的流离生活

不幸的是，赵梓森兄弟姐妹们沉浸在音乐和绘画艺术中的快乐生活，很快被日本帝国主义的枪炮声打破了。

1937 年夏天，平日里商铺林立、车水马龙的虬江路突然冷清了许多，大大小小的店铺大多歇业，见缝插针的地摊也不见了踪影。原来，战争风声一天比一天紧，空气中似乎已闻得出火药味：上海要打大仗了！民众见战事将至，纷纷试图逃离这座危险的城市，十六铺码头①终日人头攒动，离沪的船票一票难求。那些没有船票的民众，则涌入位于市中心的公共租

---

① 十六铺码头，是上海外滩最著名的码头，拥有 150 年历史。曾是上海的水上门户、远东最大的码头。

界寻求庇护。

对于赵梓森一大家子而言，想要买到十张船票，简直是天方夜谭。加之虽然战争的消息反反复复，炒得沸沸扬扬，但当时的局势时紧时松，人们又开始认为大战打不起来，不少早先从闸北逃到租界的民众又搬了回来。赵家的服装店在母亲的经营下，即使是战事将起被炒得最火热的时期，仍可维持一家人的生计，甚至还支撑起三个姐姐上学的开支。服装店是赵家的经济命脉，不到万不得已，母亲是断然不愿放弃它的，缝纫机哒哒作响的声音直到战争前夕才被迫终止。

1937年8月11日清晨，上海闸北的数条大街上突然出现了大批端枪扛炮的军人，与平日里维持上海社会秩序的保安队不同，这些军士个个威风凛凛，一看便知是正规军队。本来"一·二八"①之后的条约规定上海不得驻扎军队，此时竟然有国军开到，这说明国民政府已开始抗战的部署。闸北老百姓见到这种情况，一则是喜，一则又惧，喜的是国军准备作战、保卫国土，惧的是战事难免祸及己身。当日，就有数十万老百姓，扶老携幼地由闸北再次逃入租界。

赵梓森家最害怕的事情来了。这天傍晚，赵家来了一群当兵的，自称是国军88师孙元良的部队，领头的士兵说："对不住老乡，要和日本人打仗了，这座房子是周围唯一一个制高点，我们征用了，你们大人孩子赶紧去租界躲避去吧。"说罢，士兵们扛着器械七手八脚地涌上楼去。

1937年8月13日，"八一三"淞沪会战爆发，这是抗日战争爆发以后中日双方进行的第一次大规模战役。在此次战役中，双方先后投入近百万兵力，历时近四个月，其规模之大、时间之长、作战情况之复杂，在整个抗日战争史上是屈指可数的。

"八一三"淞沪会战的起因是"虹桥机场事件"，但这次事件并非是日方蓄意制造，而是日中处于侵略与被侵略的敌对状态下，矛盾积累的必然

---

① "一·二八"淞沪抗战，1932年1月28日—3月3日，中国军队抗击侵华日军进犯上海的作战，又称"一·二八"事变。战事最后由国际联盟调停，中日双方于同年5月5日在上海签署停战协定。

图 1-7 1937年淞沪会战日军侵入上海

结果①。自卢沟桥"七七"事变后，上海的局势随之紧张，尽管华北战事似乎处在停息之势，但中日双方彼此十分不信任。国内方面，为了防止日军从上海发动进攻，蒋介石加强了淞沪一带的国防建设和武装力量。任命原国民党中央陆军军官学校教育长张治中为京沪警备司令，并同意张治中派遣一个旅化装成保安队员秘密进驻虹桥机场的提议，以防止日军夺取该重地后作为支援其海军陆战队由虹口进攻闸北的支撑点。为了不打草惊蛇，国军为此次行动做了隐秘谨慎的布置。可惜最后仍被日军察觉，并派出了陆战队员前往侦察。

据当时在上海国际问题研究所负责国民党军事委员会工作的顾高地②回忆：1937年8月9日下午，原驻白利南路（现长宁路）日本丰田纱厂（现上棉五厂）陆战队西部派遣队队长大山勇夫中尉率士兵斋藤要藏驾车，

---

① 许述，崔军：淞沪会战的导火索——虹桥机场事件。《文史精华》，2006年第8期，第22-24页。

② 顾高地（1908-1990），出生于江苏无锡一个望族世家，书香门第，上海大同大学毕业后，投身革命，参加北伐，曾任淞沪警备司令部少校兼蔡廷锴将军秘书、中校参谋，参加了"八一三"淞沪会战；抗日战争中任国民党军委会国际问题研究所京沪区少将主任，曾精心策划郭沫若回国抗战，并与中共上海地下党组织建立联系，提供了许多情报，掩护了中共地下电台的活动。

沿白利南路、比亚士路、牌坊路、虹桥路直闯虹桥机场入口处。机场守兵发现日本军人接近时，即刻举枪将大山勇夫击毙在车内，斋藤要藏急转车头，循原路疾回，机场守兵继续射击，斋藤要藏遂弃车向田野间躲避，最后仍遭击毙。

日方得知侦察未果，且两名官兵被打死，随即调遣海军部队于8月10日赶往上海。南京政府听闻日本舰队来沪驻扎，为防患于未然并抢得战争主动权，决定赶在日本援军到达之前消灭驻沪日军，中国组织淞沪作战部队张治中部第9集团军（下辖3个师和1个独立旅）准备围攻日军。13日，中国军队对上海市区之敌发动全面进攻，同时出动空军，轰炸日海军陆战队司令部及海面舰艇。淞沪会战正式爆发。

在此背景下，因房子被国军征用，赵梓森一家被迫离家逃难。他们随着难民大潮，越过苏州河，逃往公共租界。逃难的队伍声势浩大，仅"八一三"淞沪会战前夕就有近6万中国人躲进租界。租界当局对于这些无家可归的难民本想拒之门外，但由于难民人流众多，无法阻挡，只得将一些学校和公共场所腾出来，辟为临时难民收容所。但随着战火不断扩大，各地难民源源而来，租界当局已无力全部收容[①]。由于撤离相对较晚，离赵梓森家较近的公共租界中心早已人满为患，许多难民只能在弄堂口和马路上栖身。租界当局也竖起了栅门限制难民继续涌入。赵梓森一家不得已，只能继续向北逃亡，去法租界寻找希望。天无绝人之路，一家人在法租界一座一层建筑的屋顶———个临时搭建起的"小阁楼"上找到了栖身之所。小阁楼谓之小在于，小孩在其中尚可站立，而成人只能佝偻而行。床榻是用不着的，且不说没有，即使有也难以容纳，一家人只能在地上铺上凉席，稍胜于露宿街头。

除了恶劣的住宿条件外，另一个困难问题是饮食。当时的租界内，几乎每天都有近百人死于饥饿。因为大多数难民是在日军袭击时仓促逃命，随身携带的衣物和钱财都是非常有限甚至身无分文。除偶尔获得慈善机构的救济外，难民经常忍饥挨饿，甚至沿街乞讨。为争夺一小份食物，难民

[①] 中共上海市委党史研究室、中共一大会址纪念馆编著，《上海抗战画史》。上海：上海人民美术出版社，2005年8月。

中往往发生流血事件。有的难民因长期没有食物，只能卖儿鬻女[①]。对赵梓森一家来说，先前经营童装生意的钱只够维持生计，根本没有什么积蓄。一家人的口粮成了摆在眼前最大的问题。尽管上海曾是中国最大的米粮消费市场和最主要的米粮集散市场，但由于淞沪会战的爆发，日军进攻上海，对上海米粮市场造成了毁灭性的破坏，昔日繁荣平稳的米粮转口贸易市场已被沦为日军的战略物资基地[②]。所以米是没有的，赵梓森的母亲就买了最便宜的红薯条，以及盐和油等来调味，一家人每天只能靠就着盐油的几根红薯条度日。

10月的上海，已经显现出几丝寒意，而战事的温度却只增不减。淞沪会战爆发时，日本裕仁天皇曾询问时任日本陆军大臣的杉山元："解决中国事变，需要多长时间？"杉山元当时回答："只需要一个月[③]！"不料，面对日军强大的机械化部队，中国军人凭着血肉之躯奋战，甚至将手榴弹绑于身上冲向日军坦克，与之同归于尽。时人用"一寸山河一寸血"形容战斗的惨烈与悲壮。在中国军人视死如归的抵抗中，日军原先制订的侵略计划严重受挫，以致两军战事胶着。

随着冬季来临，因为寒冷，赵梓森一家落脚的那间只有几张草席的小阁楼显然已经不宜居住，因此不得不进行第二次搬家。为找到新的落脚点，赵梓森的父亲四处打听对外出租的房屋，但僧多粥少，尽管租界内房屋的租金节节攀升，却仍旧供不应求。正当赵家一筹莫展的时候，住在公共租界中心派克路协和里的一个亲戚和赵梓森的父亲取得了联系。在得知赵梓森一大家人无家可归后，想到自家屋子的房东还剩一间房，便立刻找到了房东商量租住事宜。在这位亲戚的帮助下，赵梓森一家搬到了公共租界中心的派克路协和里（今黄河路派克里）。

10月中旬，战局开始出现转变。南京政府虽然在上海源源不断地投入军队，但鏖战两个月后，日军依靠强大的火力最终还是突破中国军队防

[①] 中共上海市委党史研究室、中共一大会址纪念馆编著，《上海抗战画史》。上海：上海人民美术出版社，2005年8月。

[②] 刘志英：抗战时期上海的米粮市场。《档案与史学》，1999年第2期，第41-48页。

[③] 冯学荣：《不忍面对的真相》。北京：九州出版社，2015年5月，第56页。

线。为了进一步扩大优势，日军大本营决定将侵华战争主要进攻方向从华北转向上海方面。日军急从华北、东北和日本国内抽调部队，于10月20日组建第十集团军援沪。11月5日，该集团军突然在杭州湾的全公亭和金山卫间登陆，策应上海派遣军实施迂回包围。当时杭州湾北岸的守军大部已调去支援上海市区作战，只有第63师的少数部队守备，猝不及防。6日，日军占领金山。7日，日本上海派遣军和第十集团军合编为华中方面军，对上海守军迅速达成合围之势。战局急转直下，11月8日蒋介石下令全线撤退。12日上海失守，淞沪会战结束[①]。

　　赵梓森第三次搬家是在淞沪会战结束后。当时日本一方面迅速占领上海除租界以外（包括法租界和公共租界）的全部地区，使上海沦为孤岛[②]；另一方面也加紧了侵略的步伐，将战争铁蹄向西扩展。不过，上海却因此逐渐远离直接的炮火，不少难民见状也从租界返回了故里。赵梓森的父母也开始计划以后的生活，其中有两件事是亟待解决的。第一，为了养家糊口，要不要搬回闸北自家的房子？自战争爆发后，家里的童装作坊被迫停摆，先施公司也因战火而歇业，一家人靠着留存的些许积蓄和慈善机构的帮助勉强度日。战时如此这般实属无奈，而今战事平息，理应开始寻找新的谋生手段。若搬迁回闸北，重拾童装生意不失为可行的选择之一。第二，是已到学龄的赵梓森的上学问题，是在租界还是华界上学？上海教育界在战争中遭遇了前所未有的灾难，战区学校在敌军的轰炸下摧毁殆尽，即便是租界内的学校，也因房租高涨和学生稀少而难以维持。但在淞沪会战后，随着战时外迁学校的回迁，加之日本为了彻底征服中华民族而奉行奴化教育的企图，上海的教育开始出现复苏的迹象。华界学校的优势在于比租界学校学费低廉，并且许多家庭可以回到闸北的家中重操旧业。但一想到自己孩子要被送到侵略者督办的学校接受奴化教育，赵梓森的父母就十分愤懑，无论如何也不愿意这样做。尽管一家人生活已经十分困苦，他

[①] 梁策：《二战完全档案》。北京：九州出版社，2012年1月，第151页。

[②] 这时期的租界，四面都是日军侵占的沦陷区，仅租界内是日本势力未触及的地方，故称"孤岛"。孤岛时期存在时间，是从1937年11月上海沦陷至1941年12月珍珠港事件日军侵入上海租界为止。

们还是决定将赵梓森送到租界学校去上学。由于战争摧毁了大多数的工商业，加之待业的难民很多，想要找份工作十分不易。赵梓森的母亲思揣，还是得做些小生意来补贴家用。要做生意，一要有门面，二要有人气。派克路上的那间屋子相比之前的小阁楼要小很多，这对于一个十口之家而言，着实无法挤出额外的空间来经营生意，加上地处居住区，也没有什么客源，为此，赵梓森的母亲整日忧心忡忡。不久，一则招租广告让赵梓森的母亲喜出望外。位于公共租界东区靶子路上，有一间临街门市部待租，租金也算公道，简直就像是为自家准备的一般。

简单收拾告别亲戚之后，一家人就第三次搬家，搬迁到了靶子路（现武进路）协和里生活。曾一手操办起童装作坊的母亲，利用这个门面，很快就张罗起一间小商店，卖些针头线脑、牙膏牙刷毛巾等日用品。依靠着这间店铺，原先朝不保夕的生活慢慢变得可以掌控了。

抗日战争中三易住所、颠沛流离的生活，给童年的赵梓森留下了深刻的记忆，尽管那个时候他尚在幼年，但我们多次采访已80余高龄的他时，他对这段生活总是记忆犹新，许多时间和地点都能一一道来。虽然赵梓森院士没有直接说出什么豪言壮语，但这段苦难生活对他早期心灵的成长和意志力的磨炼应该是影响很大的，也许因为此，他幼小的心灵也隐隐明白了一个道理：对于一个国家来说，落后就可能挨打。这个道理对他后来科研强国和科研报国思想的形成也是至关重要的。

勇敢又聪慧的小学生

淞沪会战后，上海彻底沦陷。

暂时告别了炮声隆隆和颠沛流离的童年生活的赵梓森，已经成长为一名小学生。

1937年年底，随着一家人在靶子路的新家安定下来，赵梓森进入附近蓬路上的飞虹小学读书。"蓬路"这个路名，相较于一般双音路名显得十分拗口，但也从侧面说明它有些来头。实际上，它得名于美国基督教圣公会中国区主教文惠廉①，他于1853年组织修建了上海吴淞江北地区的第一座教堂，并管理堂务。教堂的大门开在南面的百老汇路（今大名路），东侧的马路就以文惠廉的名字 William Jones Boone 中的"Boone"命名为蓬路，也用全名称作"文监师路"②。在租界被汪伪政府接管后，用天津市地名将其改为塘沽路，并沿用至今。

淞沪会战后，身处租界孤岛中的教育机构受战争所累，校舍被摧毁殆尽，很多学校只能共用教学场地。据时人记载："当时南京路的国货大楼，因为国货公司停歇了，改名慈淑大楼，这座只有五层高面积也很有限的大楼里就容纳了大学、中学和补习学校不下十余所，门前挂满了大大小小的招牌③。"而赵梓森就读的飞虹小学，拥有一座三层的教学楼，并在楼顶开辟了一块四周用高高护栏围起来的操场，供孩子们运动玩耍，因此其办学条件相对来说是较好的。

尽管租界里大大小小的学校大多在艰难中挣扎，但他们仍宣称从属于原国民政府，在教育思想、教学内容等方面保持不变，坚持民族气节④。当时的教师队伍民族危机意识也十分强烈，据同时代的一位老教师回忆，华界的教师大多进入租界，先是成立小学教职员联合会，开展抗日救亡运动，后来又成立小教同人进修会，开办政治形势讲座，召开讨论抗日问题座谈会，组织读书会等⑤。教师们的爱国热情深深地触动了广大学子，也包括年幼的赵梓森。

飞虹小学和当时的大多数小学一样，周一至周六开课，不过十分有特色的是，每到周六，校长王修和都要组织全校师生谈论抗日救国的问题。飞虹小学的孩子们也和如今的孩子一般，都盼望着周末的到来。但与老师

---

① 文惠廉（William Jones Boone，1811-1864），美国卡罗莱纳州人，中华圣公会史称其为"创立教会之第一人"。

② 盛观熙：近代来华基督教传教士略传（47）：文惠廉。新浪博客，2015年11月3日。

③ 熊月之：《上海通史·第十卷》。上海：上海人民出版社，1999年。

④ 张帆，魏惠卿：孤岛时期的上海租界教育。《江苏大学学报（社会科学版）》，2005年第7卷第2期，第18-23页。

⑤ 上海历史研究所教师运动史组编：《上海教师运动回忆录》。上海：上海人民出版社，1984年。

们不同的是，孩子们期待的是校长讲述战争故事。有一次，当谈及上海被日本占领后难民们艰难度日时，王修和却转而说起1931年的"九一八"事变，日军陆续侵占东北四省[①]近百万平方千米的国土，千万民众在日本人建立的伪满洲国压迫下已经度过了近十个年头。王修和说："我们在沦陷区租界里的生活才两年多都如此狼狈，不知东北老乡10余年的被奴役生活是如何度过的！"赵梓森清晰地记得，说到动容处，王修和校长不禁潸然泪下。台下的赵梓森被这一情景深深震撼了，虽然年幼时断断续续的战争和逃难画面时常会浮出脑海，但直到这一刻他才真正明白国难的含义。打这一刻起，报国的种子就在赵梓森心底生了根，学习有了另一番动力。

孩子们最初的学习往往是兴趣驱动的，但最后却因为家庭、老师或功利的原因，逐渐变得跟风或者从众。赵梓森却是个例外，他自幼就表现出唯兴趣而动，直至一生不曾更改。鉴于前面讲到的基于租界学校里浓浓的爱国主义氛围，赵梓森所在的飞虹小学一如从古至今的私塾模式，也开设了分量较大的中国古代诗文课。当许多同学咿咿呀呀背诵"三字经"和"窈窕淑女，君子好逑"时，赵梓森往往"不开尊口"，他很不喜欢背诵这些之乎者也的古代诗文，却对数字格外敏感，所以他小学时代最感兴趣的是数学课。记得在一次课上，老师出了一道趣味数学题"鸡兔同笼"。这道出自古代数学著作《孙子算经》的趣题，1500年来一直被人们津津乐道。大致的题意是：有若干只鸡和兔，共处一个笼子，从上层数有一些头，从下层数有一些脚，需根据头和脚的数目推测出鸡兔的只数。听完题目后，同学们开始伏案写写画画，教室里都是铅笔在纸上的摩擦声。奇怪的是，赵梓森并不动笔，只是昂首端坐，若有所思。不一会儿，就高高地举起手来，迫不及待地说出了自己的答案。老师早已注意到赵梓森没有动笔计算，因此听到他第一个报出正确答案时，不免有些吃惊。赵梓森也顺势说出了自己的想法：如果鸡抬起一只腿，兔子用两条腿站立起来，这样从下层数，腿的数量会少一半，这时用腿的数量减去上层头的数量，就是

[①] 民国时期，东北划分为四个省，分别为热河、吉林、黑龙江、辽宁。其中热河省于1955年7月30日撤销，此后才称"东三省"。

兔子的只数，知道兔子的只数，也就知道了鸡的只数[1]。老师对赵梓森的独特思路给予了肯定，同时也在黑板上写出了"标准算法"——代数中的方程。同学们都认为标准方法十分规范，纷纷提笔记录。赵梓森一看，自己靠想象和简单的四则运算就能解决的问题，用代数方程竟要引入各种字母，书写数行才能得出答案，认为这种舍简求繁的方法不过如此，因而开始对代数轻视起来。

在"教师崇拜"最强的小学时期，赵梓森已经能从实用性的角度质疑老师传授的知识，客观地说，的确十分难得。也许从这件事中，有人看出小时候的赵梓森天资聪慧，也有人看出他的"傲娇"，但其实内在折射出的是他基于兴趣驱动的天性，在他脑子里，没有太多的权威和规范的约束，而是崇尚实践和实用。这种"简单实用"冲破常规思维取得成功的例子，在赵梓森后来第一次涉足科学研究时就得以体现。

爱玩是孩子的天性，属猴的赵梓森这一天性尤甚。任何时候，学校楼顶一群踢足球的孩子中，必定有个奔跑起来快如闪电的小个子男孩。赵梓森酷爱足球，周日最常去的地方是离家数里，但条件较好的虹口公园[2]，这里曾经也是寓居沪上多年的鲁迅先生常来散步的处所。那里地面平坦宽广，是踢球极佳的场地。可平日里，却鲜有中国人前往。原来，这里毗邻日军的司令部，并且时常会有日本孩子在此操练，个个手握木棍，列队练习拼刺。中国人当然是不愿去招惹侵略者的。也许是初生牛犊不怕虎，赵梓森和几个中国孩子到日本人眼皮底下踢球非但没有一点害怕的感觉，反而比在学校里踢得更带劲。碰到大大小小的日本孩子是常有的事，双方的眼中都充满了戒备和敌意。终于有一天，积聚的矛盾使双方剑拔弩张，赵梓森心中隐隐觉得这是自己期待已久的。这天，赵梓森和往日一样，与小伙伴们奔跑、传球、射门，"战局"正酣，突然杀出一群日本孩子，夺过了赵梓森的足球。为首的那个，高出赵梓森一大截儿，十分健壮，大有"此路是我开"的气势。赵梓森立刻跑过去和他们理论，做了几个归还的手

---

[1] 赵梓森访谈，2015年11月18日，武汉。资料存于采集工程数据库。
[2] 现称鲁迅公园，位于上海市虹口区四川北路甜爱支路280号，占地面积为28.63万平方米，是上海主要历史文化纪念性公园和中国第一个体育公园。

势,日本孩子趾高气扬,走上前去推了赵梓森一把。他们刚露出得意的神色,赵梓森冲过去就给了大高个儿一记拳头,日本孩子傻了眼,没想到这个小个子还敢还击,正想大打出手时,没料到赵梓森又是几套"组合拳"过去,大高个儿一看不好惹,稍作挣扎落荒而逃。但赵梓森和小伙伴并未就此罢休,而是乘胜追击,于是虹口公园出现了戏剧性的一幕:一群中国小孩追赶一群日本小孩。跑了一会,赵梓森见他们朝司令部方向逃窜,担心他们要去搬救兵,便招呼小伙伴们赶紧撤退。赵梓森自评自幼胆子很大,面对比自己体格大有优势的对手,他从不畏惧,不但敢于挑战,而且坚决要赢。

在面临生死考验的关键时刻,少年的赵梓森依旧是勇敢的。

战争年代,快乐的日子总是短暂的。1941年12月,原本在上课、周会和踢球中度过的平静生活再次被美日之间爆发①的"太平洋战争"②打破。赵梓森此时已升入五年级,后来出生的两个弟弟也分别在同学校的一年级和二年级开始了学业。

太平洋战争爆发前,日军碍于欧美列强,对租界不敢轻举妄动。太平洋战争爆发后,美英等同盟国与日本彻底撕破了脸。日本对租界这颗眼中钉,自然是拔之而后快。更重要的是,上海不仅是中国第一大贸易港口和中国经济的心脏,也是西方列强在中国的据点。占领上海租界,就预示着日本可

图1-8 1946年少年时代爱踢足球的赵梓森

---

① 彭训厚:珍珠港事件:谁说它是"苦肉计"。《世界知识》,2002年第17期,第25-27页。
② 刘乐土:《世界大事看重点:100件大事》。北京:华夏出版社,2012年1月,第371页。

以重绘世界霸权的版图[①]。

1941年12月8日,赵梓森正在教室上课,窗外突然传来一声巨响,正当大家疑惑是否是炮弹的爆炸声时,随即而来的枪声大作,证实了大家的判断。枪炮间隙,还能听到街上的人群尖锐地呼喊:"日本人来了!"讲台上的老师马上停下课,告诉大家:日本人来了,同学们赶紧回家。赵梓森起身以踢球时冲刺的速度冲向一二年级部,找到了两个弟弟,兄弟三人结伴跑出校门。正当弟弟们本能地朝靶子路家的方向跑时,赵梓森拉住他们,停了下来。原来,不远处,已隐约可以看见日军的装甲车从自家的方向迎面驶来。赵梓森在数秒的停歇中,脑子快速运转着:如果带着弟弟们直接跑回家,很有可能与日本兵碰面,大路上的装甲车易躲,小路上的日本兵可难防,所以不能带着两个弟弟冒此风险。那要往哪儿跑呢?苏州河对岸的公共租界里,还有个住在派克里的亲戚,印象中正是这个亲戚帮助自家找到住处的,他家应该可以落脚。回过神来的赵梓森于是拉着两个弟弟朝着与家相反的方向飞奔,转眼就到了苏州河。但这时惊险的一幕还是发生了!三个孩子刚刚踏上泥城桥(现西藏路桥),平静的苏州河南岸突然枪声四起,紧接着,他们身后的北岸传来更加猛烈的枪炮声。原来日军也已开到苏州河附近了,南岸的英美军队正开火抵抗汹汹的日军。赵梓森一惊,大呼:趴下!立刻顺势用手臂扑倒了两个弟弟。趴倒的瞬间,就感觉到数发子弹从头顶呼呼地穿过,两个弟弟从没见过这架势,不免因惊吓而放声哭泣。赵梓森还记得几年前的淞沪会战中,自己曾站在苏州河南岸,观望过更加惨烈的战斗情景。但此时的他也十分担忧,两军对垒,身处火力中央的人,生存希望十分渺茫。

两个弟弟正因害怕而无法动弹时,突然感觉有人用力拽了他们一把,原来是哥哥赵梓森。赵梓森说:"别怕,我们慢慢往桥对岸爬,一定能安全到叔叔家的。"三个孩子就这样一点点地朝前挪动,快到桥对岸时,三人迅速站起来,头也不回地狂奔到小巷中躲了起来。回忆起这段惊险的往事时,赵梓森说这是他离死亡最近的一次,"光秃秃的桥上站起三个大活人,

---

[①] 徐青:日本占领时期对上海租界的"改造"。《外国问题研究》,2015年第2期,第39-45页。

日本兵不会没注意到的，可能看是小孩子，无意杀我们吧"，赵梓森如此回忆。他还感慨道：有时命运需要去拼一拼，如果一直趴在桥上，谁能确定日本兵过岸时，能不能放过三个无辜的中国孩子呢！①

英美驻扎在租界的军队势单力薄，在黄浦江中仅有两艘炮艇停泊。抵抗只是象征性的，企图从黄浦江逃走的英国炮艇"彼得·烈尔"号，立刻被日本飞机击沉，英美军队见状不得不缴械投降。等到赵梓森三兄弟跑到亲戚家时，公共租界中心已经满是巡逻的日本兵了。不久，法租界、公共租界其他地区也被日军接管，整个上海彻底沦陷，也意味着租界的孤岛时期结束了。

一家人见赵梓森三兄弟迟迟没有回家，而战火又破坏了电话线路，杳无音讯的三兄弟让母亲急得难以入眠，但她内心却坚信孩子们会平安无事。不久电话恢复，这才接到三兄弟在亲戚家中安然无恙的消息。数天后，三兄弟回到家中，谈起桥上惊心动魄的几分钟，母亲还止不住后怕，又转而夸奖老四赵梓森临危不乱，遇事不慌，像个将来干大事的样子。事实也证明了母亲谢秀群的预见性。在几十年后的一场关乎光纤命运的"背靠背"辩论战中，面对同样强于自己数倍的"对手"，正是凭借这股勇敢和拼劲，帮助赵梓森赢得了一场关乎中国光纤事业走向的大论战。

日军进入租界后，英美侨民被驱赶关进集中营。对于其他的非英美侨民，日本占领军效法元朝蒙古族统治者，将他们划分成若干等级，实行粮食配给制，按照不同的等级配给不同份额的粮食。"上等人"自然是日本人，其次是附属统治者的汉奸，普通市民则属于"良民"，"良民"只能半夜三更排队购买"户口米"，其中掺杂了许多秕子和沙石②。即便是这种"户口米"，当时的多数普通上海市民也是买不起的。日军进驻租界，对欧美金融机关造成了很大的冲击，而这对国际都市上海的经济来说更是致命的打击。上海曾经贸易繁荣、街巷华丽的景象随之萎缩，受到波及的各大企业也纷纷倒闭，失业人口陡然上升。据公共租界工部局工业社会处的调

---

① 赵梓森访谈，2015年11月18日，武汉。资料存于采集工程数据库。
② 徐青：日本占领时期对上海租界的"改造"．《外国问题研究》，2015年第2期，第39—45页。

查显示，日军占领租界后的1941年12月9日至1942年1月15日，除纺织厂外，有242所工厂被迫关闭，失业者达79460人，1941年12月9日至1942年4月1日，公共租界的劳动者33.9万人中有21万人失业。从另一份公共租界工部局的调查报告中还可以清楚地了解这一时期上海普通市民的生活实态。一个普通5口家庭的月收入为268.1美元，但生活必需的支出是329.9美元，其中食品就占到了216.7美元（大米105.5美元）。为了生存大家只能借钱为生，居住状况与1937年8月中日开战前相比变得更加狭小和不卫生。

经济恶化、通货膨胀、百姓失业，引发了一连串的社会问题，教育就是其中之一。由于遭遇经济封锁，物资异常短缺，书本、纸张价格上涨，教育成本增加，一些学校被迫停办，仍然坚守的学校也不得不通过增加学费维持基本的运转。而无数家庭面对突如其来的变故，更是无力支付增长的学费，不少孩子因此中途辍学，或者难以入学。

对于赵梓森一家人来说，生活的艰辛程度可想而知。母亲继续经营着自家的生活用品铺子，以维持全家人的生计。

但让人忧心愤懑的是，自打占领租界以来，日本兵三天两头扛着枪，来临街的商铺搜刮，看上的东西，拿了就走，铺主们也是敢怒不敢言。这天，一个日本兵闯进了小店，站柜台的是母亲娘家的一个亲戚李永财。这日本兵进来之前，已经在对面的小店颇有斩获，十几个鸡蛋揣在腰间，鼓囊囊的像一个怀胎数月的孕妇，李永财一一看在眼里。日本兵踉踉跄跄地抓起几把牙刷，正要往兜里放，李永财指了指柜台下层，并竖起大拇指抖动着。日本兵不知是计，刚一蹲下，只听见一溜串儿咯吱响，鸡蛋破碎，黄的白的，黏糊糊流淌了一身。"得逞"的李永财不禁咯咯地笑出声来。可能是担心势单力薄，也可能是因一身的战果而舒展不开，受到戏弄的日本兵竟三步并两步地跑了。可到了第二天，这个日本兵带了另一个同伙，手里端着上了膛的枪，插着明晃晃的刺刀闯进店来。进门也不言语，抡起枪托就砸，不大的店子眨眼间一片狼藉。见无物可砸，两个日本兵还把母亲和李永财拉到了街上，让他们双双跪在马路边示众。其间还抬起腿用大头皮鞋狠狠地踩在母亲的头上。这一切都被人群中的赵梓森看在眼里，紧紧地攥着拳头，怒火中烧。俩人撒完了气，扛着枪正要走，母亲突然起身冲到屋子里，拿起一把剪刀就要和鬼子拼命，幸而及时被赵梓森拉住。

其实就赵梓森自身的性格，眼见母亲受到侮辱，肯定怒火中烧，也想上去与敌人拼命。可他性格中也有另外的一面：冷静。面对全副武装的侵略者，手无寸铁的弱者冲上去肯定是以卵击石，只会遭受更严重的伤害，所以他虽然年幼，依然能够迫使自己和母亲冷静下来。但母亲受侵略者侮辱的这个画面一生都在他脑子里不时浮现出来，开始是一种屈辱而愤懑的情绪，后来逐渐演化成为一个非常明白的道理：落后就要挨打！要想挺起胸膛做人，唯有自强！这成了他科研救国的又一触发剂。赵梓森的自尊心很强，大学时遇到难题一般不会向别人求助，而是要自己钻研解决。对于此个性的形成原因，赵梓森自己也认为与战争中这段屈辱的经历不无关系。

温饱问题还能勉强应付，但此时，要支持赵梓森及其他几个孩子读书，实在是无力担负了。几个孩子也十分懂事，已经开始商讨着让一个人去上学，其他人在家自学的方案了。要强的母亲得知后，厉声对几个孩子说：你们个个都得上学！此后，母亲四处向亲戚借钱，以支付孩子们的学费。当时普通市民家的生活都十分不易，即使是亲戚，要让他们凑出钱来外借也是难上加难，但在母亲的软磨硬泡下，最终还是凑足了四个孩子一学期的学费。母亲为了一家人所付出的辛劳，赵梓森看在眼里，记在心里。以致每每谈及她时，赵梓森最后都要强调一句："我的母亲很伟大！"

偏科爱制作的初中生

1943 年，赵梓森从飞虹小学毕业，升入钱业中小学读初中。

开学典礼上，台上一名自称是校董事会董事长的秦润卿先生向同学们寄语。学校怎么会有董事长呢？谈吐间，初一新生赵梓森觉得这个人不一般。秦润卿这个人确实非同凡响，他是大上海金融业的第一把手。他从一个小学徒成长为钱业巨擘的创业故事，在沪上早已传为一段佳话。时人范学文在《金融业巨子秦润卿》一文中写道："旧时宁波人从事金融业而著名者甚多，但以贫寒出身，由经济资方钱庄业务发轫，卒能领袖群伦，执金融界牛耳，又能律身谨严，热心公益，大节可风者，秦润卿可算难得的一个了。"

就社会公益活动来说，秦润卿投入极大精力的正是教育事业。《宁波市教育志》载："秦润卿自奉俭约，但关怀桑梓，热心社会公益事业，在捐资兴学上贡献尤大。"早在1923年，秦润卿就不满于"沪上学风之失坠，尤病教会学校之曲徇西俗，课程偏失，其施教不合国用，驯至汩没国性"，于是利用钱业会馆余屋①，办起"修能学社"，专收同业子弟。"自定规制，增益中国文史之教材，兼设外语、数学、商事等科，且时时示以为人处世之理。②"在"修能学社"师资力量的吸纳上，秦润卿更是不遗余力。延聘了著名国学家、书画家冯君木为社长，陈布雷、冯定、沙孟海等为教师。周建人、段力佩、杨晦、汪刃锋等名流都曾来此讲学③。后因"修能学社"规模有限，且学生多为钱界子弟，为了建立更加专门化、能吸引社会普通青年学生的学校，秦润卿于1924年冬，向钱业工会建议筹设钱业公学，得到了支持。为办好学校，钱业公会设立9人组成的校董会，秦润卿担任董事长。对于这所学校的发展，秦润卿十分关注。据中国当代诗词大家、文史学家周采泉先生回忆，秦润卿对于学校"一切兴革设施均亲自过问，不同于一般挂名的董事长"④。在秦润卿的关心支持下，钱业公学逐步发展壮大。1925年2月该校正式开学时，仅设有小学部，1926年即增设初中部，开始招收初中一年级学生。1929年秋，更名为上海市私立钱业中小学。到

---

① 上海钱庄业原在河南北路塘沽路口有一占地10余亩的钱业会馆，后因在宁波路新建钱业大厦，此处房屋多为空闲。

② 《秦润卿先生史料集序》手稿，陈训慈。陈训慈（1901-1991），字叔谅，慈溪官桥村（今属浙江省余姚市）人。陈布雷之弟。1924年毕业于国立东南大学，历任上海商务印书馆编译所编译、中央大学史学系讲师、浙江大学史地系教授。

③ 陈梅龙，秦润卿与上海钱业史。民国档案，1997年3月。

④ 中国人民政治协商会议浙江省委员会文史资料研究委员会：《浙江籍资本家的兴起》。杭州：浙江人民出版社，1986年。

1937年7月，学生已有300余人。1947年"全校计有初中三级分七组、小学及幼稚园七级分十八组，学生总数达1500余人"①。时任上海市市长的吴国桢也把儿子送来就读，足见这所学校在沪的影响力。

在如此好的学校读书，无疑对赵梓森后来的成长起到了很大的作用。但无论什么学校，教师才是最关键的因素，在钱业中小学读初中的时期，有两位老师对赵梓森产生了重大的影响，其中一位更是准确地预测到赵梓森将来可以在科学事业上取得成就。这两位教师的肯定和鼓励，对于赵梓森获得独自面对困难的信心和勇气，有着同伴和父母都不可比拟的作用。

上初中后，赵梓森的理工科天赋逐渐显露。他最喜欢的课程是化学课，因为课上老师不仅讲解各种理论知识，还经常带着瓶瓶罐罐在课堂上做实验。看着各种试剂在晶莹剔透的容器里变幻，赵梓森十分着迷。尤其是制取氧气的实验，想到试管里就是我们赖以生存的气体，赵梓森对此充满好奇，自己也想跃跃欲试。于是，一有空，赵梓森就走街串巷，用自己的零用钱去淘些化学器皿。不久，宿舍、房间里就摆满了烧杯、试管、量筒和酒精灯，俨然成了一间实验室。万事俱备，只欠"试剂"。要做化学实验，自然要有化学试剂，而这些东西在市面上是买不到的。但这也难不倒他，赵梓森大大方方地找到化学老师龚叔云，说明了自己在家做氧气的想法。龚老师很是惊奇，执教这么多年来，还没有遇到学生对化学竟然如此着迷，以致专门买好各种器皿要在家里做实验。但他除了惊奇，更多的还是欣慰：国家危亡之际，很多人惶惶不安，却有如此好学并对科学感兴趣的一个小孩子！龚老师当即从实验室称取了足够数次实验的氯酸钾和二氧化锰试剂给赵梓森，并嘱咐安全操作要领。几天后，赵梓森突然收到一封信，一看信封竟然是龚老师，信中老师表达了自己对赵梓森热爱科学的赞赏，并鼓励他为国家的复兴而继续努力。信件最后的一句话，让赵梓森至今记忆犹新："你将来会是科学家！"这一断言，是对一个充满天赋又热爱科研的学生的莫大鼓励！尽管难以评估龚叔云老师的这句话在促成赵梓森成为一个科学家上究竟具有多大的影响，但可以想象的是，这句让赵梓森铭记数十

---

① 中国人民银行上海市分行编：《上海钱庄史料》。上海：上海人民出版社，1960年。

载的鼓励，无疑成为其后来科研生涯中的一种动力，使之在面对一次次难关，甚至是"不可能完成"的困难时，能够知难而上，毫不退缩。

另一位给予赵梓森极大支持的是他的班主任。入学不久，他就注意到这个坐在前排的小个子，认为他很"特别"。为什么？原因有二：一是赵梓森十分贪玩好动，但遇事却有独立的见解，不随声附和。很快他身后就有了一群追随者，俨然成了班里的小头目。见此情况，班主任并没有因此给赵梓森施压，反而因势利导，让他担当班级足球队的队长，率队在校内外打比赛。结果不负期望，赵梓森带领的班级足球队给班级和学校争得了不少荣誉，表面的"刺头"变成了优秀的"领头"，这让班主任十分欣喜。二是赵梓森偏科十分明显，课业成绩"泾渭分明"，感兴趣的物理、化学、几何、绘画基本都是满分，而不感兴趣的日语、英语、历史、语文，却经常不及格或勉强及格。虽然赵梓森本人也会时而担忧甚至失望，但一旦面对自己不感兴趣的课，就浑身无力，全然没了精神头，不得不转而去玩自己感兴趣的东西。班主任的表扬和鼓励，也没能改变赵梓森的严重偏科倾向。这种兴趣倾向从少年延续到初中，似乎是与生俱来的一种天性。

在中国传统文化下，教师之于学生，尤其是中小学生而言，是几乎处于绝对权威地位的。学生对于教师的评价自然也十分敏感。自己偏科严重是事实，老师们的鼓励和支持也十分真切。这种条件下，赵梓森最可能感受到的是，老师知道他并不是能力不足，只是想把精力放在感兴趣的事物上。对于十分贪玩、偏科严重的学生来说，不少教师是持批评态度的，但赵梓森初中遇到的几位良师，给予他的支持要远多于压力。这一看似"放纵"的教育方式，却也促成了赵梓森对自身学业的责任感。赵院士在谈及自己初中偏科的问题时，用"险些考不上高中"来形容。但反过来看，直到初三依然偏科严重，却仍能在综合衡量各门课程的中考中顺利过关，若不是自己体悟到面临的危机，以及带着兴趣进入更高的教育平台的愿景，恐怕是难以实现的。正是这种责任感，让赵梓森在之后的学习中既能依据现实状况主动协调自己的兴趣爱好，同时又不失去兴趣这一巨大的动力源。

论"贪玩"，赵梓森是个十足的行家。不仅玩的花样很多（小到气球，大到收音机），而且还能玩出名堂。说起气球，一般的孩子拿起来吹大，抚弄几下便丢到角落里了。气球不能飘飘悠悠，自然少了很多乐趣。学了化学的赵梓森明白，要想让气球飘起来，就要使气球中的气体密度比空气小，氢气是最合适的。但怎么弄氢气呢？赵梓森会心一笑，跑到自己的"化学实验室"玩了起来。各种器皿乒乒乓乓，不一会儿一个电解水收集氢气的装置就组装好了。眼见着气球鼓足了气，一根细绳一绑，稍稍松手，气球就急不可耐地升上屋顶。细绳下端再绑上个试管悬于空中保持平衡，带着试管的氢气球晃晃悠悠，引得小伙伴们啧啧称奇。

制作氢气球只是小菜一碟，赵梓森最引以为豪的是他自己"制造"的一架可以滑翔数十米的飞机模型，从最初的设计、绘画，到裁剪、制作，最后反复校正、修改，这架航模耗费了他许多心力。完工时，这架"大飞机"让周围的小伙伴赞不绝口，有人提议他去参加上海市举办的航模竞赛，坚信他定能取得名次。赵梓森便带着它，来到了展览馆，没想到真如小伙伴们所言，一举获奖。当时的上海市市长吴国桢亲自把奖状发给赵梓森，还惊叹："小孩，你这个飞机，比你的人还大嘛！"[①]

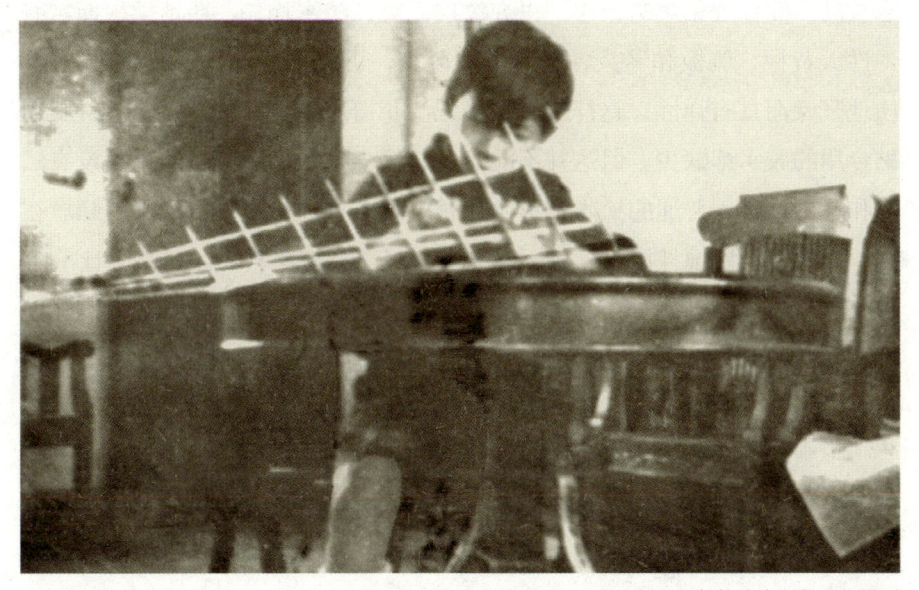

图1-9 1942年少年赵梓森在制作飞机模型

---

① 赵梓森访谈，2015年11月18日，武汉。资料存于采集工程数据库。

图1-10　原上海市市长吴国桢

要说赵梓森玩得最久——至今仍在把玩的，就是小提琴了。小提琴制作要求十分精细，但因为经济困难又买不起。怎么办？舍不得对小提琴的热爱，赵梓森硬是知难而上，自己制作了一把小提琴。前文提到他的表兄将小提琴转赠自己和六弟赵梓光后，两兄弟都很喜欢，每天练琴练得如痴如醉。但后来因为要去浙江大学上学，如果自己把家里这把唯一的小提琴带走，同样热爱小提琴的弟弟就没得练了，作为一贯负责任的兄长，赵梓森是不会如此做的。而若要买一把新的，自己又拿不出这笔钱。思量之下，赵梓森决心亲自做一把。小提琴制作对木料的要求较高，面板宜用鱼鳞云杉，讲究纹理正直，疏密均匀，质地柔软而富有弹性。背板、侧板和琴头宜用枫木或色木，讲究纹理细密，有虎斑花纹，质地坚硬而富有弹性。赵梓森显然是无法获得这些考究的木材的，甚至连黏合用的胶水都缺少。但这并不能减少赵梓森自制小提琴的热情。没有云杉和枫木，就用普通的松木和杉木代替。没有特殊胶水，就把干鱼鳔放在锅里蒸煮，反复搅拌溶解后就可黏合木材了。备好材料后，就按一比一大小，在木板上画出外形，用锯子锯出轮廓线，再分别用大小圆凿挖出内面，加装音梁，雕琢音孔。经过数十天的努力，一把新提琴制作好了。于是，赵梓森家中悠扬的提琴声中，第一次增加了提琴二重奏的曲目。

小到制作简易氢气球和精致的小提琴，大到制造会滑翔的飞机模型，似乎没有什么能难倒爱"玩耍"的赵梓森，对于自己感兴趣的东西，买不起就自己做，而且做出来的东西还真是那么回事。这些成功的经验，不仅极大鼓舞了青年赵梓森，而且进一步促使他沿着自己的兴趣和天性去发展。但没有百分百成功的发明家，赵梓森尝试制作收音机就没能成功，虽然这是他第一次与通信设备有关的接触。

当时的上海拥有中国境内最早的无线广播电台，其出现和发展几乎与世界同步（1920年11月2日世界上第一座商业电台——KDKA广播电台在美国匹兹堡开始播音）。1923年年初，美国人在沪设立首个电台——奥斯邦电台后，旨在传播基督福音。但在广播兴起之初，上海也只有"奥斯邦电台""新孚电台"和"开洛电台"三家外国商人开办的广播电台。不过正是在这三家外商电台的刺激下，广播在无形中逐步演化为城市文化生活的重要组成部分。尽管作为舶来品的收音机价格十分高昂，少则数百，多则上千元，但在电台的带动下，人们对无线电产品的需求却不断攀升。此外，缺乏核心技术的民族无线电企业也正是依靠这些电台提供的市场活力谋得生存。但这一局面却并不长久，到了1929年10月，三大外商电台之中维系最久的开洛电台，也终因开支巨大、无法维持而停播，一时间上海上空陷入了静默[①]。没有了电台，收音机的销路自然成了问题。对那些专营无线电和元件的民族企业而言，不啻为一记重大打击。

面对这一困境，早有自建电台计划的民族企业——亚美无线电股份有限公司把建台工作提到了议程上，并在延续基本销售业务基础上，于1929年创办了亚美广播电台（AMA Radio Station），意在通过广播带动无线电设备的销售[②]。在电台节目内容的选择上，亚美创始人苏祖国[③]从"祖国进步"和"企业发展"两个方面，提出了独到的见解。"节目之内容，则似愈趋愈就享乐之途，际兹国难日深，国际间经济竭蹶，而第二次世界大战声浪又甚嚣尘上之时，吾人应如何卧薪尝胆，努力求知，以减少将来砧上

---

① 金康侯：中国播音协会之兴替.《无线电问答汇刊 广播特刊》，1932年10月10日，第19期，第362页。

② 刘书峰：从无线电爱好者到爱国广播人——苏祖国与亚美电台.《新闻春秋》，2013年第1期，第53-57页。

③ 苏祖国（1904-1984），原籍福建永定，生于上海，是中国最早具有广播媒体意识的广播人。1925年毕业于美国万国函授学校无线电专业。1924年10月，苏祖国、苏祖裴、苏祖圭等姐弟7人在上海发起组建了中国最早的民营无线电厂——亚美无线电股份有限公司。1929年9月于江西中路323号建成电台，同年12月正式开播。苏祖国不仅通晓无线电技术，还积极参与广播界组织，利用广播抗日救国活动。在他的带领下，亚美电台成为上海民营广播中开办时间最长、社会影响巨大的电台，在上海民营广播史中具有不可磨灭的地位。

肉之痛苦。深盼我广播界及听众，勿贪目前之利益与娱乐①……希望业播音者，随时在内力范围内，逐渐增加学术节目，以辅教育之不足，而减少无意义之娱乐，庶得渐入佳境。②""……无线电之节目，恕为一大有研究价值之问题"③。基于这种办台理念，亚美电台开设无线电知识问答节目，并与听众互动，在节目中回答听众提出的无线电方面的疑问。为了进一步普及无线电知识，为无线电爱好者提供服务，苏氏兄弟又于1932年1月出版了专门解答无线电技术问题的《无线电问答汇刊》，曾行销一时，后改名为《中国无线电》④。这些广播和刊物吸引了沪上包括中学生在内的众多爱好者。也正是依托这种理念，亚美逐渐做大做强，终成一枝独秀。

到赵梓森上中学的年代，尽管在民族企业技术发展的带动下，收音机已不再是富贵人家才有的奢侈品，但还未能走入寻常百姓家。一台普通的电子管收音机仍要近百元，对战时的普通百姓而言，不吃不喝半年左右才能攒一台，赵梓森家自然也是难以负担的。不过，赵梓森在大商场的柜台里，还是见识过那台方方的黑盒子，那神秘的黑盒子发出的各种腔调让他久久不能忘怀。照例，既然买不起就自己动手做一个。不过对于电子管收音机，其关键器件就是电子管，价格自然不菲。所以电子管收音机是做不来的。但既然谓之"电子管收音机"，就应有非电子管收音机，"矿石收音机"就是其中之一。

顾名思义，矿石收音机是以"矿石"作为核心元件的收音机，它的基本原理和普通收音机是类似的：人耳能听到的声音在20—20000赫兹，这

---

① 苏祖国：谈广播节目。《中国无线电杂志》，1934年第2卷第5期。见：上海市档案馆、北京广播学院、上海市广播电视局合编，《旧中国的上海广播事业》。北京：档案出版社、中国广播电视出版社，1985年，第251页。

② 苏祖国：播音与教育。《中国无线电杂志》，1934年第2卷第9期。见：上海市档案馆、北京广播学院、上海市广播电视局合编，《旧中国的上海广播事业》。北京：档案出版社、中国广播电视出版社，1985年，第252页。

③ 苏祖国：广播节目之趋向。《中国无线电杂志》，1933年第1卷第5期。见：上海市档案馆、北京广播学院、上海市广播电视局合编，《旧中国的上海广播事业》。北京：档案出版社、中国广播电视出版社，1985年，第250页。

④ 刘书峰：从无线电爱好者到爱国广播人——苏祖国与亚美电台。《新闻春秋》，2013年第1期，第53-57页。

样的频率是无法进行长距离传输的，故而需要加载于高频信号上"混频"后发射出去。电台将音频信号变为电信号发射出去，接受方用天线捕捉到信号后，经检波器剔除其中的高频信号，再使用耳机把电信号还原为音频信号，即完成了一套无线电信号的发收过程。不难看出，对于接收方，要想收听到电台的节目，"检波器"和"耳机"必不可少。在二极管问世之前，人们利用某些金属的单向导电性，来充当剔除高频信号的检波器，这也是矿石收音机名称的由来。

一个天线、一副耳机、一个矿石，按一定的线路连接起来，连电源都不需要，就能听到各个电台的节目，这对爱玩的赵梓森而言极具诱惑力。六弟赵梓光也对矿石收音机十分感兴趣，决定和赵梓森一同制作。说到赵梓光，他和赵梓森十分相像，两人都对科技发明感兴趣，拉小提琴也是两人共同的爱好。大学毕业后，也在高校中从事科研工作，他率领科研团队研发出了我国首颗卫星——"东方红一号"的无线电接收机。

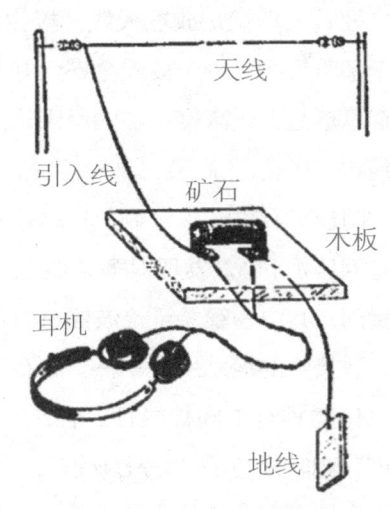

图1-11 矿石收音机原理示意图

两人根据亚美无线电问答的小册子，初步规划后，就开始了行动。第一步是要备全三大件——天线、耳机和矿石。天线容易找，晒衣服的细铁丝就行。耳机虽然没有现成的，但家中恰好有一个闲置的电话听筒，取出外壳稍加改造，就是一个简易的耳机。最大的困难在于矿石，不仅手头没有，甚至也买不到。自租界被日本人占领后，昔日繁华的临街商铺日益萎缩，加之日本兵的搜刮刁难，连粮食都十分短缺，更不用说制作收音机的矿石了。但赵梓森并不担心缺少矿石，他查阅了相关书籍发现，所谓的单向导电矿石，其实有很多选择，方铅矿石、黄铁矿石、黄铜矿石等都可以，即便成品矿石难觅，也有其他替代物，金属铜的氧化物就是一例。没有成品矿石，普通的铜疙瘩还是很容易找的。学过化学基础知识的赵梓森

第一章 基础教育阶段兴趣执着

十分喜悦，因为只需将铜放在火焰上煅烧，很容易就能得到铜的氧化物。这样，矿石的问题也"迎刃而解"了。

　　第二步就是进行组装，用一根可拨动的金属丝悬置于"烧制"好的氧化铜矿石上，用来寻找"灵敏点"（矿石上可以获得最佳收听效果的位置），再将天线和耳机并入，稍加固定，一台简易的矿石收音机就"问世"了。

　　最后一步就是放置天线，接收电台信号。赵梓森兄弟二人跑到屋外，一个举着天线，一个拨弄金属丝并拿着耳机试听，但只有微弱的杂音。赵梓森思量是天线高度不够的原因，两人又爬上屋顶试验。但任凭怎么调整天线和金属丝，除了杂音外并无二人期待的电台节目。

　　制作矿石收音机失败了！赵梓森心有不甘，又仔细查阅了往期的《无线电问答汇刊》，发现很多其他无线电爱好者也有自制矿石机收不到节目的疑问，其中一篇关于检波器材料选取的文章，让赵梓森找到了自制矿石机无法接收的症结所在——"矿石"不合要求。原来，虽然粗略地说，铜的氧化物具有单向传导性，但细究下来，铜的氧化物还分为黑色的"氧化铜"和暗红色的"氧化亚铜"。前者无法传导，是不能用来充当检波器的。金属铜在普通的灼烧条件下，会生成氧化铜。只有当温度达到800—1000℃时，才能形成氧化亚铜。赵梓森烧制金属铜时使用的普通酒精灯，其最高温度不会超过800℃，这样一来，矿石就不是可以检波的氧化亚铜。

　　赵梓森对矿石收音机的尝试没有成功。从他要强的性格来看，理应继续尝试，如果轻言放弃势必会对他的自信心形成冲击。但如果我们仔细分析，就能发现他的这次失利并不会如我们想象一般有负面影响。第一，面对矿石收音机收不到节目，他找出了问题的症结，即检波器无效；第二，他也据此形成了解决方案：高温加热或者用氧化亚铜晶体替代。从方案来看，一方面，他是无法获得严控温度的加热设备的；另一方面，氧化亚铜晶体是自己无法获得的。也就是说，是客观条件所限，而非个人因素所致。区分两种失败也是赵院士在访谈中反复提及的。

　　为什么赵院士对自己少年时自制矿石收音机的过程和原理如此清晰？他并没有给予答案。但此情此景与他几十年后在废弃的厕所清洗间里烧制石英玻璃（光纤材料）的实验是何其类似？虽然从制作内容上，无法把二者的因果关系联系起来，但制作形式和其中体现的个人特质确实如此一致。也许，没有这种爱制作的天性，就不会有厕所清洗间那间简陋的实验室，也就不会有 1977 年中国第一根实用性光纤的诞生。

萌生信仰的高中生

1946 年 7 月，赵梓森初中毕业；同年秋，考入著名的上海辅仁中学。

上海辅仁中学是 1918 年成立于江苏无锡的私立学校，由上海圣约翰大学无锡同学会唐纪云先生提议，众会友集资四千元而创办，校址依傍宋代声名显赫的东林书院，校名"辅仁"二字取自《论语·颜渊》："君子以文会友，以友辅仁。"建校伊始，辅仁中学定"明道进德"为中文校训，定"Live To Learn, Learn To Live"为英文校训，坚持以延聘名师、精设课程和严格管理立校。无锡原本就是人文荟萃之地，加之办学起点高、进步快，同人协力，上下齐心，建校不久，辅仁中学就在名校林立的江南有了一席之地。早期辅仁中学设有中文、西文两科，因教育质量已被业界广泛认可，西文科学生一毕业，即可免试入读上海圣约翰大学。直到抗战烽烟骤起，江南沦陷，当内地许多大中学校迁往西南时，辅仁中学则就近东迁上海，在租界内租得校舍，

图 1-12　上海辅仁中学校徽

第一章　基础教育阶段兴趣执着

而所谓的校舍，正是南京路上那栋容纳了数十所大中小学的慈淑大楼内的几个房间。校舍简陋，教师的水平却不"简单"，历史、地理、三角、代数、几何、物理、英语，一律采用英文原版教材。这在当时的高中是十分鲜见的。

1945年日本投降后，辅仁中学也回迁无锡复校，而上海的辅仁中学则自成一统，但继承了老辅仁的办学精神，甚至延续了使用英文教材的传统。多年后，赵梓森能够从原版英文期刊上率先了解高锟博士的论文，可以说正是得益于此。在赵梓森之前，三位姐姐都接受了高等教育，加之赵梓森对知识的渴求，考取大学成为他重要的目标。因此也不再"一条腿走路"，在数理化各门优势学科保持高分的同时，对不感兴趣的文科科目也努力学习，拼命追赶，达到了中等以上水平。

除了学习步入正轨外，高中阶段也是赵梓森政治信仰萌发的时期。

赵梓森说，在他临近高中毕业时，学校教务长朱树卓在给他们的寄语中，有一句话给赵梓森留下极为深刻的印象："新中国有希望"。这句话并非校方对学生的政治宣传，赵梓森之所以对教务长口中的"希望"产生共鸣，是源于他高中阶段中国特殊的社会背景——国共两党的内战。正是双方在战时迥异的表现促使包括赵梓森在内的普通上海市民产生"亲共（共产党）疏国（国民党）"的偏向，乃至对共产党领导的新中国充满希望。

就国民党方面看，内战中节节败退。不过，战事不利并非仅仅源于军事指挥，更核心的问题在于，国统区因为腐败导致的经济崩溃。这一时期，奸商趁战事囤积居奇，哄抬物价。到1948年夏，国统区的物价较抗战前上涨了600多倍，一个小学教师一天的工资只能买到几个馒头，民怨一天比一天强烈。国民党领导层面对严重的财政危机也采取了一些补救措施。1948年8月19日，蒋介石以总统名义发布"财政经济紧急令"，强制推行货币改革方案，公布"金圆券发行法"，禁止私人持有黄金、白银、外汇，对于持有者，限于9月30日前兑换成金圆券。法令颁布后，蒋介石还委派其子蒋经国，前往上海进行经济管制，督促金圆券发行、打击投机奸商。一手是重拳出击，另一手则是广造声势。为了重整上海金融风气，蒋经国别出心裁地组织上海中学生上街游行，并规定，凡参加者每人每天发给一块银圆。赵梓森也走上街头,加入游行队伍中。

但受金圆券风暴影响最大的就是像赵家这样的城市小资产阶级,他们没有大资本家雄厚的财力和社会资源来自我保护,甚至不如乡间农民或城市无产者那般无产可贬,在货币改革初期不得不将为数不多的血汗钱兑换成金圆券,之后却发现在恶性通胀中,手头的货币已成一张废纸。这个赵家男孩中的老大,已经是个大小伙子了,时常要替父母外出买菜购物,他需要手提一大袋金圆券,去换回一点萝卜白菜。不少市民甚至把这堂堂中央银行发行的货币拿来做糊墙纸。

图 1-13　1948 年民国时期上海发行的金圆券

据赵梓森回忆:"宋美龄抗战时期游说美国国会,争取美国支援,做了件好事;'打老虎'的时候为外甥求情,让蒋经国网开一面,这件事办得太坏。要不然,国民党的统治恐怕也不会完蛋得那么快。"[①]

蒋经国打虎,以失败告终,但他不是输给老虎,而是败给一只看不见的手。就如《蒋经国传》里说的那样:"由于上海以外地区物价迅速攀升,商人和民众拥入城里,买尽一切商品、物资。虽然当年秋天浙江、江苏省谷物大丰收,上海却严重缺粮。原料也一样缺乏,生产商遂停止生产。"

与之形成鲜明对比的是,一年之后,1949 年 11 月,主管上海经济的共产党高级干部陈云一到上海就简明有效地打败了投机商,抑制了囤积居

---

① 赵梓森访谈,2015 年 11 月 18 日,武汉。资料存于采集工程数据库。

奇，稳定了物价，保证了上海百姓的日常生活。陈云给各地密发12道指令，命令全国的棉花纱布向城市集中，长江中游的集中到汉口，西北地区的集中至西安，华北的集中到津京。接下来是粮食，陈云从11月开始命令东北每天往京津地区运粮食1000万斤，从四川征集4亿斤粮食援助上海，另外向国外增购4亿斤大米。来自国内外的生活物资源源不断地涌向上海和武汉等大城市。在内外物流夹击之下，以上海为首的投机商无法抵御全国集中的物资，棉纱和粮食的价格开始跳水，上海投机商终于被接替南京政府的共产党人打败了。

一正一邪，一黑一白，一胜一败，对比鲜明。正是这些亲身亲历，燃起和促成了赵梓森的共产主义信仰。

赵梓森的共产主义信仰可以从后来发生的两件事中得以窥见。一是大学时期，"三反""五反"运动期间，主动对自家童装作坊的"批判"；二是在"计划经济"和"市场经济"孰优孰劣的辩驳上，与"世界光纤之父"高锟的"交锋"。

上大学期间，赵梓森主动对自家童装作坊进行了"批判"。1951年年底到1952年10月，中国共产党在党政机关工作人员中开展"反贪污、反浪费、反官僚主义"斗争，在私营工商业者中开展"反行贿、反偷税漏税、反盗骗国家财产、反偷工减料、反盗窃国家经济情报"斗争，统称"三反""五反"运动。1952年2月上旬，"五反"运动在全国大张旗鼓地开展起来。3月11日，政务院[①]批准公布了北京市人民政府《在"五反"运动中关于工商户分类处理的标准和方法》，把私营工商户分为守法户、基本守法户、半守法半违法户、严重违法户、完全违法户五类，进行定案处理。全国"五反"运动以北京、上海、天津、广州、沈阳、武汉等几大城市为重点，定案处理的结果是：守法户占总户数的10%～15%，基本守法户占50%～60%，半守法半违法户占20%～30%，严重违法户约占4%，完全违法户占15%。1952年，正处于大学二年级的赵梓森，在学校政宣人员的政治激发和一位同学登台讲述其如何劝说父母交代偷税漏税不法行

[①] 政务院，是1949年10月21日至1954年9月27日期间中华人民共和国"国家政务的最高执行机关"，是中央人民政府的一个机构。

为的触动下，也将批判的矛头指向自家的童装作坊。自抗日战争结束，赵梓森一家重新搬回闸北虬江路后，为了供几个孩子上学，赵梓森的母亲又重新拾起童装加工生意。虽然深知母亲经营小铺十分辛苦，同时这家店也是自己和几个弟弟妹妹学费的来源，但赵梓森还是认为，自家既然是工商户，就应遵守党的政策要求。于是规劝母亲赶快向政府交代偷税漏税的不法行为。事实上，母亲的童装作坊最后是被排入10%～15%之列的"守法户"的。也是在这一年，赵梓森加入了中国新民主主义青年团[①]。

而近30年后的1979年，当赵梓森与光纤理论的提出者高锟在都灵的一次国际通信会议上初次碰面时，二人对光纤通信上的交流十分投机。但当话题转到市场经济和计划经济孰优孰劣的问题上时，二人却发生了激烈的争论。事情源起赵梓森对自己工作单位的介绍上，他说自己供职于武汉邮电科学研究院，隶属邮电部。高锟对此的第一反应是：垄断。赵梓森立即回应，邮电科学研究院是按照国家的计划进行科研和生产，并非垄断。高锟则抓住垄断问题，进一步指出，计划是国家的垄断，有垄断就没有竞争，没有竞争就没有动力，没有动力就没有进步。对赵梓森而言，这一话题涉及信仰，属于"原则问题"，他为此坚称，中国不需要竞争，在国家的统一计划、安排下，没有竞争同样可以进步，并且也正因为计划，中国才没有出现类似欧美国家失业率居高不下的情况。赵梓森对当年在都灵的那场小小争论，至今仍记忆犹新："谈论的时候虽然有些激动，但大家也都是各抒己见。现在回想起来高锟的观点是有道理的。没有竞争就没有进步，我们搞了几十年大锅饭没有进步。邓小平提出了改革开放，有了竞争也有了进步，某种意义上，高锟的意见还是对的。"赵梓森对自己当时反应之所以会如此强烈，是这样解释的："当时我脑袋里都是共产主义和毛泽东思想。我们全心全意为人民服务、为国家努力工作，这不就是动力，而且是强大的动力吗？"

虽然赵梓森1979年才正式加入中国共产党，但自高中时期产生的对中国共产党的信任和对共产主义的信仰，一直是他不可或缺的政治动力。因

[①] 1949年4月，中国新民主主义青年团在北平成立，1957年改名为中国共产主义青年团。

为这种信仰，他大学毕业时才会坚决服从分配，来到武汉一所不起眼的邮电中专学校；因为这种信仰，他虽然深受"文化大革命"冲击，仍然坚持当初的"科学报国"信念，在三尺讲台之下，不忘偷偷开展科学实验；因为这种信仰，他才能力排众议，在"文化大革命"尚未结束的特殊时期，争取到中国光纤的发展机会；因为这种信仰，在改革开放初期，他才能克服信息、资金和技术等方面的多重困难，带领众多科技人员努力奋斗，推动了中国光纤事业的高速发展。

执拗兴趣"三考"大学

1949年，赵梓森高中毕业，以全年级第二名的优异成绩考入国立浙江大学农艺系。与赵梓森同届的上海辅仁中学考生中，包括他在内只有两人考上了国立重点大学。当初选择国立大学，主要目的在于减轻家庭的经济负担。选择以农作物的栽培、育种等为目的的农艺专业，主要是他出于"共产党依靠农民掌握国家政权后，定会重视农业的考虑"[①]。

入学国立浙江大学后，由于学生数量骤增，校方正日夜兴建新的校舍以解决学生住宿问题。新生们被临时安置在一间大教室内，在和大家的交谈中，赵梓森得知可以换专业，因为化学是他的个人兴趣所在，所以入校不久他转入了农业化学专业。

大学一年级，农业化学专业开设有无机化学、生物、定性分析、微积分和微分方程几门课。其中，像生物、无机化学这类偏记忆的课程，赵梓森已经没有太多印象，但对微积分以及授课教师谷超豪却印象十分深刻。

---

① 我国20世纪三四十年代的大学收费标准大致有三个梯度：国立大学每年22～40银圆，师范类不收学费；私立大学每年45～120银圆不等，平均收费90银圆；收费最为昂贵的是教会大学，每年约160银圆。

这位我国著名数学家苏步青①教授的得意门生，无论是知识水平还是人格魅力都让学生叹服，以致平日遇到学习中的困难喜欢独自揣摩、不愿询问他人的赵梓森，也时不时会向谷老师求教。记得有一次他去求教谷老师：积分为什么能把弯曲形状的面积加起来？结果，谷超豪用一句话就简易概括了：因为积分是微分的逆过程。赵梓森听后恍然大悟，对谷老师十分佩服。不过，赵梓森对谷超豪老师印象深刻还有另一个原因。新中国成立后，很多战时的机密得以解开，各大机关单位陆续公布了中共地下党员名单，浙江大学也通过布告栏予以公示，谷超豪的名字赫然在目。赵梓森很惊奇，平日里温文尔雅的谷老师，竟然还有这种胆识和魄力。赵梓森形容他是典型的"又红又专"，据此也可以推断，赵梓森之所以形成共产主义信仰，和这位学识胆识兼具的谷超豪老师树立的榜样不无关系。

图1-14　1951年赵梓森大学登记照

除了完成课业外，赵梓森为了减轻母亲的负担，还报名参加了农艺系为帮助贫困学生专门开设的勤工俭学活动，他的主要工作是碾米加工。大学一年级的学习和兼职，加上平日里小提琴的爱好，倒也十分充实。但赵梓森内心仍有隐隐的不安，不安的来源在于专业上。中学时期就表现出并一直坚持的对动手和问题解决的偏好，到了大学，反而开始被各种理论知

---

① 苏步青（1902-2003），浙江温州平阳人，中国科学院院士，中国杰出的数学家，被誉为数学之王，与棋王谢侠逊、新闻王马星野并称"平阳三王"。主要从事微分几何学和计算几何学等方面的研究。他在仿射微分几何学和射影微分几何学研究方面取得了出色成果，在一般空间微分几何学、高维空间共轭理论、几何外形设计、计算机辅助几何设计等方面取得了突出成就。

第一章　基础教育阶段兴趣执着

识慢慢磨去棱角。不安归不安，此时赵梓森还是寄希望于大学二年级来满足这些兴趣。他想，可能一年级需要必要的理论积累，之后就会开展各种实践操作。但到了第一学期末，赵梓森急切地询问大二开设的课程时，却被告知：二年级专业课主要是细胞学、植物学、植物分类学等更加细目化的理论知识。一想到自己大学的一半光阴，都要在各种背诵记忆的课程中度过，他就十分痛苦。于是，退学重考大学的念头开始浮上他的心头。虽然赵梓森此时已经清楚地意识到农化专业不是自己的兴趣所在，但作为当年学校仅有的两张国立重点大学"入场券"获得者之一，国立浙江大学这一名校的学子，真要作出放弃这所大学的决定，对年轻的赵梓森来说，却是一个很艰难的抉择。

经历了短暂的困惑后，兴趣还是占了上风。赵梓森决定追随自己内心的兴趣，放弃浙江大学重新高考，选择自己喜欢的学校和专业。作出这个决定后，赵梓森的心情虽然舒缓了大半，但还有很大的牵挂和内疚，那就是对不起含辛茹苦的母亲。母亲没日没夜地踩着缝纫机，才凑足了自己的学费，如果退学就意味着这一年的开销都打了水漂。带着些许内疚和忐忑，赵梓森把自己的想法向母亲和盘托出，让赵梓森有些意外却又在意料之中的是，母亲支持自己的想法，希望自己可以学习感兴趣的东西。

得到母亲许可后，赵梓森结束了不到一年的浙江大学学习，迅即返回上海再次参加高考，这次他报考了复旦大学。这所沪上名校创建于1905年，原名复旦公学，是中国人自主创办的第一所高等院校，于1941年改为"国立复旦大学"。在专业选择上，赵梓森认为和自己的兴趣最为接近的学科是物理，实践产生理论，理论服务实践，于是就报考了物理系。但被学校录取后，校方出于他曾经就读的是浙江大学农化系的考虑，竟将他录取到了与农化专业有一定关联的生物系。浙江大学学习生物课程的经历，让赵梓森认为复旦大学的生物系应该还是一个明显强调理论和知识记忆的专业，所以决定再次放弃这次"机会"。

不学到自己感兴趣的专业，赵梓森绝不罢休。他的这股"倔强劲"也让母亲动容，一商量，决定直接报考以理工科著称的大同大学，果然顺利考上，随即被大同大学电机系录取，这下他感觉终于如愿以偿。

大同大学是一所私立学校，校名出自《礼记·礼运》："大道之行也，天下为公。选贤为能，讲信修睦，故人不独亲其亲，不独子其子，使老有所终，壮有所用，幼有所长……是谓大同。"20世纪20年代，民国教育部报告称："综合言之，此次视察六校（复旦、沪江、大同、大夏、光华、暨南）……据视察结果，办学精神，极为贯注者，为大同、沪江二校。理学院办理较有成绩者，亦为沪江、大同二校。"1928年起，大同大学已经成为中国一流的私立大学了。20世纪40年代，大同大学已发展有商学、文学、理学和工学4个学院14个系，学科涵盖文、史、哲、经、地、化工、土木、电机、机械各个领域，但尤以理工著称。赵梓森就读的电机系更是蜚声学界。一般私立大学，以文、商、法科居多，原因在于办学经费较少，不像理工需要购置大量实验仪器与教学设备而耗费巨大，独树一帜的大同大学便以"理工立校"而闻名沪上，"北有南开、南有大同"之说，便在民国教育界口碑相传。

入读大同大学电机系后，赵梓森虽然得偿所愿，但他曲折的选择大学之路还未结束，上学不久，他所在的电机系又被合并到上海交通大学。

20世纪50年代初，高校人才培养难以满足国家经济建设需要。1949

图1-15 原上海大同大学校景

年，全国接受高等教育的在校大学生仅有11万人，而工学院每年的毕业生不足一万人，根本无法满足国家工业，特别是重工业发展的需要，因而调整高等学校布局，加速培养工业建设人才，成为中国教育的当务之急。

于是，从1952年6月开始，高等教育界的院系调整轰轰烈烈地开展起来。此次调整重点有两项：一是拆散重组，二是缩短学制。

拆散重组在专业上是"把大的变成小的，把文的变成工的"。为何如此？有学者认为两个原因：一是表浅因素，是为了加速中国工业人才的培养，或者说速成的需要。二是深层的原因，即出于意识形态上的考虑，要把原国民政府高等教育以美国大学为范例的模式，转变为苏联模式的高等教育体系。"（一九）五二年院系调整的前奏是知识分子的思想改造运动，所以我们也可以从这次院系调整中看出，新政权确实有分散原国民政府教育体制下自由主义知识分子相对集中的企图。"院系调整拆分的重点对象正是教会学校、私立学校。因此，作为私立大学的大同大学消失，工科合并到交通大学，理科合并到复旦大学，文科合并到华东师范大学。大同大学电机系并入交通大学后，进一步细化成电信、发电、输配电三个系，学生可自由选择。赵梓森小时候就对制作收音机很着迷，因而选择了电信系。进入公立大学后，最直接的变化是学费大减，而且伙食费由国家供给，这让赵梓森一家减负不少。课余时间，赵梓森仍然是练琴、画画。1953年斯大林逝世，举国哀悼，赵梓森还特意画了一张斯大林相挂在教室，以供瞻仰。电信系分为两个班，甲班是原交通大学的同学；乙班是由同济、大同、光华三校合并过来的同学。赵梓森因音乐和美术特长，担任了乙班团支部宣传委员。大学期间赵梓森也曾经参加了大学生学生乐团，但由于只能反复演奏选定表演的歌，他在参加乐团不久就退出了。因为他更喜欢自己选择的练习曲，认为这样才能提高自己的小提琴演奏水平。

缩短学制也是这次高等教育体系调整的一项重要的内容。新中国百废待兴，为了适应国民经济恢复发展对人才的迫切需求，大学本科学制由4年缩短为3年，外加一年实习。这样的改革正好迎合了赵梓森解决实际问题的喜好，使他对走出校园进行工作实习有一定的期待。

上海交通大学电信系毕业生的实习工作，划归邮电部安排。部里将他们划分为线路专业和市话专业，分别安排到不同的实习地点。赵梓森的第一阶段实习被分配到了南京电信总局市话部门开展实习工作。局里给实习生安排的住处，是一间空房子，没有床，只在地上铺了几张草席，十几个人摊开自带的铺盖，挤在一起，觉得新鲜热闹。实习的重点是市内电话，当时的市内电话交换机是机械式的，分插入式和旋转式两种，南京电信总局采用的是插入式。单位给实习生安排了三个辅导老师：殷正魁、龙赞易、刑剑凌。三位老师认真负责，短短的三个月实习期，大家收获很多。

　　三个月后，赵梓森一行自南京北上，转到沈阳电信总局进行第二阶段的实习。此时线路专业的实习队伍也在沈阳。沈阳市话局是全国先进单位，全国电信系统都在学习他们关于通信设备维护实践中总结出的"沈阳机械股工作法"。此外，沈阳市话的机械式交换机采用的是旋转式。东北的生活明显比江南艰苦。住宿方面，和南京类似，仍是在大房间内席地而卧，不同的是人数翻倍。饮食上，主食是高粱、玉米、红薯干，让像赵梓森这样来自南方的同学很不适应。工作上，也十分考验人的毅力。1954年2月，在总局的一行二十人的队伍，被分散到各个支局实习，赵梓森被分到了城外的铁西分局。分局和总局间往返没有汽车，全凭两条腿。冬日里时常赶上下大雪，即使穿着厚实的棉大衣，还是扛不住乱窜的寒风，冻得瑟瑟发抖。

　　尽管实习期间的生活条件不佳，但有机会目睹市内通话的各个流程，亲身体验实践课堂中的理论知识，还是让赵梓森觉得十分充实。

　　但一次小小的打击，让本来酷爱实践的赵梓森开始重新审视理论知识的价值。有一天，他按照上课所学的用求解微分方程的方法来计算话务量接通率，因为计算所用的微分方程十分烦琐，他虽然埋头计算很久，但仍未得出结果。这时分局一个叫丁文良的工程师告诉他，话务量接通率的测算方法，早先采用的解微分方程的方式因太烦琐基本已经废弃，现在已经发明出新的"拉普拉斯变换"算法[①]。拉普拉斯变换？赵梓森对这个新鲜词

---

　　① 拉普拉斯变换是工程数学中常用的一种积分变换，又名拉氏变换。通俗地说，该方法可以把运算复杂的事件，转变为计算较为简便的映射事件，并能保持计算结果的一致性。

闻所未闻。惊奇之后也为自己没有听过该法而羞愧。这才意识到缩短了一年的课程，压缩了很多知识点，确实也有很大的缺陷和问题。要想搞好实践工作，深厚的理论素养也是非常重要的，这成为他后来坚持自学感兴趣的相关理论知识的又一个动力来源。

  1954年9月，赵梓森结束了在沈阳的9个月实习，根据邮电部下达的就业方案，被分配到中南邮电管理局下属的武汉邮电学校。

第二章
三尺讲台下的科研梦想

从实验室到三尺讲台

　　1954 年，武汉遭遇了百年不遇的大洪水。同年 9 月，赵梓森从上海搭乘客轮，溯江而上，前往武汉邮电学校报到，此时武汉的洪水虽然没有最高水位时那么凶猛，但其余威还是增加了赵梓森的路途时间，花了整整三天三夜才抵达武汉。

　　1954 年长江流域的那场水灾，水位之高、汛期之长、受灾之广，均为历史记录上所罕见。"地连七部，襟带江汉"，历史上号称"千湖之省"的湖北，境内江河交错，湖泊星罗棋布，沿江滨湖地区地势低洼，受这场洪灾的影响尤其严重。6 月 25 日，武汉江汉关[①]水位突破了 26.30 米的警戒点，全市进入防汛警戒状态。7 月中旬，水位超过了 28 米，达到 1931 年洪灾[②]

---

　　① 又称武汉关。
　　② 1931 年中国的几条主要河流如长江、珠江、黄河、淮河等都发生特大洪水。受灾范围南到珠江流域，北至长城关外，东起江苏北部，西至四川盆地。这次水灾死亡人数超过 40 万人，是 20 世纪导致死亡人数最多的自然灾害。

时的情形。8月3日，水位攀升到29.73米，超过了武汉市有水文记录以来的最高水位①。好在，这场特大洪水在武汉全民协力抗洪抢险之下，最终化险为夷，没有给武汉造成毁灭打击。据统计，自6月底武汉进入警戒状态起，在这场历时90多天的防汛大战中，总计有近16万人参加了一线的抗洪抢险工作。到赵梓森抵达武汉时，虽然洪水已开始退去，但部分防洪军民依然坚守在堤坝前。

赵梓森从武汉江汉关下船时，最先看到的是江汉关大楼上的那口大钟，再有就是那沿江高耸的大坝。除了堤坝上依稀还能看到几个小小的人影在晃动外，泥泞湿滑的土路上，少有行人。赵梓森提着行李，缓慢前行。赵梓森回忆："我被分到了武汉邮电学校，但下了船，我不知道具体在什么地方。后来有个人路过，我就问他武汉邮电学校的地址，他就说'么斯，么斯'，满口武汉话，一句也听不懂。后来才知道'么斯'是'什么事'的意思。"与泥泞的道路相比，这种交流障碍使赵梓森更深刻地感受到身处异乡的孤独和艰辛②。

图 2-1 1954年武汉群众在江汉关筑堤防汛

终于，赵梓森在一个路口发现了电话亭，他想起事先抄下的武汉邮电学校的电话号码。拨通电话问明了地址，才知道原来学校在武昌，而下船的江汉关是长江另一边的汉口。确定了方向和路线后，赵梓森迅速乘上轮

---

① 贾莹莹：湖北省1954年水灾救助问题研究。硕士学位论文，华中师范大学历史系，2007年。

② 赵梓森访谈，2016年3月18日，武汉。资料存于采集工程数据库。

渡，在武昌的司门口登岸，紧接着换乘公交抵达终点站武昌的街道口。

武昌的街道口，既是武昌区各种农副产品的集散地，也是周边居民购物与休闲的处所。小街蜿蜒蛇行，青石路面，不甚宽阔。茶馆、酒家、书店、菜场应有尽有，是武汉比较热闹的地段。但出了"这个口"，再往邮电学校的方向行进，就是丘陵起伏、人烟稀少的市郊农村了。由于车辆不通，剩下的十多里山路，只能靠步行。翻过数座土丘，渐到目的地，眼前竟出现一片汪洋。虽然武昌的地势不像汉口那般低洼，但连续三个月的降雨，还是使多地产生积水。遥望学校，大门紧贴水边，俨然一座孤岛。为此，学校专门安排了数艘木船停靠在水塘边负责接送出入的师生。赵梓森说明了来意后，便搭着木船摆渡至对岸，这才踏进了邮电学校的大门。

在谈及自己的这段初次上岗之路时，赵梓森表示："人总是要工作的，自己当时并没有对工作单位感到失望。"赵梓森这番质朴的表态，一方面是他所处的时代背景使然。那个年代的青年学子多以满足祖国建设的需要、服从组织的安排为行为准则。赵梓森所说的人总要工作，正是那个时代下，大学毕业生为国家作出贡献的热切期盼，而对于工作地点、工作环境并不在意。另一方面从赵梓森个人角度而言，早在大学时，教师就是他憧憬的职业之一。虽然工作单位是一所各方面条件欠佳的中专院校，但他相信随着祖国的建设发展，教育事业也会不断提升。

赵梓森前往报到的这所中专学校，实际上也是刚刚成立。1950年，随着中南地区生产建设的恢复，邮电部门专业人员稀缺的问题也越来越突出，筹建邮电学校的想法呼之欲出。1951年年底，中南邮电管理局局长钟夫翔率队到东湖南望山下实地考察，为邮电学校选址。看到这里有山有水，环境幽静，虽地处市郊结合部，但具有一定的发展前景，便决定把学校建在这里。但由于交通不便和"三反""五反"运动的干扰，直到1953年8月，才完成第一批、面积共计5000余平方米校舍的建设。对于校舍的内部设施，除了大型的橱柜和设备需用车辆绕道运输外，其他物品均由人力徒步搬运。

1953年9月1日，武汉邮电学校正式成立。在校学生768人，分为长途、市话、线路3个专业，共13个班学习。全校有教师52人，主要是邮电企业调来的工程技术人员和部分高校毕业生。这些教师大多数没有教过中专课程，对教学方法亦不太熟悉。

为了解决教师经验不足的问题。学校建校伊始就设立了14个教研组以及专门的教务科，次年2月，还进一步将相关教研组合起来建立起7个学科委员会。参照成熟院校的教学管理经验，对各个教学环节，尤其是按大纲要求组织教材授课这一环节加强管理。

除了理论知识的教学外，学校还着手按专业组建长途、市话、线路3个实验室，模拟电信局的日常工作，意在使毕业生能快速适应工作岗位。实验室的日常管理工作由教师兼任。不过，筹建近一年来，3个实验室一直无法正常运转，原因既不是设备不到位，也不是操作技术缺乏，而是最基本的供电问题。相较一般电力设备，电信设备的运转主要有以下两个难点：第一，需保证全天候供电，通信过程中不能中断；第二，不同于市电输送的交流电，电信设备使用的是直流电源。若要保证不间断的供电，除普通的市电外，还需配备一套发电机以备不时之需。但市电故障的发生是不可预期的，发电机的启动也需要时间，因此，在市电故障时自动切换备用电源的大型蓄电池就成了一道重要的屏障。大型蓄电池不同于市电和发电机，它本身输出的就是直流电，而且它还可以为整流器（将市电和发电机输出的交流电转换为直流电的机器）提供电力，正好解决了第二个难点。所以，蓄电池的建设可谓整个电信实验室重中之重，为此，学校专门建立了电源实验室，试图制造大型的蓄电池以解决此问题。但可能因为学校刚刚成立，教师又忙于课堂教学，或是操作难度太大，整个电源实验室处于闲置状态，一直没有进展。

办理完报到手续后，赵梓森等待着校方安排上课事宜。但因他来校较晚，各门课程的教师已定，校方决定将他分配到待建的几个电信实验室，专职实验室的日常管理。但赵梓森在回忆这段往事时认为："校方负责人看到我个子小小的，就把我暂时安排到实验室去了。"[①]赵梓森的妻子范幼英从当时的教学环境上分析，也提供了部分佐证："当时老师上课都要从黑

---

① 赵梓森访谈，2016年3月18日，武汉。资料存于采集工程数据库。

板顶写到底，但教室的黑板不像现在的阶梯教室里的可以上下拉动，它是固定的，而且很高。个子不高的老师踮起脚尖也才能写到三分之二。所以当时他们有可能第一印象是觉得他不适合教书。①"武汉邮电学校作为一所刚刚建立的学校，首要的任务理应是组织好教学工作，而当时的教师只有几十人，数量上，应该说是相对不足的。对于一位从名牌大学毕业前来报到的教师，学校却将赵梓森安排到实验室做实验员，不得不说有部分"身高"的因素。

  但赵梓森还是服从了学校的安排，进入实验室着手蓄电池的安装工作。不过，他心中却是憋着一股劲：非得把这个工作做好、做完美不可。在赵梓森还是个初中生的时候，做的第一个化学实验就是制作电池，为此还得到了化学老师"你将来会是一个科学家"的评价，而他的第一份工作竟也是安装电池。所以，虽然没有承担教学，但喜欢动手的赵梓森对这一工作的热情也是可想而知的。不过，热情并不能直接发电，电信实验室要求的甚至要摆满一个房间的大型硫酸蓄电池，这和当初在小烧杯中制作的电池是不可同日而语的，赵梓森对此毫无经验。好在当时实验室有一个姓邓的领导，早前是广东省电信局的总工程师，对于各种通信设备都十分了解。他在赵梓森安装蓄电池的工作中给予了方向上的指导，对赵梓森帮助很大。方向上的问题，赵梓森一点就通。具体的操作上，尽管冗杂繁复，但他也是有条不紊，仅组织了几个工人，就完成了铅条的熔炼、接口焊接、硫酸的填充等工作。经过调试后，电源实验室于年底顺利供电。在谈及顺利建成电源实验室的这段工作时，赵梓森说："蓄电池的安装工作十分复杂，买硫酸、装铅板，铅板要由买到的铅条熔炼成板，铅板上包括铜条的接头要焊接，大量的工作要做。这不是我一个人的功劳，如果没有那几个技术工人帮我，我也是建不起来的。我记得当时买来的铅条很重的，运到了学校门口，到门口还要摆渡，有个姓金的，力气很大，那根铅条我搬都搬不动，他却能扛在肩上。就是大家一起才建起了实验室，他们的功劳都很大。"② 实验室的成功运转，不仅得益于赵梓森精湛的技术，还依赖于

---

① 范幼英访谈，2016 年 4 月 13 日，武汉。资料存于采集工程数据库。
② 赵梓森访谈，2016 年 3 月 18 日，武汉。存地同上。

他的管理能力，他能让领导下的团队成员各司其职，通力协作。首份工作的出色完成，无疑提升了自己的自信心，同时，也使校方对这个小个子的工作能力给予了认可。

1955年春季新学期开始，赵梓森如愿走上了三尺讲台，开始了他长达20年的教师生涯。

风不止而心独静

新学期伊始，学校领导找到赵梓森，与其商量课程安排的相关事宜。校领导认为他名牌大学毕业，且仅带领几个工人就组建好了电源实验室，能力自然有目共睹，因此，希望赵梓森能够代替数学教研组中一位教学成果差强人意的教师，教授数学课。这对赵梓森而言，并非易事：一方面，他在大学期间，数学仅仅是一门基础课程，对其学习也很肤浅；另一方面，数学是一个理论性较强的学科，而他却是一个应用性专业——通信专业的毕业生。但赵梓森不愿推脱领导的安排，也希望自己可以挑战一下这个富有逻辑性的学科，于是答应了下来。

作为取代原先教师的新人，赵梓森虽然圆满地完成了电源实验室的建设工作，但对于数学教研组的老教师而言，教学能力的高低才是他们关注的焦点。然而，令这些老教师感到困惑的是，在连续几次的数学单元测验中，这个新人所带班级的学生考试平均成绩竟然都是最高的，这直接反映了赵梓森较强的教学能力。很快便有老师得出结论：赵梓森班上学生的成绩之所以这么高，是因为他出的题简单。遂决定改变以往各个教师自主命题的方式，由几位有经验的教师共同出题，统一考试。赵梓森虽然遭受着其他教师的质疑，但统一考试的结果为他证明了一切：他班上学生的成绩仍然是最好的。各位教师也不得不心服口服，连教务处处长也不禁赞叹其教学水平的高超。

赵梓森在回忆自己当初的教学方法时说："其实他们老教师采用的是题

海战术，让学生做题、考试，经常这样，很多学生头脑都搞昏了。我跟老教师有一个不同的地方在于，我并不要求学生做一大堆的题。题目库并不是一道道没有知识关联的散在孤立题目混成，这种题有这种特点，那种题有那种特点。我给题目分类，大概有那么七八种不同种类的题，分类之后每种题出个两道，并不多，那么学生做题很简单，事情也很少。用这个办法呢，结果学生头脑很清醒。不管他出什么题，都在分类的范围之内，所以呢，好像学生很快地知道这个题就是哪种类型，马上就做出来了。"[①] 除了教学方法的不同外，赵梓森另一个和其他教师迥异的地方在于对空闲时间的利用。随着教学内容的逐步标准化，教师们也从原先的神经紧绷变得驾轻就熟，游刃有余了。20世纪50年代的大学生，没有较大的就业压力，教师教得轻松，学生学得也轻松。对于中专学校来说，情况就更是如此了。如何打发空闲时间，成了学生们乃至教师们的一大难题。那时武昌人过周末的安排，通常是"进城"或者"过江"。"进城"指到武昌司门口解放路一带逛街，"过江"则是乘轮渡到繁华的汉口。武汉邮电学校远离市区，"进城"不便，"过江"更远，周末最常去的地方还是相对热闹且距离较近的武昌街道口。街道口琳琅满目的货品，光是看看都让人十分满足。入夜的街道口，说书的、演皮影的，还有露天电影场的电影更是一齐上阵，让生活在娱乐活动极其匮乏年代的人们很是神往。而最受男教师欢迎的娱乐项目并非逛街，他们多以牌会友，或到棋盘上厮杀。一到晚上，就会有数对四人凑成的组合邀约打牌，或者"楚河汉界、兵来将挡"，直到尽兴回家。不过，棋友和牌友中是始终见不到赵梓森的，因为他一有空，就会以书为伴。而赵梓森的课之所以教得好，和他不间断的自学是密切相关的。

指引人行动的是未来的目标。闲暇时下棋打牌的教师，是以教好中专为目标的，因此当自己的能力达到教授中专课程的要求后，就会把精力分散他处。而看书专研的赵梓森对未来则有不同的预期。他认为，新中国成立不久，对国家发展的需求会与日俱增，发展要依靠人才，人才需要教育

[①] 赵梓森访谈，2016年4月15日，武汉。资料存于采集工程数据库。

的投入和升级。因此，中专学校不可能永远是中专，相应的，中专教师的水平也就不能原地踏步。在这一想法的指引下，他确立了进一步提高自己知识水平的目标。读书自学则是达成这一目标的必然选择。

在自学内容的选择上，除了深入学习高等数学外，赵梓森还继续学习电信专业的其他课程。当时国家提倡借鉴苏联的教育经验，市面上有不少翻译本的大中专教材。赵梓森最先接触的是一部由克鲁格（K.A.Kpyr）著，东北教育出版社1952年版的《电工原理》。简单地翻阅后，赵梓森一头雾水，仔细地阅读，仍旧难以理解。"苏联的那本《电工原理》，我开始看不懂，于是看了很多遍，还是不懂。我就觉得很奇怪，为什么他们大学的书，我大学毕业了都看不懂？"[1]赵梓森起初是疑惑，而后就变得恐慌了。实际上，赵梓森之所以看不懂苏联的大学教材，和中国当时的高等教育背景不无关系。20世纪50年代初期，为了适应国家建设的迫切需要，国务院要求在第一个五年计划收官之前，培养出50万名高校毕业生。因此，高校一方面扩大招生规模，另一方面还改变了学制，将原先的四年压缩为三年，这才达到指标。但四年的课程被压缩为三年，加之教学对实际应用的倾斜，基础理论课程必然要被简化，甚至舍弃，毕业生读不懂教材也就不足为奇了。不过，这次受挫对赵梓森冲击很大，他认识到自己的基础知识还有不小的漏洞，于是一口气买来了苏联电信专业全套的教材，从头开始学起。除了完成教学工作外，赵梓森就一直沉浸在读书自学中。

再说不少教师无心学习提高，另一个原因也在于全国政治运动的风起云涌。1957年5月，中共中央发出《关于整风运动的指示》[2]，武汉邮电学校组织师生学习"百花齐放，百家争鸣"的指示精神，要求师生们积极投入整风运动中，帮助学校揭露工作中的缺点和错误。1957年5月19日，自第一张大字报出现在北京大学大饭厅灰色的墙壁上后，以"揭发""批判"为主的大字报风潮随即也在全国各地铺开。在武汉邮电学校，当时一

---

[1] 赵梓森访谈，2016年4月15日，武汉。资料存于采集工程数据库。

[2] 1957年4月27日，中共中央公布《关于整风运动的指示》，决定在全党进行一次以正确处理人民内部矛盾为主题，以反对官僚主义、宗派主义和主观主义为内容的整风运动，发动群众向党提出批评建议。

位青年教师陈丰宇,搬出了1955年肃反运动期间学校领导行事的错误。那年,学校电机实验室的一台电机不知何故线路烧毁,校领导在未查明事故原因的情况下,首先就把负责电机实验室管理的教师季六千抓捕了,认为他是"反革命分子",蓄意破坏学校设备。陈丰宇找领导理论,却也被定性为"有反革命情绪"。但校方最后还是派出技术组去鉴定事故原因,赵梓森作为实验室工作人员,也参加了鉴定。鉴定完毕后,工作组确认电机损坏非人为原因所致。虽然事故鉴定后得到了平反,且被推荐担任教师团支部的宣传委员,但在"批判""揭发"的风潮下,陈丰宇写了满墙的大字报,批评领导行事鲁莽。陈丰宇和赵梓森是室友,而且赵梓森是教师团支部的组织委员,二人关系要好。赵梓森因为也参与了当时的事故鉴定,认为陈丰宇说得有道理。加之学校大力鼓动师生对党组织进行批评建议,所以也写了一张大字报,大意是学校抓人在前、鉴定在后的做法是错误的[1]。

正所谓"天有不测风云",政治运动的风向是不稳定的。1957年6月8日,中共中央发出《关于组织力量准备反击右派分子进攻的指示》,《人民日报》发表了《这是为什么?》的社论,全国整风的形势也从早前对党的批判和建议,转向了对批判人的反右派斗争,并设定最低标准,要求各组织单位必须划出足数的"右派分子"。武汉邮电学校也按照规定开始了"反右派"斗争。在"右派分子"名单的确定上,电信学校党委很犯难,虽然党中央给出了几条划定"右派分子"的标准,但学校并没有违反这几条标准的人,不得已只得效仿其他单位,将矛头指向那些曾写过大字报的人,并以留存的大字报作为"右派分子"的"罪证"。这样一来,陈丰宇就因为"罪证"颇丰,被纳入了"准右派分子"的名单。按照这一标准,赵梓森也上了这个名单。巧合的是团支部的团支书也因故被划,这样一来,教师团支部的三个委员全部被列入了"右派"。但最后领导们讨论确定"右派分子"时,副校长梁嘉卉的发言使事情出现了转机。据范幼英回忆:"当时在商讨'右派'名单时,梁嘉卉就表示,我们的工作应该成绩

---

[1] 范幼英访谈,2016年4月13日,武汉。资料存于采集工程数据库。

是主要的，团支部的工作也是一样，如果团支部的三个委员都被划成'右派'，团支部的成绩恐怕就没有了。大家觉得有道理，又认为老赵（赵梓森）的'右派'倾向最轻，就把他从那个名单中拎出来了，所以老赵最后就没有被划成'右派'。想想如果老赵当时要是被划成'右派'的话，'文化大革命'的时候就要夹着尾巴做人了，后面的好事（光纤）也就没有了。"①

实际上，梁嘉卉校长自身也是知识分子出身，当时他在党内已被指偏右了，所以他在划右派斗争中"偏袒"所谓的"右派分子"是冒着极大风险的。

虽然赵梓森幸运地从"右派分子"名单中抽离，但他并未保持"低调"，而是找了刚刚从北京调任武汉，专门处理武汉邮电学校"反右派斗争"的党支部书记张亚平，向他详细讲述了陈丰宇写大字报的来龙去脉，据赵梓森回忆："我找到党委书记，就和他谈，我说陈丰宇并非什么'反革命分子'，他虽然攻击了领导，但确实也是因为领导做错了，他现在不满意、提意见，应该是可以容忍的。"②张书记听后甚是认同，于是听从了赵梓森的意见，未在确认"右派分子"名单的文件上签字。不过，尽管张书记没有签字同意，但学校党委最终还是通过了这份"右派"名单。

"整风""反右"运动之后，学校的教学活动并未随之正常化。相反，对知识分子加强"改造"的舆论日益强烈，教学工作受到了越来越大的冲击。教师、学生纷纷走出课堂参加各种形式的劳动。1957年12月，根据湖北省委的统一布置，学校组织学生464人，教职工100人，冒着大雨徒步30多千米，赶到东西湖参加围垦工程。同时还组织部分师生参加关山工业区厂房土建工程劳动。1958年1月，学校先后下放教职工56人到农场劳动锻炼，支援农业；在校内组织师生员工参加挖"丰收塘"、改造环境等义务劳动。到5月止，学校有近一半的学生停课参加勤工俭学。

赵梓森在刚刚从教的这三年间，学校的政治运动不断。不仅日常的教学工作受到很大的影响，教师的业务水平也很难提升。但在这些运动风潮

---

① 范幼英访谈，2015年12月16日，武汉。资料存于采集工程数据库。
② 赵梓森访谈，2016年4月15日，武汉。存地同上。

中，赵梓森并未随风倒而迷失方向，他一直坚持自己的科研梦想，并为此做着知识的储备和思想的准备。从刚上讲台时翻开苏联的那本《电工原理》开始，他就没有中断过对理论知识的自学。日复一日，在近三年的时间里，他不但重新系统学习了本科的课程，还自学了相当于研究生的课业内容。

机会总是青睐有准备之人，赵梓森这三年的学习积累，终于找到了展示的机会，从此开启了他科研梦想的第一步。

科研才华初展示

赵梓森第一次展示其科研才华的机会源于武汉邮电学校的升级。

为了适应邮电事业的快速发展，1958年7月31日，邮电部下发"（58）干教字61号"文件，指示武汉邮电学校升级为武汉邮电学院，招生规模也大幅增加。那时由于政治运动做事总是"多快好省"，到第二年（1959年），学校的学生已达到4000名。中专升为大学，对于学校师生来说自然是一件好事。但武汉邮电学校正式建校才5年多，基础还很薄弱，又恰逢以"教育为无产阶级政治服务，教育与生产劳动相结合"为教育目标的"大跃进"运动，导致学校升级为学院后面临诸多的教学和科研困难。

各项困难中，最大的是师资力量不足。从中专的技术型到大学的科研型，教师的水平和素质需要一个质的提高，但那时大学生十分稀少，哪里有那么多的高水平教师调来充实？针对这一情况，邮电部作出两点部署，一是为学校提供外援，要求北京邮电学院等单位派遣少量骨干教师来支援武汉邮电学校。二是分配一定指标上送进修，让武汉邮电学校的教师前往北京邮电学院学习提高。不过，"外援"和"上送"的名额十分有限，难以满足新建学院对教师素质和规模的需要。为了应急，邮电部只好效仿当时全国开设专任师资培师班的作法，从邮电系统抽调数十名有一定学历基础的调干生①，在北京邮电学院开办1957级和1958级两个数学教师培师班，学制为一年半到两年。

赵梓森得知这个进修深造机会后，十分兴奋，也很自信，认为自己是派遣深造的合适人选。论学历，他出身上海交通大学名牌院校；论教学水平，他数一数二；论专业知识，他这几年坚持自学，底子也厚。但最后，眼看自己身边的几个年轻教师个个都准备北上了，唯独他和另一位教学水平也很好的老教师王志杰反倒未被派遣。平日里，赵梓森很少和他人争些什么，但这次的进修机会，却是他十分看重的。他找到了院长施光迪，询问为何他人能去，自己却不能去，并表达了自己对学习深造的强烈期盼。施光迪向赵梓森说明了学校教师培养的方案：一是要通过进修，弥补教师教学水平的不足；二是准备在校内开设培师班，自己培养本科教师。并告知他，学校准备安排他和王志杰担任培师班的教师。至于进修，施光迪表示赵梓森没有参加这次培训的必要，并和赵梓森约定，以后有深造的机会一定优先考虑他们两人。虽然有些失望，但一直信仰共产主义的赵梓森还是自觉服从党的安排，遵从党的"个人需求必须服从集体利益"的原则，以致二十多年后，当赵梓森挑起领导决策的担子时，行事风格依然坚持这一原则。

据赵梓森的得意门生、也是后来武汉邮电科学研究院的原副院长兼总工程师毛谦回忆："我在研究生临毕业前夕接到邮电部一个通知，说研究生毕业后有出国机会，但要报名。我当时也报了，当时报的是澳大利亚的，想到那里去进一步进修。赵老师后来得知这个消息后就找我谈这个问题，他说，因为我们院光通信的实用化才开始搞起来，线路编码是其中的重要环节，我的研究生课题就是做的线路编码。除了我以外，院里没有人做线路编码。他就希望我能够留下把这个工作承担起来，出国等以后再找机会。我一听，觉得他讲得很有道理，所以我就答应留下来继续做编码。"②赵梓森在接到担任数学培师班教师的任务后，就开始琢磨怎么给这些一年

---

① 1953年后，国营企业、事业单位和机关、团体以及中国人民解放军系统的正式职工，经组织上调派学习，或经本人申请组织批准离职报考中等专业学校和高等学校的，统称为调干生。

② 毛谦访谈，2016年4月6日，武汉。资料存于采集工程数据库。

半后就要当大学老师的中专学生们讲课。思忖之后，他决定除了延续自己深入浅出的讲课风格外，还要对课程内容编排下些功夫。这种校内培师班课程内容的安排存在着很大的困难，且不说大学教师应掌握的内容需要高于本科，光是将本科四年的学习内容压缩为一年半就实属不易，以致当全国多所邮电学校自办师资培师班的准教师相继结业被分配至各邮电学院任教后，邮电部也自我质疑这类培训的有效性，并更改指令，组织已从培师班结业并开始担任助教工作的教师重新到北京邮电学院进修学习。实际上，赵梓森的教学效果是为学生所认可的，当年师资培师班的学生，武汉邮电科学研究院激光通信研究所原所长谢玉堂对赵梓森当年的授课情况印象十分深刻，他回忆道："因为我们是中专毕业的，中专就是初中毕业以后上的，第一年我们学了一年，接触了一点高等数学，但这个高等数学远不如大学本科。所以，赵老师给我们首先讲解了一下大学本科的基础课程。除此以外还讲了其他的，比如复变函数、推举函数、数学物理方程等，还有些我当教师后才知道是研究生的课程。所以具体学什么内容，是他按照自己对大学数学的理解来建构的框架，选择他认为是很重要的来教，我们就跟着他学。想想，我很佩服赵老师，他是（19）53年来的，我们是（19）57年、（19）58年，中间也就是三四年时间，他不仅要参加教学和实验，还要自己学习，之后他就可以来我们大学教数学了。而且他教这个数学教得非常好，讲得很生动，深入浅出。最重要的是他教的大家都很有兴趣，大家都非常喜欢。所以我们后来的数学水平也都是相当好的。"[①]

但由于师资培师班结业学员最后又重新进入北京邮电学院培训，赵梓森等任教的内培师资班学员的教学效果似乎难以客观评判。巧合的是，有两个培师班结业学员由于经济困难而未赴京，就分别在原分配单位——南京邮电学院和重庆邮电学院继续担任助教。而之后得到的反馈是：二人教学水平十分出色，完全胜任大学教师的角色。所以，赵梓森的教学能力也是经得住实践检验的。

---

① 谢玉堂访谈，2016年4月19日，武汉。资料存于采集工程数据库。

1959年3月20日，经过半年多的筹备，武汉邮电学院正式成立。邮电部为了支持建院工作，又从1959年全系统各学校毕业生中抽调了30多名来自高校、中技和15名外校培师班结业学员来充实武汉邮电学院的教师队伍，加上此后本院"上派"进修归来的学员，学院师资力量不足的问题得到了暂时缓解。升级新建的武汉邮电学院当初开设了"电报电话通信""有线电设计与制造""无线电通信与广播""无线电设计与制造"四个专业。1959年8月，学院在继续招收中专新生的同时，录取了首届本科新生154人。本科的教学工作，由当初前往北京邮电学院进修的原中专教师承担。中专的课程，则由包括培师班结业学员在内的新分派的教师执教。这样，学院的教学秩序初步建立。

刚结束紧张的内培师资教学工作的赵梓森，被领导安排承担起教师空缺的中专教学课程。据赵梓森回忆："那个时期，我每天上午四节课，下午两节课，晚上还要陪大家做实验一直到十点钟。每天都是这样，从早上到晚，从礼拜一上到礼拜六。一个人大概顶了六七个人的课。"[①]足见当时教学的辛劳。

"大干快上"把学校层次搞上来了，接下来就是与之匹配的科研水平问题了。1957年11月13日，《人民日报》发表《发动全民，讨论四十条纲要，掀起农业生产的新高潮》社论，号召"在生产战线上来一个大的跃进"，第一次提出"大跃进"的口号。1958年5月，中共八大二次会议召开，正式通过了"鼓足干劲、力争上游、多快好省地建设社会主义"的总路线。以"农业大放卫星""全民大炼钢铁""大办工厂""除四害"等为表现形式的"大跃进"运动，迅速在全国铺开。高等院校响应此生产号召，除了组织师生炼钢铁、进工厂外，还在"大搞科研"的指示下，迈开了科学研究"大跃进"的步伐。正如农业上的"大放卫星"，高校也在极短的时间里涌现出了大批所谓的科研成果，并以宣传画的形式进行展览，但客观地说，这其中真正的成果是极少的。武汉邮电学院结合自身工科院校的性质，也组织学校教师开展科学研究活动，研发新的、国内没有的科技产

---

① 赵梓森访谈，2016年4月15日，武汉。资料存于采集工程数据库。

品，作为学院的展览项目。经协商讨论后，学校确立了"摄像机"和"模拟电子计算机"①两项科研项目。为了调动大家的积极性，加速研发进度，学院决定由院长施光迪和党委书记张亚平各率一队，利用竞争出成果，看哪队能够先拔头筹，率先完成科研目标。

赵梓森被分到了张亚平一队，进行模拟计算机的研制。"模拟计算机"是何物，赵梓森也少有耳闻，经党委书记介绍后，也只是知道它可以用来求解高阶微分方程。此时，近邻华中理工大学②也在研制电子计算机，而且是可以解十二阶微分方程的电子计算机。赵梓森慕名前往，想看看电子计算机构造如何？怎么工作？但未能如愿。赵梓森又前往兄弟院校北京邮电学院收集信息，但大家似乎对这个新设备都不甚了解，无奈只得无果而归。怎么办？赵梓森决定暂时抛开了电子计算机的构造问题，转而从电子计算机的功能角度进行分析，最终厘清了它的工作原理："我回来后就自己想，微分方程是怎么解的，微分方程无非是积分，是用积分来积的。电子设备上，要怎么样积分，无非是积分电路的问题，只要做积分器就可以了。"③除了工作原理外，另一个实际问题就是确定设备的具体工作范围。赵梓森考虑到武汉邮电学院的基础条件，决定迈出与"体型"相称的一步——三阶微分方程。这样，赵梓森就把抽象的研制电子计算机的问题，转化成了制作可解三阶微分方程的积分电路的具体任务。通过查阅电路书籍，他很快设计出了适用的电路图。由于展览时间紧迫，还在数学师资培师班教学的赵梓森召集了培师班的学生，一起焊接电路板、打造骨架、组装调试，经过半个月的努力，一台容纳于精致方盒中的可解三阶微分方程的电子计算机调试成功。相比之下，另一组摄像机的研发则不太顺利。一次，一只麻雀偶然飞入实验室，在打麻雀的过程中，好不容易购入的摄像头被摄像机科研组人员不慎打坏，摄像机项目组终因时间不足而未能完成

---

① 简称"模拟计算机"。由若干种作用及数量不同的积分器、加法器、乘法器、函数产生器等部件组成。其各个主要部件的输入量及输出量都是连续变化着的电压、电流等物理量，这些电信号被用来模拟自然界的实际信号。模拟计算机特别适合求解常微分方程，因此也被称为模拟微分分析器。

② 现华中科技大学。

③ 赵梓森访谈，2016年4月15日，武汉。资料存于采集工程数据库。

预定科研目标。赵梓森主导的科研小组在内部竞争中获胜了。

1959年年底，赵梓森带着他们制作的"计算机"小方盒，参加武汉地区的高校科研成果展览会，并与同类展览项目——由华中理工大学设计的拟解十二阶微分的大型电子计算机一起接受上级机关的评定。测试期间，赵梓森输入了相关参数，伴随着电表的摆动，方程的结果也迅速准确地呈现了出来，而那台更高阶、设备更复杂的计算机在运行后，电表却无任何反应，几经尝试后依旧如此，不得不作罢。参与成果评定的总工程师对赵梓森的电子计算机给予了高度的评价，并授予武汉高校科技成果特等奖。

赵梓森从零开始，用不到一个月的时间，研制出了当时在国内鲜见的小型电子计算机，十分不易。此结果看似偶然，但其实有其必然性，至少有四个方面的因素决定了赵梓森的成功。第一，他已经掌握了电子计算机的基本工作原理。在谈及这次成功的时候，赵梓森说："做科技最重要的是要理解，要懂得这个道理，有很多人喜欢模仿，道理却不懂，为什么要用这样的电路，为什么要用这样的方法，他们没有搞懂，所以出了问题就不能解决。我呢是把它们搞懂了，因为是这样，电路才这样设计。一定要弄清楚你才能搞科技，你不清楚，你怎么做科技呢。"[1] 第二，他设置了合理的目标。这次科技活动本身是"大跃进"的产物，很多高校在浮夸风的影响下也求大求快，忽视了科学研究的必须循序渐进的自然规律。赵梓森没有受其他团队一开始就想攻"十二阶电子计算机"的雄心影响，而是根据实际状况，以设备有效性为前提拟定目标，确定了"三阶微分计算机"的合适目标。第三，赵梓森在实事求是的基础上，也不乏胆识。据赵梓森的学生谢玉堂回忆："这个电子计算机，很有幸我参与了制作的全过程。当时我们感到很震惊，后来我一想，赵总他不仅是数学基础很强，而且他是敢干，不找领导要求些什么，就领着我们十几个学生，就把电子计算机搞出来了，非常的不容易。"[2] 第四，他能够将教学和科研融会贯通。赵梓森不仅在教学中肯动脑，还不断思考如何把教学与科研结合起来，据他的学生谢玉堂回忆："他做电子计算机的事对我们影响很大，课上他固然讲得

---

[1] 赵梓森访谈，2016年4月15日，武汉。资料存于采集工程数据库。
[2] 谢玉堂访谈，2016年4月19日，武汉。存地同上。

很好,但他不只是和你讲。他通过实际操作告诉我们,要敢干,要敢于创新。所以,一般来说,他培养的学生,都有独立分析问题的能力,有独立动手的能力。这对我们以后的科研和教学,都非常有影响。"①

第一次正式的科学研究就取得了成功,除了上面赵梓森本人及其学生总结的四个因素外,还有一个因素是不能忽视的,那就是赵梓森对科研创造和制作发明的天然兴趣,这种兴趣的力量不仅使他注重平时的理论知识学习,而且使他在面对科学创造和发明时,总是能够激发起强大的动力,这样的动力让他根本不考虑回避或逃避,而是知难而上,相信总能找到解决困难和问题的办法。后面的几个在三尺讲台下的科研成功同样揭示了发生在他身上的这个规律。

自主科研觅新路

1959 年到 1961 年是所谓的"三年困难"时期,武汉邮电学院师生的生活自然也十分艰难,日常的教学秩序受到了很大的影响。据这一时期就读本科的毛谦回忆:"那个时候条件非常艰苦,不过,相比普通市民,大学生的粮油定量还是要高一些。普通市民每月 27 斤粮食,我们当时有 31 斤。这样子平均每天一斤粮食,应该说是相当好了。但是因为学生活动量大,所以说还是感到不够。像我个子小点的,倒还可以撑得住,特别是那些个子比较高的,往往到二十几号的时候饭票就吃完了。他们就躺在床上起不来,有时上课都不能去。老师呢,可能相对来说活动量会少一些,但他们的定量是没有学生高的,所以吃饭还是很成问题。"②

"大跃进"和"三年困难"时期对社会的各个方面都造成了严重的破坏。面对这一状况,1961 年 1 月,中共中央召开了八届九中全会,提出了"调整、巩固、充实、提高"的"八字方针",着手恢复和发展国民经

---

① 谢玉堂访谈,2016 年 4 月 19 日,武汉。资料存于采集工程数据库。
② 毛谦访谈,2016 年 4 月 6 日,武汉。存地同上。

济。同年3月,为了在教育领域贯彻"八字方针"的要求,邮电部召开了第九次全国邮电教育工作会议,着重对各邮电学校当前发展中的问题进行研究和讨论。邮电专业教材的选择被列入亟待解决的项目中。当时的观点认为,现有教材主要存在两个方面的问题:一是各邮电学校的专业教材版本各异,这对国家快速培训师资,以及教师的调派带来了诸多不便,如教师在分配到新的学校后,教材不同就使得其原先的教案不再适用,难以快速开展教学工作。二是在20世纪60年代中苏关系破裂以前,中国的大中专教材多采用苏联教材的翻译本。而随着两国关系的恶化,苏联教材的流通也显得不合时宜。在这些背景下,邮电部决定组织教师重新编写邮电系统大中专学校教材。

1961年3月,各部属邮电院校指派了业务能力较强的教师参加本科和中专教材的编写工作。武汉邮电学院先后派遣了40余人,赵梓森作为首批教师参与了这项工作。为了使新编写的教材适合各教学单位使用,参加这次教材编写的既有来自北京邮电学院这样的第一梯队学校,也有像武汉邮电学院这般刚刚建院,属于第二或第三梯队的院校。之所以抽调不同层次院校的教师,根本出发点是集思广益并照顾各个层次院校的教学需求。但实行过程中,来自低层次院校的教师难免受到歧视。

据赵梓森回忆:"当时我们一起商量怎么编教材,但北邮的某些教师刚开始看不起我们武汉院的,他们是老大哥啊,武汉院是老二、老三呢。他们就讲了很多比较深的理论吓唬我,认为我不懂。谁知道我回答的比他的还要深,他们奇怪这个人怎么比自己知道的还多,武汉院怎么有这么高水平的老师啊?后来就慢慢对我们很客气了。"[①]

赵梓森主要负责《电工原理》《长途通信》等本科教材的编写。一直教授数学的赵梓森,通过这次教材编写,梳理了平日里自学提高的通信专业知识,对他之后转入电信专业课程的教学工作很有帮助。

1961年9月,教育部颁发了《教育部直属高等学校暂行工作条例(草案)》(简称"高教六十条")。1961年11月,邮电部要求部属高等学校立

---

① 赵梓森访谈,2016年4月15日,武汉。资料存于采集工程数据库。

即组织全体师生员工进行讨论并准备试行。武汉邮电学院院长施光迪非常重视这次教学规范化讨论,认为这是使学院步入正轨的重要契机。经过仔细研讨后,他根据讨论意见亲自起草《关于试行高等学校暂行工作条例(草案)工作规划》,并于1962年2月上报邮电部。规划强调"人是一切事业成败的决定性因素,要充分调动教师的积极性""要尊重知识,尊重有知识的人",提倡"认真读书,刻苦钻研""形成一支有骨干的师资队伍、干部队伍和职工队伍,是全院工作的中心课题"。规划还确定了从1962年起,五年时间内教学质量、师资队伍等方面所要达到的目标,并提出了纠正"左"的错误、评定教师职称、坚持以教学为中心以及提高教学质量等一系列具体举措。通过这些措施的有效落实,武汉邮电学院的教学工作有了长足的发展。

"高教六十条"使武汉邮电学院的教学工作走上正轨,赵梓森也转向了通信专业课程的教学,这为他后来从事光纤通信奠定了学科起点。

通信专业课程主要分为两类:一类是专业基础课,如电工原理、无线基础、电子管基础、脉冲技术等;另一类是专业课,包括广播通信、微波通信、无线测量等。

专业课通常由有经验的老教师来承担,而专业基础课中的脉冲技术课又是一门新开的课程,可借鉴的教学经验几乎为零,所以,其余的专业基础课很快被一抢而光。赵梓森一贯不愿在课程的选择上与人相争,同时,校方也考虑到赵梓森的业务水平较高,于是让其在实用性较强的微波通信课与新开设的脉冲技术课中进行选择。最终,赵梓森选择教授具有很大挑战的脉冲技术课。随后,他还教授过难度极大的、其他教师不愿承担的信息论课程。这些决定体现了他的责任心,较强的自我效能感,以及对未知事物进行挑战和克服的极大兴趣。

教授一门新课对赵梓森而言并不陌生,但他仍认真对待,不仅努力自学脉冲技术的相关知识,课堂上也尽全力做到生动易懂。据他的学生毛谦回忆:"他讲课比较活泼,比较形象。不是死板的照本宣科,他把有些比较难懂的知识能用浅显的语言讲出来。从他教学总的指导思想来看,要求学生不只学课堂上教的内容,要自己多去找参考书,把知识面扩大。学生觉得他讲课内容是比较好懂的，但是难度太大。因为不仅要找其他资料学习，而且当时大家学的都是模拟电路，都是连续信号，脉冲有点接近后面的数字电路，大家都不熟悉。而且，赵老师对大家要求比较严格，他的期末考试题目一般都不是课本上可以找到的。我记得有次考试，我们两个班大概80%～90%都不及格，我是少数及格中的一个。"①

在中专的教学平台下，赵梓森比较重视对限定知识的分类和讲解，学生们易于理解，也可以取得高分。但随着赵梓森自学的深入，他对各种知识越来越融会贯通，加之教学平台的提升，他对教学不仅限定于专门课程知识的讲解，而更侧重于从整个通信学科的视角对知识结构进行梳理。相应的也对学生的自学能力提出了更高的要求。对于那些有学科追求并积极主动的学生来说，这样的教学模式不仅可以对学科知识有更深入的理解，也能进一步培养自主学习的能力。不过，若学生无此方面的兴趣而采取消极应对的态度，处在赵梓森这样的高标准教学要求下，势必会感到困难重重。赵梓森曾在一次访谈中表示，人如果没有科技方面的追求就不必在此方面耗费精力，如果有追求就要想尽办法主动去学习。他的教学也正是基于知识是主动获取的这一理念。

除了学习和教学外，平日里，赵梓森还十分热爱锻炼。据他的学生毛谦回忆："我和赵老师不仅是上课期间有接触，我们在业余的接触也比较多。特别是每天早晨，因为我们大学体育课是分专业的，有田径组、球类组、体操组。我是在体操组里面，所以每天早晨我都去体操房锻炼。赵老师正好非常喜欢体操，几乎我们每天早晨都在一起。每天早晨一起去做一些双杠、单杠、吊环、鞍马等。哪些动作应该怎么样做，他有时还会给大家做一些示范。"②

1963年7月，第一届本科生134人毕业，武汉邮电学院的教学工作取得丰硕成果，达到开始向国家输送人才的阶段。20世纪60年代中期，为了进一步支持高校的科研工作，国家决定给予武汉邮电学院两个中国科学院的教师进修名额。尽管不少教师都心神向往，但院长施光迪遵照几年前

---

① 毛谦访谈，2016年4月6日，武汉。资料存于采集工程数据库。
② 同①。

和赵梓森的约定，指派他和王志杰老师前往中国科学院进修深造。

新中国成立初年，共产党从国民党手中接过来的是一个千疮百孔的烂摊子，中国科学院也不例外。新中国的中国科学院，是在先后接收原上海、南京的中央研究院（中研）和北平研究院（北研）的若干直属研究所的基础上成立的，后来由解放区迁往北平的华北大学研究部历史研究室也划归其中，是一个新旧杂陈、文理兼有、在亟待整合中艰难起步的单位，一如这个刚从废墟中建立起的国家，百废待兴。作为我国最高水平的科研机构，最为迫切需要的是人才。20世纪50年代末，中美大使级会谈[1]有了突破性进展，此后中共中央发出了"向科学进军"[2]的口号，许多爱国心切的海外科学家纷纷归国进入中国科学院。中国科学院对这些海外归来的著名学者十分重视，特意将他们安置到新建成的环境均最好的13、14、15号"特楼"。给赵梓森指派的指导教师，是留英博士陈芳允[3]，也是这些"特楼"的住户之一。

抵达北京后，赵梓森和同事不顾旅途劳顿，直接前往中国科学院物理所找到了导师陈芳允，但陈博士只简单询问了他们的工作经历，就匆匆离开了，并未在科研方面进行交流，也未给他们指派任何工作。于是赵梓森试图先在中国科学院安顿下来，再做打算。在中国科学院的接待处，赵梓森说明了来意，然而，接待人员告诉他中国科学院并未给他们分配住所，建议他们自行寻找落脚点，等待导师的安排。无奈之下，赵梓森和同事只得在距物理所不远的清华大学附近寻得一家旅店。

---

[1] 1955年8月1日，中美大使级会谈在日内瓦举行。会谈有两项议程：一是双方平民回国问题，二是双方有所争执的其他实际问题。9月10日，双方就第一项议程达成协议：中美双方承认，在各自国家内的双方平民享有返回的权利，并宣布已经采取并将继续采取适当措施，使他们能够尽快行使其返回的权利。

[2] 1956年1月14-20日，中共中央召开关于知识分子问题的会议。周恩来代表中共中央作《关于知识分子问题的报告》，充分肯定知识分子在社会主义建设中的作用，宣布知识分子的绝大部分已经是工人阶级的一部分，并提出制定科学技术发展远景规划的任务，向全国人民发出"向现代科学进军"的号召。

[3] 陈芳允（1916-2000），浙江台州黄岩人，无线电电子学家，中国卫星测量、控制技术的奠基人之一，"两弹一星功勋奖章"获得者，中国科学院院士，中国科学技术大学和国防科技大学教授。

图2-2 中国科学院院士陈芳允

在此后的一个多月里,赵梓森和王志杰多次前往物理所打听,但一直未获得半点音讯,也再未见到过陈芳允博士。在旅店"清闲"了近两个月后,赵梓森和同事决定,不能再这般毫无希望地等待下去了,遂匆匆返回了武汉。

为什么这次北上中国科学院进修会无功而返?从陈芳允博士的角度来看,20世纪60年代中期,他正着手开展空间技术方面的研究,此后还担任了卫星测量和控制的总体技术负责人。其间,他不仅制订了中国第一颗人造卫星——"东方红一号"的测控方案,还亲自参与了相关设备的研制、观测台站的建设等繁杂工作。在这样的背景下,陈芳允无力分出额外精力,投入对普通教师的科研培训,其当时的心情也不难理解。不过从另一方面来说,一位常年从事尖端科学研究的留洋博士,对来自武汉邮电学院这样一所中专升级本科不过数年光景的、以教学为主院校的教师,暂时也确实不知道如何开始指导他们。所以主观上,陈博士可能认为对他们进行短期培训难以有大的效果。但对于当事人赵梓森来说,所感受到的,更多的还是被"歧视"。对此赵梓森这样回忆:"他看不起我们,没有安排我们做实验,根本就没有搭理我们。"①

赵梓森一向反感被歧视,加上又是一个一贯对时间珍视如命的人,却为何能在北京的一个小旅店等候陈博士两个月呢?原来,在此期间,赵梓森收到了复旦大学六弟赵梓光的来信。六弟赵梓光和赵梓森在小的时候就

---

① 赵梓森访谈,2016年3月18日,武汉。资料存于采集工程数据库。

兴趣相投，现在二人又都以物理作为终身事业，所以有很多共同语言。赵梓光当时是"东方红一号"卫星团队的研究人员之一，负责卫星无线接收机的研制工作。此前他听说哥哥赵梓森去中国科学院接受培训，并且导师还是卫星测控专家陈芳允，十分羡慕。这次来信一方面是询问赵梓森的培训状况，另一方面还提出了一个学术问题和他探讨。正是这个被称作"信号流图 Mason 公式"的推导问题，让赵梓森找到了乐趣，也淡化了漫漫等待的愤懑。

所谓信号流图，是一种解线性代数方程组的方法。1953 年由美国数学家 Mason S. J. 首次提出，故又称为梅森图。信号流图可以将系统中各变量间的因果关系，通过由点、向线段构成的图形直接表示出来。利用该图，将各项目代入 Mason 公式即可直接对系统进行求解。对于严谨的学者来说，不仅要求知道方法的使用，还要了解该方法的由来。赵梓光希望推导出 Mason 公式，但几经尝试也难以攻克，便在信中向赵梓森吐露了自己对这一问题的困惑，并附带了相关资料。

公式的推导，涉及的是数学问题。赵梓森的数学，在经过多年的自学后，已经达到了很高的水平。基于一贯分析在先的原则，他并未立刻着手数学推导，而是对 Mason 公式所依托的信号流图进行了深入思考。他发现，信号流图本身就是看图写结果，是一种基于逻辑而不是数学推导的方法。而 Mason 公式正是在信号流图的基础上产生的，通过数学推导来证明 Mason 公式实际上是脱离了信号流图本身，必然存在困难。要想证明 Mason 公式，必须采用逻辑推导。想清楚这个道理后，赵梓森遂将"因为这样，所以这样……"的逻辑证明付诸文字，成功推导出了 Mason 公式。

赵梓森寄出了给弟弟的回信后，对于信号流图并未停止思考。他认为，信号流图本身就是看图求解，而引入的 Mason 公式，反而削弱了该方法的便捷性。赵梓森开始酝酿一种更为简便的替代方法。此后的几个星期，赵梓森都沉浸在对新方法的构思和写作中。不久，一篇题为"用 $0-\infty$ 法解网络"的文章被投送到了《电子学报》编辑部。

令赵梓森自己都没想到的是，1965 年《电子学报》第四期上刊登了赵梓森的这篇论文，摘要如此陈述：本文提出的0-∞法，是借助网络与它的变形网络的行列式间的关系来解网络。这种方法主要的优点是原理浅易，规则简便，不须解行列式而根据对网络的观察，就可直接求得它的电压、电流的传输及阻抗。本文中叙述了十条定理及其应用例题。0-∞法限定在线性、无源、集总、可互易及无变压器的网络应用，在此条件下，它与某些拓扑方法如信号流图及树的方法相比较，0-∞有一系列的优点。

这篇发表在权威刊物上的论文立即引起了业内专家的关注，航天部总工程师蔡金涛在翌年出版的《电子学报》第一期上，撰文做如此评价：赵梓森同志最近所提出的关于电网络问题的简捷解的方法，我认为是值得广为推荐的。运用克西霍夫定律[①]来解网络问题通常是借助于行列式，将任一支路的电流表达为两个行列式之比。当有关行列式的阶次较高而须将之展开或求其数值时，不是遇到很多正负项，就是非通过很多中间步骤不可。运算繁、易错，而且找错往往需要很长很长时间。因此，很多人，包括克西霍夫和麦克斯韦[②]，以及国内的顾毓琇[③]、王季同[④]和我本人，都曾在不断努力寻求简捷的解法，已知的方法不少，但实际上它们并不简捷很多，相反的，却引入了新定义、新定理、新变换、新算法、新法则等，几乎使人记不胜记。而赵梓森同志所提出的0-∞法原理简单明了，方法易

[①] 克西霍夫定律（Kirchhoff laws）是电路中电压和电流所遵循的基本规律，是分析和计算较为复杂电路的基础，1845年由德国物理学家G.R.克西霍夫（Gustav Robert Kirchhoff，1824-1887）提出。

[②] 詹姆斯·克拉克·麦克斯（James Clerk Maxwell，1831-1879），苏格兰数学物理学家，提出了将电、磁、光统归为电磁场中现象的麦克斯韦方程组。麦克斯韦在电磁学领域的功绩实现了物理学自艾萨克·牛顿后的第二次统一，他也被认为是19世纪物理学家中对于20世纪初物理学的巨大进展影响最为巨大的一位。

[③] 顾毓琇（1902-2002），字一樵，是现代史上杰出的文理大师，他集教育家、科学家、诗人、戏剧家、音乐家和佛学家于一身。在科学领域，以专研"非线性自动控制"，创立顾氏变数、顾氏图解法、顾氏定则而闻名于世，是国际上公认的电机权威和自动控制理论的先驱。

[④] 王季同（1875-1948），名季锴，字孟晋，号小徐，江苏省苏州市东山陆巷人。近代数学家。1902年即出版《积较补解》《泛倍数衍》《九容公式》等著作。1911年，在英国爱尔兰皇家学会会刊上发表有关四维函数求微方法的论文，被称为"王氏代数"。1930年，发现了分解电网络的新方法。

于掌握，而运算的结果却可以很迅速地将所需支路电流的分母和分子从电路图中直接写出。它也不与任何已知的方法近似。所以说，这方法是比较成功的。

赵梓光也来信表示对哥哥这篇文章的叹服，并转述了其同事"你哥哥真有世界水平"的评价。同领域的专家陈芳允自然也看到了这篇论文。他想起了这篇高水平论文的作者赵梓森，正是此前由组织派来进修的，来自一所新晋本科院校的教师。一位普通高校又没有接受过任何科研训练的年轻教师，竟有这样的科研实力！人才难得！想到这儿，陈芳允即派人前往武汉邮电学院寻找赵梓森，邀请他到物理所完成培训工作，也是希望借此让他加入自己的科研团队。据赵梓森回忆："《电子学报》登出文章的时候，我人早已回到武汉了。这篇文章被我中国科学院的导师看见了，他可能觉得，这个人虽然是小学校的，但是个人才，就派人来找我，要我到中国科学院去。我告诉他们，我已经在上课了，不能离开，我要对我的学生负责。"[①] 至于赵梓森为何会放弃来自鼎鼎大名的陈芳允博士主动伸出的橄榄枝，他自己给出的答案是已经在给学生教学中，不能半途而废对学生不负责任，这当然符合他做事一贯认真负责的态度。但就我们对他人格的分析，可能远不是这么一个理由如此简单。我们认为，更深层次的原因也许是他要强的个性、喜欢自学的精神和对自己科研能力的潜在自信，他在自学中逐渐积累了对自己科研能力的信心，他相信只要有机会，他一定能够做好自己的研究。正因如此，他才在后来偶然发现了光纤技术后，立即对此表现出那么大的兴趣和热情、自信和勇气。赵梓森的妻子范幼英谦虚地将赵梓森领导我国的光纤事业发展归因于偶然获得的机遇，但在我们看来，机遇总是青睐有准备的人，赵梓森在光纤事业上的成就应该与他自始至终对科学研究的兴趣、长期在三尺讲台下不断的自学准备、强烈的自尊，以及极大的自信不无关系。

---

① 赵梓森访谈，2016 年 4 月 15 日，武汉。资料存于采集工程数据库。

相互欣赏结伴侣

1964年，赵梓森与同事范幼英喜结连理，组合了幸福美满的家庭。

范幼英是土生土长的武汉人，出生在老武昌城东北角的昙华林。昙华林是明洪武四年（1371年）武昌城扩建定型后逐渐形成的一条街区。鸦片战争后，中国的国门被西方列强的炮舰轰开后，武汉三镇也进来了各式各样的洋人，建起了形态各异的洋房。昙华林因为临近江边码头，各流派建筑在此聚集，东西方文化在此交汇。1939年，范幼英出生在这条老街上一个普通的知识分子家庭。

范幼英自幼十分聪慧，小学时连跳数级，后就读于武昌私立中华大学附中。在她初二那年，中华大学附中被改为武汉邮电技校，以满足国家邮电事业大发展对技术人员的需要。1953年初中毕业时，14岁的范幼英因未达到工作年龄，便转入了刚成立的武汉邮电学校继续学习。武汉邮电学校当时只开设了一个"有线通信"专业，对学生的要求和课程安排非常重视。一周近40节课的内容，令很多学生难以招架。范幼英的各门课程成绩都名列前茅，是老师们公认的"好苗子"。

1956年，范幼英读完了中专，因成绩优异，获得了北京邮电学院的保送资格。不过，家人对范幼英去北京读大学并不十分赞同。据范幼英回忆："那时候，读大学不像中专，学费、书本、吃饭都不要钱，上大学是要自己出钱。学校就征求我的意见。我是很想去读的，但家里不怎么支持，我就想一定是重男轻女，我哥哥该读，我就不该读。结果我的姑妈就帮我说话：'她五年都没有靠你们，现在都可以读大学了，你还不让她去就不好了。'"[①] 最终，在自己的坚持下，范幼英如愿前往北京，顺利完成了四年的大学学业。

---

① 范幼英访谈，2016年4月13日，武汉。资料存于采集工程数据库。

可能是受昙华林老街西方文化的影响，范幼英具有强烈的平等意识。不过，在她身上仍印刻着东方文化中自我牺牲的印记。临近毕业，范幼英面临毕业去向的选择。因为成绩优异，又是共青团干部，加之科研兴趣很浓，读研深造是最合适的方向。但范幼英却决定放弃读研。回忆起这段往事，范幼英说："我的父亲生我的时候已经50岁了，是一个普通的小学老师，他在1958年就退休了，这样家里就没有什么收入。我的哥哥也是刚刚参加工作不久，留在清华（大学）教书，我的妹妹还在上大学。那时候，我父亲连几分钱一包的香烟都戒了，要给我们读书，所以1960年前后，我家（经济状况）是很紧张的。后来我哥哥说他来供我读研，但我觉得不能再这样读了，我要出来工作，为家里多分担些。"[①]

1960年，21岁的范幼英从北京邮电学院毕业分配回原单位，这时当初的武汉邮电学校已升格为武汉邮电学院了。但学校领导和老师对这棵好苗子都还记忆犹新，给她安排了到大三和大四才开设的大专班和本科班的《电报学》课程，以预留足够的准备时间。此外，还组织老教师在例行的教师座谈会上，分享教学心得，帮助范幼英等新教师适应教师角色。

虽然早在邮电学校时期，赵梓森就对成绩突出的范幼英有所耳闻，范幼英也在班级活动中认识了表演小提琴演奏的赵梓森，但因为赵梓森并不教授范幼英所在班级的课程，所以二人的接触并不多。真正增进二人间了解的，是范幼英毕业回来在教师座谈会上与赵梓森的诸多交流。

我们是在院里的座谈会上真正认识的，开会有时候坐到一起了，就随便聊几下。开会我是觉得他的发言很在点子上，点中要害，没有什么废话。我是不大喜欢说话的，但我希望我说的是对的，一说就说到点子上。他很喜欢学习，而且他学习还很坚持，喜欢钻到底。我也很喜欢学习。后来聊天还发现他也画画，我也画画，有时候还谈谈音乐。我发现我原来同学里接触到的，没有这样的人。说实在的，我并不重视什么家庭出身啊，党员啊。我认为我们之间有很多共同点。[②]

---

① 范幼英访谈，2016年4月13日，武汉。资料存于采集工程数据库。

② 同①。

此后，赵梓森和范幼英时常接触，有时互相欣赏点评对方的画作，多数时候还是交流教学和学习心得。在范幼英初次给大专班上《电报学》前，尽管第一节课的内容已了然于心，但仍十分紧张。赵梓森吐露了自己当初第一次给学生上课前的相似反应，并建议她额外多准备一节课的内容，以备急需。果然如赵梓森所料，范幼英的首堂课因为紧张和没有经验，仅用半节课的时间就讲完了一节课的内容，所幸听从赵梓森的建议有了额外的准备，否则难以收场。通过此事，范幼英无疑加深了对赵梓森的好感。范幼英走上讲台当老师的第一个学期末，学校表彰先进教师，赵梓森和范幼英双双被评为先进，赵梓森是"讲师样板"，范幼英是"助教样板"，两人的照片双双被挂在宣传栏里，自然又招来了不少的撮合俩人的言论。

　　赵梓森和范幼英呢？也都心有所向。能有共同爱好，又有共同语言，更是相互欣赏。学识上，赵梓森是"才子"，范幼英是"才女"；工作上，都勤勤恳恳，都是先进模范；兴趣上，都喜欢画画。因此，本就是你有心我有意，再加上大家的撮合，接下来俩人的感情发展很顺利。到了1964年，赵梓森和范幼英结婚了。

图 2-3　赵梓森夫人范幼英画作《金烁漓江》

如同那个时代多数人的婚姻一样,这对新人对婚礼的形式并不讲究,且因当时的条件所限也无法讲究。他们在单位人事处开具了一份证明,再到区政府婚姻登记处领取结婚证,之后两家亲友见个面,吃顿饭,终身大事就算办完了。

赵梓森夫妇婚后搬进学院分配的一间小屋开始了新生活。尽管是新婚燕尔,但二人对业务却丝毫没有放松。结婚没有要求婚假,新婚后除了晚上休息回到家里,白天都在办公室,都一心扑在工作上。1965年6月15日,他们的女儿出生,取名赵颖。随着女儿出世,家庭压力开始显现,加上当时已是"文化大革命"前夜,政治运动山雨欲来风满楼。赵梓森夫妇上班时要备课上课,业余时间又被铺天盖地的政治学习占用,范幼英甚至常常忙得顾不上喂孩子。面对见缝插针读书学习的丈夫和嗷嗷待哺的女儿,范幼英明白,必须要有一个人为了家庭作出牺牲。于是,她开始调整自己的位置,不再追求与丈夫在业务上"比翼双飞",而是将自己的重心转移到家庭之中,为丈夫分担更多的家庭负担,以便赵梓森可以心无旁骛地投身于科研事业。

图 2-4 赵梓森全家合影
(从右至左为:儿子赵毅、妻子范幼英、赵梓森、外孙女刘畅、女儿赵颖、女婿刘自力)

这样的牺牲一直持续到老年。范幼英的牺牲不仅是做好贤内助，承担更多的家务，更重要的是对赵梓森的科研事业起到了保驾护航的作用。赵梓森醉心于科学研究，较为缺乏政治头脑，对人际关系也不敏感，在当时及其随后很多的政治风波里，曾多次面临风暴旋涡，每当此时，范幼英总是冲在前面，或为赵梓森"挡枪弹"，或提醒他注意前面的"暗礁"（后面有多次叙述）。每每采访范幼英女士，她记得最多的就是这些政治风浪，也时刻提醒我们注意保护与赵梓森院士曾经有过政治或业务冲突的人，可见她直到晚年仍然保持着很高的政治敏锐性。"军功章有我的一半，更有你的一半"，赵梓森院士一生所取得的科研成就无不与妻子范幼英的全力支持和默默奉献息息相关。

受冲击却逍遥

在 1964 年年底和 1965 年年中，毛泽东分别发表了"春节讲话"和"七三指示"，同时阐述了有关教育问题的新想法。这些想法的核心包括：阶级斗争课（社会教育、当兵、劳动）要成为主课，业务课程内容要精简，部分课程应该取消或合并，要采用开卷考试的形式，教师、干部、政治辅导员要与学生同吃、同住、同劳动（简称"三同"）等。从 1965 年 5 月到"文化大革命"前夕，仅一年时间，武汉邮电学院参加当兵和"社教运动"的学生就达到 1600 余人次，教工达到 280 余人次，仅从规模上看，这种政治性活动的预期强度已远远超过了"大跃进"时期。事实证明，随后发生的长达十年的"文化大革命"成为中国科技和文化的一场浩劫。

1966 年 5 月 16 日，中共中央下达了《中国共产党中央委员会的通知》（简称《五一六通知》），"文化大革命"大幕正式拉开。1966 年 6 月，"文化大革命"浪潮开始波及武汉邮电学院。不久，学院开始停课闹革命，党政领导全面瘫痪，教学秩序彻底破坏，以院长为代表的各部门领导以及部分教师遭到批斗，赵梓森当然也不例外，究其原因，主要有两个：第一，他的业务水平很高，很受领导的重视，但领导遭到了批斗，他自然也被牵涉其中；第二，他在处理脉冲技术课考试的过程中过于"坚持自我"。

据赵梓森的妻子范幼英回忆："1966年6月初，他的脉冲技术课要考试，他出了五个题，但到了收卷时间没有一个人交卷子，大家都不会写。对此，学生们都愤怒到了极点。在此之前，1961年学院已经开始贯彻'高教十六条'，要求稳定教学秩序，把教学提上去。1963年以后'批判老师、要学工、学农'的运动又开始了。每学期要求学生去劳动。还有很多其他毛主席指示，比如'教师拿分数卡人，就是以学生为敌人'。老赵这次的事情正好是符合这一条的，本来'文化大革命'就已经开始了，他也就变成了众矢之的。"[1] 实际上，就如何提升教学，或者说如何提高学生的考试成绩，学院相关领导已思量出稳妥的方案。据范幼英回忆："在（19）64年的时候，我们有线系的书记告诉我们，一定要把好关，尤其不能让'贫下中农'子弟不及格。我们就想法子让学生们都通过。有些学生的成绩实在很不好，那怎么办呢？我就在考前搞答疑，让那些成绩比较差的过来，我点一点，启发一下他们。后来学习好的也跟着一起来了，他们就是来套题的，想得5分。一边答疑，一边我们还要找政治辅导员，查学生的档案，看哪些学生是禁区，不能碰。但是老赵就不管这些，考试也不变通。要是我就会滑头一点，看到学生们都不会做，就把五个题中最难的去掉，作出四个就算满分。"[2] 赵梓森对同事们的这些应变措施，应该不会没有耳闻。而他却不对考试做任何干预，无非是想通过考试检测学生对知识的真实掌握情况。

赵梓森还清楚地记得当时被批斗的场景："我们的院长和党委书记都被拉下来批斗，挂上各种侮辱性的牌子，跪在礼堂前。我，还有其他几个教师，也跪在旁边。我们的头发都被剪得怪模怪样，有的被剃出一半光头，叫作阴阳头。还有的在头上剃叉。后来还让我们游街，在学校里走一圈。"[3]

---

[1] 范幼英访谈，2015年12月16日，武汉。资料存于采集工程数据库。
[2] 范幼英访谈，2016年4月13日，武汉。存地同上。
[3] 赵梓森访谈，2016年4月15日，武汉。存地同上。

此后，这些领导和教师又被编成一支"劳改队"，进一步接受批斗和改造。赵梓森因为年纪最轻，被认为最有"干劲"，因而被任命为劳改队队长。队长每日最重要的任务之一就是在清晨指挥大家高唱《牛鬼蛇神歌》，歌毕，"牛鬼蛇神们"就被派去拔草、扫地、扫厕所，进行劳动改造。

"革命群众"对于"牛鬼蛇神们"竭尽侮辱之所能。据范幼英回忆："老赵在劳改队的时候，我记得最糟糕的一次就是12月20多号的一天，冷得要命，要求他们找几个人到塘里去摸鱼。那么冷的天哪有什么鱼啊，就是想折磨他们。老赵作为劳改队长要分配任务，他不能让老干部、老教师去。他就自己下去了，还叫了我们系总书记，因为他是比较年轻的而且还是党员。他们下去摸鱼，摸了大半天，冻得直哆嗦。回来后他还很高兴地跟我说：'那鱼我抓不住，后来想了个办法，要使劲儿按住，按到泥巴里，然后再从泥巴里捞起来，就抓到鱼啦！'"① 这样的批斗改造持续了近一个月，赵梓森虽然在妻子面前展现出苦中作乐的一面，但实际上他的内心是很痛苦的。首先，在那般人格侮辱下，他十分气愤却又无可奈何；其次，白天的批斗改造，使他晚上无心读书。这也是赵梓森工作生涯里为数不多中断学习的时期，但最让他忧虑的还是自己的信仰危机。赵梓森回忆："批斗我的这段时间，我被叫作'修正主义反革命分子'。我想不通，我怎么就是反革命呢？解放时我高中毕业，然后上大学，是第一批新民主主义青年团团员②，我怎么会是反革命？"③

赵梓森的共产主义信仰是很坚定的，这次批斗给他扣上的"反革命"帽子，让他寝食难安，甚至自我怀疑。不过，随着"文化大革命"风波的扩散，共产党内很多老的革命干部相继被打倒，赵梓森因此开始清醒过来："后来，刘少奇被打倒了，湖北省委书记王任重④也被批为'反革命'。我

---

① 范幼英访谈，2016年4月13日，武汉。资料存于采集工程数据库。
② 1957年改名为"中国共产主义青年团"。
③ 赵梓森访谈，2016年4月15日，武汉。资料存于采集工程数据库。
④ 王任重（1917-1992），河北省衡水市景县人。1949年5月，任中共湖北省委常委、省人民政府副主席。1954年，任中共湖北省委第一书记兼武汉军区第一政治委员。1958年5月，增补为中共第八届中央候补委员。"文化大革命"中受到"四人帮"迫害，被关押。1978年年底，任国务院副总理。

想，好了，刘少奇、王任重等都是'反革命'，这肯定是搞错了，我也绝对不会是'反革命'。想通了我就无所谓了。"①

1966年9月5日，中共中央、国务院发布了《中共中央、国务院关于组织外地高等学校革命师生、中等学校革命学生代表和革命职工代表来京参观"文化大革命"运动的通知》，通知宣布各省、市、自治区的革命师生从9月6日起分批前往北京参观、学习、相互支援，交流革命经验。并规定革命师生来京参观一律免费乘坐火车，在京的食宿由国家财政开支。通知一经发出，红卫兵在全国掀起了轰轰烈烈的大串联。

随着红卫兵的离校，武汉邮电学院的那只劳改队顺势解散。赵梓森成了"逍遥派"②，游离于"文化大革命"之外。据范幼英回忆："红卫兵出去串联后，我们就没人管，完全自由了。每天就是开会学习，教师们自己组成小组，学习中央文件，然后就回家。有些人私下讲，我们的'斗批改'③，是在家里'逗'小孩、'劈'柴火、'改'善生活。后来运动搞得很大，不同派系间互相斗，甚至动刀动枪。（19）67年武汉还有个很有名的'七二零事件'④。我们都没有参与，关心政治的老师就是出去看大字报，或者看看打仗局势的发展会怎样。"⑤

无课可教、无书可读的逍遥派生活难免乏味，但喜欢动手的赵梓森却"乐在其中"。早些年因课程繁重，平日的学习也多以理论为主。对于工程类专业，实际操作显得相对不足。如今成了逍遥派，赵梓森每晚回到家中

---

① 赵梓森访谈，2016年4月15日，武汉。资料存于采集工程数据库。
② "逍遥派"是指在"文化大革命"期间未参加或很早退出群众组织，置身于运动之外的人。
③ 1966年8月8日，中共八届十一中全会通过了《中国共产党中央委员会关于无产阶级"文化大革命"的决定》（又称《十六条》），其中规定："在当前，我们的目标是斗垮走资本主义道路的当权派，批判资产阶级反动学术权威、批判资产阶级和一切剥削阶级的意识形态，改革教育、改革文艺、改革一切不适应社会主义经济基础的上层建筑，以利于巩固和发展社会主义制度。"斗、批、改的具体内容随着此后"文化大革命"进程的发展也出现了一定的变化。
④ "七二零事件"，是1967年7月20日，在武汉发生的一派群众组织质问和批判中央"文化大革命"成员王力等人的事件。这一事件在当时被定性为"反革命"事件，事后武汉军区改组，群众组织垮台。但"文化大革命"结束后，被普遍认为是林彪和江青等人在武汉制造的打击武汉军区及一派群众组织的反党乱军事件。
⑤ 范幼英访谈，2016年4月13日，武汉。资料存于采集工程数据库。

就开始摆弄各种电子器件，制作仪表、振荡器①甚至是电视机。其中令赵梓森印象很深刻的是制作调谐高放式收音机②的过程。为了节约成本，赵梓森买了一块废弃的电路板，按照设计好的电路图进行组装，不过还必须通过电镀才能保证电路的良好接触。赵梓森不愿无偿使用院里的公共设备，且考虑到分管设备的同事一定不会收取费用，于是就决定去外面的工厂找人电镀。但不曾想，这次电镀制作调谐高放式收音机事情，竟成了赵梓森在"文化大革命"中遭受的第二次冲击的导火索。

到1968年，屡禁不止的高校派性武斗逐步升级。清华大学的"百日武斗"更是轰动全国，震惊世界。为了控制局势，毛泽东指示北京60多个工厂，组成3万人的"工宣队"③，于7月27日开进北京各高校，整顿秩序，平息武斗。8月25日，中共中央发出《关于派工人宣传队进驻学校的通知》，提出"各地应该效仿北京的办法，把大、中、小学逐步管起来"，要"以优秀的产业工人为主体，配合人民解放军战士，组成毛泽东思想宣传队，分批进入学校"。同日，《红旗》杂志发表了姚文元的文章《工人阶级必须领导一切》。文章中公布了毛泽东的最新指示："实现无产阶级的教育革命，必须由工人阶级领导，必须有工人群众参加，配合解放军战士，同学校的学生、教员中决心把无产阶级教育革命进行到底的积极分子实现革命三结合。工人宣传队要在学校中长期留下去，参加学校的全部斗、批、改任务，并且永远领导学校。"

工宣队进校是"文化大革命"的一个转折点，标志着历时两年多的"文化大革命"群众运动全面终结，并切换到由工人领导的"文化大革命"工宣队时期。工宣队进校后，斗、批、改成了高校的首要工作。不过，这一阶段的斗、批、改，在整治对象上发生了变化，由原来的"右派分子"拓展到包括"特务、叛徒、国民党'残渣余孽'"等一切阶级异己分子，以达到清理阶级队伍的目的。

---

① 是一种能量转换装置，可以将直流电能转换为具有一定频率的交流电能。

② 所谓调谐高放式，是通过在收音机变压器的主线圈和副线圈上各并联一个可变电容器，以达到高品质的收听效果。

③ "首都工人毛泽东思想宣传队"的简称。

1968年9月，工宣队、军宣队进驻武汉邮电学院后，遂即开展对学院教师的清查。赵梓森的履历中家庭成员一栏，赫然写着"两个姐姐移居美国"的条目，这使他的身份问题受到高度关注。不久，赵梓森制作高规格收音机的消息又不胫而走。据赵梓森的妻子范幼英回忆："当时我陪着老赵去外面电镀，那个工人特地要求我们写下单位和名字。我看这个人的表情就是满肚子的怀疑，警惕性很高，他一定报告到我们院里，说我们在外面做了这个东西。因为后来马上就有院里的老师来我们家，一直问收音机的问题，有可能就是接受了任务来调查老赵的。别人一般都会怀疑你为什么要用这么好的收音机。在新中国成立后，对收音机的规格是有限制的，不能用短波收音机。因为这样你可能就能听到敌台了，美国之音啊，什么的。这些台原来都是禁止的"[1]。

赵梓森制作收音机只是基于兴趣所在，但却因其有直系亲属身居国外，被狠抓革命队伍纯洁性的工宣队领导怀疑成了潜藏特务。无奈之下，他只得不断地写大量的检查和报告交代自己的家庭问题，反复澄清，却仍无法从"怀疑对象"中解除。

同年，武汉邮电学院开始实行"复课闹革命"[2]，学生们被通知回到学校进行学习。经历了两年疯狂而空虚的生活后，学生们对于这个"好消息"感到十分兴奋。但事实上，学生们主要的任务并非上课，而是在工宣队的领导下进行"斗、批、改"，继续闹革命。其间，就赵梓森的"问题"，工宣队还专门派了几个曾经的革命小将对他严加盘问。但实际上，学生们的"革命热情"已然降温，加之重新学习的愿望落空，他们对自己昔日严格却博学的老师赵梓森十分同情。据赵梓森回忆："那几个被派来让我交代的学生，对我很友好。其中一个余姓学生觉得我没什么问题，不

---

[1] 范幼英访谈，2016年4月13日，武汉。资料存于采集工程数据库。

[2] 1967年10月14日，中共中央、国务院、中央军委、中央"文化大革命"小组发出《关于大、中、小学复课闹革命的通知》，要求"全国各地大学、中学、小学一律立即开学"。《人民日报》10月30日转载《长江日报》10月22日社论："复课闹革命的中心是闹革命，特别要狠抓本单位的斗、批、改，把无产阶级'文化大革命'进行到底。"实际上，包括武汉邮电学院在内的很多高等院校由于运动，当时并未复课。

会是特务。还安慰我说会弄清楚的,让我放心。"①工宣队领导未从学生们"严厉"的盘问和赵梓森"千篇一律"的报告中有任何收获,也就逐渐放松了对赵梓森的审查。此后,因教学需要,赵梓森便重新走上教师岗位,教授《电工原理》等基础课程。

在"文化大革命"期间,赵梓森因其高超的业务水平和强烈的科研兴趣,遭受了两番冲击。在这些巨大的侮辱和无理的指控下,赵梓森甚至一度对自己产生怀疑,好在他仍能保持自己的理智对时局进行分析,从而能够以坦然的心态面对,并想方设法坚持学习。

随着国家建设对人才的迫切需要,赵梓森过硬的业务能力逐渐得到认可。通过接手或大或小的工程项目,赵梓森开始抽离"文化大革命"旋涡,步入他热切盼望的科学研究的轨道。

眉山工程初练手

1968年年底,武汉邮电学院招收的最后两批本科生(1964级、1965级)即将完成学制毕业,但学生们普遍感到这几年因"文化大革命"运动而学无所成。虽说之后的"复课闹革命"安排了一批骨干教师讲授基础课程,但因其受运动干扰课时较少,并且学生们迫于毕业的压力,也更趋向于学习一些能够快速掌握技术操作的实践课,所以教学效果不尽如人意。于是,有同学们想到,可以利用国家校企合作这一政策,为合适的企业提供技术支持,同时也锻炼了自己的实践能力。多方联系后,学生们找到了湖北黄石发电厂。当时湖北黄石发电厂正计划开展一项电路改造工程,但因缺少专业技术和人员,迟迟不能落实,急需外援。电厂领导在得知武汉邮电学院具备相关技术和人员后,迅速联系了院方。当时赵梓森的"特务"风波已渐渐平息,而且他的技术和理论能力都很出色,于是,工宣队

---

① 赵梓森访谈,2016年4月15日,武汉。资料存于采集工程数据库。

领导指派他带队前往黄石发电厂。

这次的发电厂改造工程,是赵梓森参加工作以来参与的第一个工程类科研项目,他很激动和兴奋。

带领学生来到黄石发电厂后,赵梓森了解到,整个电厂分为东电厂和西电厂,但因信息不互通,两个电厂间难以协同。电厂希望赵梓森设计一套远程控制系统,实现对两个电厂的同时协调控制。据当时一同前往黄石的学院助教谢玉堂回忆:"赵总首先做了一些试验,这些简易的试验是成功的。这边发出一个信号,就能对那边进行控制。"[1]赵梓森还结合具体方案的设计,对学生们进行指导。谢玉堂回忆:"当时在黄石的工作和教学是很有实际意义的,比如我们以前学的都是电子管,在这里是开始学晶体管,所有东西都是用晶体管来做的。新的东西,新的内容,新的电路。赵总晚上的时候就会跟我们所有人讲,相应的东西该怎么做,我们就赶紧学习怎么设计和操作,都是实战"[2]。

不过,正当赵梓森设计出工程方案准备施行时,学院工宣队领导突然要求赵梓森立刻带队返回,因为新的政治运动来了。1968年12月22日,《人民日报》发表了毛泽东的"最新指示":"知识青年到农村去,接受贫下中农的再教育,很有必要。要说服城里干部和其他人,把自己初中、高中、大学毕业的子女送到乡下去,来一个动员。各地农村的同志应当欢迎他们去。"根据该指示,作为知青的中学毕业生通过"上山下乡"[3]接受再教育,而大学生则主要是去部队农场接受再教育。赵梓森被紧急调回学院,正是因随队的1968届毕业生亟须分配至部队农场进行劳动改造。

也许是因为第一次参加的实际工程项目,赵梓森对这段黄石发电厂的工作经历记忆犹新:"我记得当时有个叫陈海亮的班长,他很聪明,虽然文化水平不高,但是干劲儿很大。我没来之前他就想搞改造,后来我来了他

---

[1] 谢玉堂访谈,2016年4月19日,武汉。资料存于采集工程数据库。
[2] 同[1]。
[3] 上山下乡运动,是指1968年当年在校的初中和高中生(1966年、1967年、1968年三届学生,后来被称为"老三届")前往农村定居和参加劳动。一方面是为了解决因大学、工厂停招,大量毕业生无法就业的问题;另一方面是为了消灭"三大差别",即工农差别、城乡差别和体力与脑力劳动差别。

请我想办法，我就给他想了一个办法。他对我很友好。结果我的方案提出来了，他很欢迎。但学校突然要把我调回去，没有做就离开黄石了，他很伤心。"① 可惜这次参与的工程实践因故未见成果。但不久后，一个部属正式项目为赵梓森展现科研实力提供了真正的舞台。

1969年年底，邮电部向四川眉山505厂下达"1800路中同轴电缆"项目。据范幼英回忆："邮电部下来的1800路通信的任务，在当时，存在不小的技术困难。之前载波都是几路，十几路，（一下子到）1800路，相对提高了很多。所以部里希望多派人参加，一起攻关。我估计要么是部里点名，要么是院里领导推荐，派了老赵去参加这个会战"②。

1800路中同轴电缆项目，要求新建的线路将以往露天架设的方式改为地下铺设，并且要能够承载1800路电话以及部分电视信号，而赵梓森的任务是接通电视信号。

正当赵梓森在眉山发挥专业特长，解决工程难题之时，武汉邮电学院新一轮大规模政治运动又再次铺开。1969年12月，学院领导和大部分教职工前往汉川县继续开展"斗、批、改"运动。1970年6月，全体教职工又被下放至阳新"五七干校"③参加劳动。多数教师在"文化大革命"中，仅在干校就劳动了一年半，工作和学习被长期搁置。对赵梓森而言，虽然在"文化大革命"初期受到较强烈的冲击，但因自身业务水平过硬的原因被选派到眉山参加通信工程，因而避免了长期身陷运动泥潭无法自拔的境地。赵梓森也表示："我因为到眉山去了，所以没下去参加劳动，但是其他老师大都去参加了劳动。所以人家都很羡慕我，说：'到底还是技术行的人好，我们都要去劳动，他还能搞技术！'"④

武汉邮电学院的这次运动，除了出于对干部教师进行劳动改造的目的，另一个重要原因是，武汉邮电学院要从武汉的大专院校序列中撤销了。据被抽调参与撤校的谢玉堂回忆："自从军宣队进校之后，部队的影

---

① 赵梓森访谈，2016年4月15日，武汉。资料存于采集工程数据库。
② 范幼英访谈，2016年4月13日，武汉。存地同上。
③ "五七干校"，是"文化大革命"期间全国各地各部门，根据毛泽东《五七指示》兴办的农场。干校集中容纳党政机关干部、科技人员和大专院校师生，对他们进行劳动改造、思想教育。
④ 同①。

响力越来越大，不久后，整个邮电部都属于军队管了。部队根据这个通信需要，就要把武汉邮电学院改造成工厂，但当时这个工厂到底做什么，有些不同的意见。但是，军宣队也先不管这个事。领导、教师统统都去了干校"①。

1969年12月30日，邮电部军管会以"（69）生一字927号"文函告湖北省革命委员会，根据国务院业务组10月17日批示，决定将武汉邮电学院撤销，利用学院原址，抽调部分人员改建528厂，主要生产600路以上微波终端设备。

改制成的528厂根据生产要求，决定研制960路微波载波机。为了满足生产需要，除了办公室、政工组、生产组、后勤组等基本机构外，工厂还专门成立了3个生产车间：光设备车间、模具车间、电路及装配车间。光设备车间主要负责生产发射微波的光源；模具车间负责机器外壳的制作、表面处理和精加工；电路及装配车间负责电路设计和调试，并将其他车间生产出的设备组装成成品。赵梓森从眉山返回武汉后，即在528厂的电路及装配车间工作。

赵梓森在眉山的项目攻关十分顺利，据赵梓森回忆："我是和学院两个实验员一起去的眉山，他们主要是协助我做试验。到了之后，我要做的是通电视，还有另外一批人去通电话。通电话的组有几十人，规模很大，我们通电视的组人数很少。但我只要求上面给我写一个指标，要多大的信号？多久的距离有一个放大器？得到具体要求后，我们就去试验。电话组用了一年时间做通，我们这一小批人，不到一年，各项指标就全都达到了"②。

实际上，在眉山近一年的会战任务顺利完成后，赵梓森对于今后的工作也有过其他打算。据赵梓森回忆："当时有一个问题，就是我要不要回来？眉山那边的领导觉得我的技术高明，想留住我。我考虑，我的太太还在马口劳动，我回去也是去劳动的。但是在四川我是搞技术，我留下的

---

① 谢玉堂访谈，2016年4月19日，武汉。资料存于采集工程数据库。
② 赵梓森访谈，2016年4月15日，武汉。存地同上。

话，可以让太太也过来，大家都搞技术。"①眉山这边的领导有这个意思，赵梓森也有些心动，因为在这边不仅可以搞自己喜欢的技术，还可以顺势把正在乡下劳动的妻子调过来，借此改善家庭的生活状况。范幼英对当时的情况是这样回忆的："在五月份的时候，他跟我写信说四川这个地方好，他们工厂周围还有农民卖吃的，卖新鲜的菜，鸡鸭鱼都能买到。四川嘛，天府之国。但我们这里什么都没有，他就告诉我以后来这边，我可以过得好些。"②但不久后的一次地震，让赵梓森打断了这个想法。据赵梓森回忆："关于回不回来，我在那里思考了很久，最后觉得还是应该回来。因为当时在成都发生了一次地震，我觉得太可怕了。地震什么时候来什么时候走都不知道，很多人晚上怕它地震，搞个铁桶和啤酒瓶挂着，如果地震了就赶紧跑。有天，有人不小心碰到了啤酒瓶倒下来，半夜三更大家吓到了以为地震，赶紧往外跑，有个人还从二楼跳下来了。我想着成都本来就容易地震，很可怕，不能让我太太过来。而且劳动应该也是暂时的，不可能常年让知识分子劳动。虽然他们想留住我，但我最后还是决定回去"③。

1970年年底，赵梓森回到武汉。因为在四川攻克了国家项目，赵梓森很受领导重视。不但未将他下放劳动，还把他安排到960路微波载波机的电路及装配车间，从事研发工作。据该车间负责人谢玉堂回忆："赵总参加完眉山那边的会战，就到我们这个车间来了。我们车间有个班是专门负责电路的试制、调测，对技术水平要求最高，他就被调到这个班组来了。因为'文化大革命'中的打击，他当时是没任何职务的。但是他到这里来了以后，毫无疑问，他是技术权威。反正有问题都问他，有难题都请他来帮助解决。他就是这么个角色，虽然没有职务，却是名副其实的技术指导"④。

1971年年末，528厂生产出960路微波终端设备62架，高出原计划产量近一倍。生产的电阻、电容、半导体三极管等各类元器件，也超额完成

---

① 赵梓森访谈，2016年4月15日，武汉。资料存于采集工程数据库。
② 范幼英访谈，2016年4月13日，武汉。存地同上。
③ 同①。
④ 谢玉堂访谈，2016年4月19日，武汉。资料存于采集工程数据库。

13%。此外，还试制了 4 千赫三路载波机一套，自制其他各种相关设备 111 台。至此 528 厂的工厂职能已经完全实现，初期的研发工作逐渐被成熟的生产所取代。此后，若不是 528 厂逐渐转变办厂方向，很难料想赵梓森的科研兴趣和实力是否会消磨在这些重复性的工作之中。

1971 年 11 月，在成功完成生产任务后不久，528 厂接到电信总局下达的毫米波通信、大气激光通信、新能源三个探索性科研项目，归口电信科学研究院管理。其中大气激光通信项目此前已在北京邮电科学研究院立项，不久转入电信总局 501 厂，做了一些前期工作。项目改由 528 厂承担后，负责原项目的 12 位科研人员和相关设备于 1972 年 1 月全部调入 528 厂。在项目下达的基础上，电信总局还进一步提出，528 厂应以科研为主来安排各项工作。528 厂的办厂方向因此开始从生产向科研转换，这对于单位今后的发展十分有利，对赵梓森个人的意义也是不言而喻的。1972 年，960 路微波终端设备通过了上海邮电部 519 厂的鉴定。赵梓森随即从车间被抽调出来，负责 528 厂三项科研项目之一的大气激光通信项目。

经过工作以来近 20 年的积累和沉淀，在大气激光通信项目的契机下，赵梓森的科研实力开始以一种势不可当的力量迸发出来。至此，赵梓森正式开启了他此后 20 年的光纤通信研制和开发历程。

第三章
确定光纤通信方案

突破大气激光通信

1960年7月8日，美国人梅曼（T. H. Maiman）用红宝石晶体作发光材料，用发光度很高的脉冲氙灯作激发光源，获得了人类有史以来的第一束激光，这是世界上第一台红宝石激光器。自此之后，人们便可获得性质和电磁波相似而频率稳定的光源，研究现代化光通信的时代也从此开始。激光通信的基本原理是：利用发射端激光器发出的稳定光束作为载波，通过通信机的调制将特定信号加到载波上，成为调制信号，沿着传输媒介，到达接收端检测器件，将调制信号还原后即可得到原特定信号。激光通信研究最早采用的传输媒介是大气，即把发送的光信号直接经过大气空间传送到接收端。这种方法具有简单经济、能量集中、保密性好等优点。与传统的通信方式相比，激光通信具有通信容量大[①]、保密性强、结构轻便、设

---

① 在理论上，激光通信可同时传送1000万路电视节目和100亿路电话。

备经济①等多重优势。为此,美英等技术强国纷纷开展深入研究,意图抢占技术高点。中国在20世纪60年代初开始涉足大气激光通信,虽然研究相对单一,但仍是当时为数不多的、中国的起步不晚于国际的科学研究领域。

1966年,北京邮电学院邀请国内邮电同行参观本院无线系研发的大气激光通信设备,并进行现场演示,实现了室内八米传输距离的通信。在看到光通信具有的潜力后,国家正式将大气激光通信研究列入邮电部邮电科学研究院正式的科研项目②,以期能在通信距离上有进一步的提升。不过,该项目在此后几年中的发展并不顺利。20世纪60年代末受中苏紧张局势③的影响,北京大部分高等院校、研究院和设计院被迫外迁。1970年,邮电部邮电科学研究院因为政治运动受到冲击,激光通信组被迁往位于山西侯马的电信总局501厂。新近建成的501厂,在设备设施上还很不完善,水电供应时常中断,大气激光通信项目的研究陷入停滞。据当时参与该项目的唐仁杰回忆:"像我们做大气传输需要激光器,激光器当时叫氦氖激光器,需要高真空,要求十几小时不间断地抽真空,然后把它处理完。如果中间一停电,之前整个就白做了,所以在山西这段时间几乎不能开展工作。"④1971年,电信总局在了解到这一情况后,开始考虑将该项目调往其他单位继续研究。

1972年1月,原大气激光通信项目组十多名技术人员,连同相关设备一并调入了设备设施相对完善的武汉电信总局528厂,并入新成立的激光通信研究室。不过,虽然528厂的研究条件优于侯马的501厂,但研究进行了数月,依旧没有太大的进展,仍维持在室内可传输10米状况,室外光传输试验也未获成功。激光通信研究室主任兼党支部书记,由此前武汉邮电学院的物理教师尹延勋担任。面对大气激光项目进展缓慢的局面,他

---

① 由于激光束发散角小,方向性好,激光通信所需的发射天线和接收天线都可做的很小,一般天线直径为几十厘米,重量不过几千克,而功能类似的微波天线,重量则以几吨、十几吨计。

② 1957年,邮电部仿造东欧集团的科研机构设置,在北京成立了邮电科学研究院。1998年成为信息产业部电信研究院,2008年更名为工业和信息化部电信研究院,2014年启用新名称"中国信息通信研究院",是工业和信息化部直属科研事业单位。

③ 1969年3月至8月,中国和苏联就珍宝岛归属问题在岛上发生了武装冲突。最终,中国军队获得胜利。但致使中苏关系进一步恶化直至正式破裂。

④ 唐仁杰访谈,2016年4月7日,武汉。资料存于采集工程数据库。

点名抽调赵梓森担任研究室的副主任。尹延勋与赵梓森同事多年，对他的业务水平十分了解，遂让赵梓森全权负责大气激光项目的规划和实施。不过，赵梓森这个名字对初来武汉的研究室的成员来说，除了是一个陌生单位的陌生同事外并无其他特殊含义。由于这个名为赵梓森的人即将领导大家开展工作，理所当然要先接受大家的一番考量。在"政治挂帅"的年代，大家最先观察的就是他的政治面貌。而当时的赵梓森只是一名普通群众，并非党员，也就是"非党员挂帅"。另一个大家关心的问题是赵梓森此前的工作经历，这个研究室的成员已在北京、山西开展了多年的相关研究，而赵梓森此前从事的都是电通信，从未接触过光通信。

在此背景下，赵梓森接手项目时面对的压力可想而知。据赵梓森的妻子范幼英回忆："老赵虽然之前是搞电不是搞光的，但通信原理都是类似的，他平时钻研电子电路，功夫在那。之后有人从北京来，与他讨论分析这个项目，那个人后来对我说，他（赵梓森）讲的都是对的。但是其他人是不相信他的，觉得自己做了那么久，而他又没做过什么，所以不服老赵，不愿意听他的"[①]。

尽管赵梓森得到了尹延勋的公开支持，但项目在实际推动中仍存在一定的阻力。上任伊始，赵梓森首先听取了项目组成员对项目进展的汇报，并询问实际工作中的困难，结果得到的最主要答复是："没有仪表"。细问后，赵梓森得知，同事口中的这个仪表是"平行光管"，即能够发出平行光的光学校准仪器。在大气通信中，当发射端激光经过长距离传输后，会成为一个大的光斑，因而仅有小部分的光落在接收端探测器上，接收效果不佳。解决方案是在接收器后方增加一个可反光的抛物面（俗称"锅盖"），在捕获了更多的光信号后，再经过聚焦，传入安置于抛物面焦点处的探测器，即可达到满足通信的信号强度。不难看出，该方法的核心是光的聚焦，难点在于焦点的确定。平行光管的作用，正是利用平行光测量焦点的性质，解决探测器的精确安置或者称作光学天线的校准这一关键问题。

[①] 范幼英访谈，2016年4月13日，武汉。资料存于采集工程数据库。

虽然研究室早已向上海的厂家订购平行光管,但受到"文化大革命"影响,工人们的生产积极性很低,厂家负责人表示一年后才能交货。整个项目正是因等待这个平行光管而难以推进。赵梓森意识到不能这样等下去,校准的问题一定有其他替代解决办法。据他回忆:"'没有平行光管不能校准聚焦,也就收不到信号。'他们一句话就把我顶死了。我就说,毛主席不是讲过嘛:'土法上马'。太阳因为距离很远,它传过来的光就是平行光,我可以用太阳光校准啊"[①]。

太阳光可以视为平行光是基本常识,大家也都没有异议,但对于能否操作还是半信半疑。据范幼英回忆:"因为原班人马对老赵不是很相信,后来老赵让武汉原来留下的一批学生加入项目。他以前是老师,这些是他的学生,老师的话学生还是听的,哈哈。"[②]不过,因为是"土法",所以在实际校准中确实存在不小的困难。范幼英回忆:"他把设计好的电路分别安排学生去做。都是脉冲技术,用脉冲通信,因为脉冲的功率集中、很高,可以发送几瓦。且一秒钟才发射十次左右,这样的平均功率就不是很大,散热也来得及。做了这样的工作,然后发射、接收,但最开始他们在示波器里看,似乎没有,信号没有出来。在示波器里仔细找,发现都是噪音"[③]。

尽管前期的试验失利,但赵梓森还是坚信只要方向正确,成功就只是时间问题。他扛着仪器多次爬上屋顶,微调、固定焦点、检查示波器,再次微调、重新固定。这样几番下来,示波器中终于显示出了较大的脉冲信号。光学天线校准这一困扰研究室成员很久的问题,竟真的被赵梓森"太阳光校准"的土法攻克了。尽管接收端已经能够顺利接收激光,但考虑到随着传输距离的提升光信号会有较大损失,赵梓森还在接收端增加了一个光放大器,放大光信号,以便为此后进行远距离通信试验做好准备。

除了接收端的校准优化外,赵梓森还对发射端的激光器进行了调整。据赵梓森回忆:"当时的激光器不是半导体激光器,美国都还没做出来。美国是1988年才做出通信用的半导体激光器。我们用的是氦－氖激光器,

---

① 赵梓森访谈,2016年3月18日,武汉。资料存于采集工程数据库。
② 范幼英访谈,2016年4月13日,武汉。存地同上。
③ 同②。

它是个玻璃管，里面充满了稀有气体，管子两头有两个电极，管子里面加两块反光镜。一通电，电能碰到稀有气体后，就会电离出微弱的光，在两个反光镜的作用下，来回震荡增强，最后就会穿出玻璃管。这个激光器的主要问题是玻璃管中的两块反光镜要安装得很准，要完全平行，（光）才能够穿过管子。因为管子是很细的，所以也要很准确。玻璃工和我合作校准，最后把它搞好了"①。

如果把光通信比作将乘客从始发站送往目的地的旅程，那么，赵梓森前期的工作就是建造出了能够顺利抵达终点的交通工具。不过，没有乘客的空载运输是没有意义的。所以接下来另一个任务就是将"乘客"安置到运载工具上，也就是把待传输的信号调制到载波中，完成这一调制工作的设备称之为光调制器。

赵梓森接手大气激光通信项目时，是没有光调制器的，也就是说，只能"空载运输"。不过，当时已经确定了脉冲编码调制（PCM）这一方案。赵梓森评价脉冲编码调制时说："我认为当时他们定的这个方案是对的。因为我们通常传输的电话是模拟的，像波一样。但激光是模拟不了的，要么就发光，要么就不发光。光的强度不是那么容易改变的，电压不够高，它不发光。电压一高了就'轰'（突然升高），好像火柴一样，一擦就烧，要不就不烧。但脉冲编码可以用数字代表高度，比如说'0000'是没有（脉冲），'1000'就是一个脉冲，那么'1111'就是四个了，用这种数字信号就可以表示模拟的声波了。但这个脉冲编码设备原来在长春定的，也是没有人做，'文化大革命'嘛。而且就算是做也做不出来，这个厂家已经说他们做不出来。因为当时用的是晶体管，不像现在有集成块，如果要用晶体管做编码机的话，要好几个大的机架，恐怕要装一个房间。技术水平是达不到，所以做不出来"②。

赵梓森陷入了困境：一方面，由于激光的特性很难采用模拟信号通信，另一面，使用数字通信的脉冲编码通信机又无法研制。好在赵梓森当教师期间，专门教授过的脉冲技术这门课程这时派上了用场。因为他对

---

① 赵梓森访谈，2016年7月13日，武汉。资料存于采集工程数据库。
② 同①。

图 3-1　赵梓森在实验室查阅资料

脉冲的原理十分清楚，他想到脉冲编码通信，只是限于数字编码机无法生产，但间歇性发射的脉冲本身还是可以为我所用的。据赵梓森回忆："编码机做不出来呢，我就想，可以用脉冲（相移）来表示模拟（信号）。宽的就是等于大，窄的就是等于小。我用个电容器把它积分一下，宽的肯定就是高的，窄的积分就是矮的，就能够还原成电话了"[1]。

在光学天线校准、增加放大器、调整激光器、改用脉冲相移通信机这一系列工作纷纷取得成功后，研究室的同事们对赵梓森十分钦佩，对大气激光通信的未来也都充满了信心，大家的研究兴趣空前高涨起来。据范幼英回忆："这些问题一解决，通信就成了，当初十米的通信距离马上就被突破了。先在阳台试验，成功了，马上又换到院门口试，有上百米的距离，也成功了。后来就是越拉越远，兴致越来越高。"[2] 不过，数百米的通信还是太"近"了，若要继续提升通信距离，就会存在光信号被沿途的建筑物

---

[1]　赵梓森访谈，2016 年 7 月 13 日，武汉。资料存于采集工程数据库。
[2]　范幼英访谈，2016 年 4 月 13 日，武汉。存地同上。

阻挡的问题。

为了使远距离大气激光通信试验不被障碍物阻挡，赵梓森选择了当时武汉的最高建筑"汉口水塔"[①]作为通信发射点，距离水塔 10 千米外的武汉水运工程学院[②]的一座高楼作为通信接收点。然而，当赵梓森站在汉口水塔上寻找水运学院的接收点时，通过肉眼乃至望远镜都看不到，这个高楼的信息只能通过武汉建筑地图获得。这样就面临一个很棘手的问题：即便是近距离通信，激光器对准接收器后，还需要进行多次微调。而对于接收端位置都难以辨别的远距离通信，不要说微调，确定大致方向都难。怎么办呢？经过几天思考，赵梓森很快就想到一个办法：试验在晚上进行。

图 3-2 20 世纪 70 年代武汉市汉口水塔旧貌

---

① 汉口水塔于清光绪三十四年（1908 年）破土动工，宣统元年（1909 年）竣工，由英国工程师穆尔设计监制。汉口水塔是汉口近代消防标志性建筑物，在很长一段时期，它承担着消防给水和消防瞭望的双重任务。水塔为正八角形七层建筑，主体六层，上有钟楼，为第七层，塔身高 41.32 米，引领武汉最高建筑 70 余年。

② 1993 年 11 月，武汉水运工程学院更名为武汉交通科技大学，2000 年 5 月 27 日，武汉工业大学、武汉交通科技大学、武汉汽车工业大学合并组建武汉理工大学。

赵梓森回忆说："我怎么才能找到这个发射的方向呢？我就想到可以晚上到水塔去，对面用一个很强的碘钨灯闪动。接收端一闪动，我就知道就是他们了。这都是自己想出来的办法，没有人告诉你应该怎么做。"①

1973年1月的一个晴朗夜晚，月若星稀，非常适合开展试验。赵梓森把研究室成员分为两队，一队在汉口水塔上负责激光发射端的安装调整，另一队前往武汉水运工程学院高楼负责接收端的安置和位置标记。赵梓森在水塔那一组，他带队小心翼翼地攀上了汉口水塔钟楼。试验开始，尽管通过碘钨灯看到了接收端的大致位置，但因为距离很远，激光器的调整很不容易。赵梓森回忆："当时从望远镜里看到了碘钨灯的位置，我就把我的激光器向它对准，但因为激光到那边是一个大的光斑，只有光斑中心的信号才是最强的，所以还要反复调整。我们也没有什么仪表，当时也没有移动电话，联系都是要跑到楼下打电话，很辛苦。调了好多次，终于听到他们的声音，'哦，收到了！收到了！'，我就知道方向对了"②。

伴随着扬声器中传出的清晰人声，这场传输距离达到9.8千米的激光通信实验终于取得了圆满的成功！研究室成员唐仁杰这样评价："赵院士当时是这个项目的副主任，他来了进展比较快，最后，做成了近10千米的野外实验。我们的这个成果，因为当时还处于'文化大革命'特殊时期，也没有开展什么鉴定会。但如果要开的话，应该也是国内一流的"③。

尽管武汉528厂的领导和激光通信研究室的全体成员都对大气激光通信项目取得的成功感到欣喜，不过作为项目负责人的赵梓森，对此却并不满意。

赵梓森回忆当初大气激光通信项目成功后的情况时说："10千米的通信成功了之后呢，院长、党委书记大大地表扬我，军代表认为这个很不简单，也很高兴。后来还有个领导在（湖北省）省科学技术委员会做报告，用光照到我们院里面，我们就都在院大礼堂听省科学技术委员会的领导做报告，也成功了，大家都很高兴。但是我在想有什么高兴的呢？邮电部不

---

① 赵梓森访谈，2016年7月13日，武汉。资料存于采集工程数据库。
② 同①。
③ 唐仁杰访谈，2016年7月4日，武汉。存地同上。

第三章　确定光纤通信方案

能下雨下雪就不能打电话吧,这有什么用呢?为了证明下雨下雪不可以用,我只能表演一下说服大家,这个是不行的。就在大操场里面试,主要是想看下雨的时候能不能通。果然不行,然后大家也就明白了"①。

赵梓森所说的"下雨下雪不能通信"是指,大气激光通信优势的发挥是受制于其传输媒介——大气的实时状况的。实际上,地球表面的大气中,存在着多种气体和各种微粒,如尘埃、烟、雾、小水滴等。还可能要发生各种复杂的气象现象,如雨、雾、雪、风等。这些因素,对光波有衰减作用,会使激光能量大大减小,或者使激光偏离原来的方向,破坏了激光原有的特性。概括来说,大气实时状况对光通信的影响主要体现在三个方面:大气中悬浮微粒的散射、大气中气体分子的吸收、大气湍流的偏折作用。大气的散射作用,就是大气中的微粒阻挡了传播的光束,使一部分光的能量向四面八方散开的现象。微粒越大越多,散射作用就越严重。对砷化镓激光器 0.9 毫米波长大气衰耗进行的一次测量表明,在晴天时,衰减是 2dB/km;小雾时,是 7dB/km;中雾时,是 40dB/km;大雾时甚至可达到 100dB/km 以上。这样,在晴天通信距离能达到数十千米的通信机,在大雾时,可能连 1 千米的通信都保证不了。大气的吸收作用,主要是水蒸气和二氧化碳分子对传输光波的选择性吸收。大气吸收引起的损耗,随着大气温度、湿度、压力、地形、高度等条件变化而变化。大气湍流,就是大气各点的密度不规则的微小起伏。它是由于地球表面空气的不断对流引起的。密度的变动造成折射率的变化,激光束通过时,就会偏离原来的方向,发生不稳定的偏折。这种现象也叫作"大气抖动"。由于接收点固定不动,收到的光信号强度就会起伏变化,带来强烈的干扰。在数千米的距离上,所接收光信号的强度变化可达二十余倍,有时甚至达到上百倍。大气湍流的影响,在空气的对流较强时最明显。例如,晴天比阴天湍流大些,中午比早晚湍流大些。

大气作为传输媒介的不稳定性,决定了大气激光通信只能作为一种辅助的而非主流的通信工具。其实,赵梓森早在刚刚接手大气激光项目时,

---

① 赵梓森访谈,2016 年 4 月 15 日,武汉。资料存于采集工程数据库。

就已经认识到以大气为媒介的通信是没有发展前景的。赵梓森回忆："我早就知道这个项目即使是做通了，也是没用的。但是他们要我做，我当然也得做"①。

不过，赵梓森从事大气激光项目的这段经历，对他后来进行光纤通信的研究是有很大帮助的。一方面，他对光通信的基本原理已经了然于心，对光通信采用的激光器和通信机也有了认识和思考。另一方面，他也体会出激光通信本身的潜力："我后来想到，光的最大优点就是容量大，能达到1015赫兹。问题是用大气传输不行，后来发现不一定要用大气，还有光纤，我们就用光纤通信了。"② 低损耗的光导纤维是进行光纤通信的首要条件。所以在光纤通信起步阶段，研究人员都是围绕光导纤维开展各项工作的。而赵梓森对光导纤维的认识，最早是从一篇学术论文上开始的。

科研规划会力推光纤入项

1973年年初，在向同事证明了大气激光通信的研究前景并不乐观后不久，赵梓森得知了一个重要消息：英国标准通信实验室（STL）的英籍华人高锟③，在1966年发表了一篇利用光导纤维传导光信号可以实现大容量长距离通信的报告，证明了光导纤维作为通信媒介的可能性。由于"文化大革命"时期对外实施信息封锁，这篇论文数年后才为国内学者所了解。

所谓光导纤维，通俗地讲，就是一根细如发丝的玻璃丝。从事了多年

---

① 赵梓森访谈，2016年4月15日，武汉。资料存于采集工程数据库。
② 同①。
③ Charles Kuen Kao（1933— ）：生于上海，祖籍江苏金山（今上海市金山区），拥有英国和美国国籍，并持中国香港居民身份，目前在香港和美国加州山景城两地居住。高锟为光纤通信、电机工程专家，华文媒体誉为"光纤之父"、普世誉为"光纤通讯之父"（Father of Fiber Optic Communications），曾任香港中文大学校长。2009年，与威拉德·博伊尔和乔治·埃尔伍德·史密斯共享诺贝尔物理学奖。

图 3-3 "世界光纤之父"、诺贝尔物理学奖得主高锟

通信工作的赵梓森,从未听说过玻璃丝可以传递信号,所以,起初他对"玻璃丝"能够通信也是十分怀疑的。但对于新事物、新观点,赵梓森并不拒斥。检验一个科技工作者观点最直接的办法,就是阅读他提出该观点的学术报告。于是,赵梓森决定前往资料相对丰富的湖北省图书馆,亲自查阅高锟的这篇论文,一探究竟。

虽然"文化大革命"期间不允许订阅欧美期刊,但巧合的是,"文化大革命"前已经订阅的最后一期杂志正是 1966 年的刊号。赵梓森很快在一本名为 Proc.IEEE 的杂志中发现了署名 K.C.Kao,标题为 Dielectric-Fibre Surface Waveguides For Optical Frequencies[1](中文一般翻译为《光频率介质纤维表面波导》,作者注)的文章,其中的"Fibre"[2]格外显眼,就是"光纤"。该论文主要阐述了三个主要观点:光纤的通信容量很大;通过提纯可得到光能损失低达 20dB/km 的石英光纤;单模光纤的原理构造。就第一点来说,经过了大气激光通信的研究工作后,赵梓森对光通信高容量的优势是认可的。不过对于高锟的第二个观点,赵梓森却心存疑惑。高锟提出光导纤维可以通信,是始于他的一次偶然试验。一次,高锟在对一块天然石英进行了光耗损测验后发现,其损耗率竟然低至每千米几十分贝。他因此认为,既然天然的石英有较低的损耗率,那么人工合成后的石英理应能达到甚至超过这一水平。不过,就当时国际上的人工玻璃生产工艺来看,世界上最好的光

---

[1] 赵梓森将其翻译为"光频介质表面波导"。
[2] "Fibre"是英式英语的拼写,在美式英语中使用"Fiber"。

学玻璃是德国的 Ziess[①] 照相机镜头，其损耗在 700dB/km，常规玻璃的损耗更是高达每千米上万分贝，即便可以通过材料提纯来降低玻璃纤维的杂质，但相关资料表明，这样低损耗的玻璃丝对材料纯度的要求极高，要达到小数点后 9 个 9，工艺难度极大。一个更直观的例子可以很好地说明低损耗玻璃研制的困难程度：理论提出的 20dB/km 以下的损耗率，意味着这种优质玻璃即使做成 1 千米厚，也能透明。而普通玻璃做到 1 米的厚度，光就完全无法通过了。这样优质的玻璃在实际中是否真的能够制作，难免引人生疑。至于第三个观点，赵梓森还不是十分熟悉，因此他想借出这本杂志继续深入阅读，但却被告知仅供馆内阅览。因为并不看好仍在进行的大气激光通信研究，并且对光纤损耗的问题还心存疑虑，赵梓森决定认真研读此篇论文。既然不能借出来，他干脆将其全文摘抄了下来。回到单位后，赵梓森又多次仔细研读这篇论文。虽然对高锟的观点有了较深的认识，但当时并未完全认同。但不久后，在一次与中国科学院项目合作中所得到的消息，让赵梓森彻底打消了对光纤损耗难以降低到规定水平的顾虑。

1973 年 3 月，顺利完成 9.8 千米大气激光通信项目的邮电部 528 厂与中国科学院安徽光机所合作开展 3.508 微米激光波段大气水平衰减相对测量的研究后，赵梓森向中国科学院的同事提及了光导纤维通信取代大气激光通信的可能性，中国科学院院方对此表示认可，并向他透露，在国际上，世界最大的玻璃厂美国康宁玻璃工厂已经研制出了通信用光导纤维。在国内，中国科学院福州物质结构研究所（以下简称福州物构所）也已经开始了光导纤维的研制工作。

1970 年 9 月，在英国的一次通信学术会议上，美国康宁玻璃工厂发表了一篇有关玻璃光波导损耗的论文，宣布与英国邮电（BPO）、美国贝尔实验室（Bell Lab）公司共同合作，花费了三千万美元成功地制造出了损耗在 20dB/km（633 纳米）以下，长度为数百米的低损耗石英光纤。实际上，

[①] 卡尔·蔡司公司（Carl Zeiss AG）是一家制造光学系统、工业测量仪器和医疗设备的德国企业。由德国科学家卡尔·蔡司于 1846 年在耶拿（Jena）创立。蔡司是现存最古老的光学产品制造商之一。美国早期的月球探测计划和阿波罗计划所需的光学元件，包括为月球环绕任务设计的大光圈镜头等都是由蔡司公司生产的。

高锟在发表其光导纤维的论文后，他的理论观点很快就得到了其所在的英国标准电信实验室（STL）以及英国邮电总局电信研究所（BTRL）领导的认可，并立即开始了对光纤通信的研究。英国也因此成为最早开展光纤通信研究的国家。但最后英国邮电总局却向美国康宁公司发出邀请，希望他们来开发光导纤维。在康宁公司的展览馆中，展示了英国邮电总局的求助内容："The British Post Office ask Corning if a very pure fiber to transmit light signals can be developed"。英国邮电总局请求康宁公司，可否开发一种超纯光纤以传导光信号。

英国将制造玻璃光纤世界第一的机会拱手让与别国，令人十分不解。不过，英国之所以作出这一选择，也实属无可奈何。研究初期，英国相关研究单位根据高锟的理论，确定了纯石英光导纤维的研究方案。但由于各种原因，一直未能熔炼出低损耗的石英光纤。此后，很多研究机构放弃了石英光纤，转而投入多组分玻璃光纤的研究中。可以料想，研究进展依旧缓慢。正是在这样的形势下，英国邮电总局才不得不向专门研究玻璃的美国康宁公司求助。康宁公司包括与其合作的贝尔实验室的研究人员还是选择了石英光纤的方案，投入巨大的人力、物力和财力，直至拉制出损耗为 20dB/km 的光纤。当然，除了美国康宁公司已经拉制出了低损耗的光纤这一信息外，上述国际上的具体技术情报，赵梓森当年是无法了解的。

美国康宁公司的突破直接证实了高锟的预言，随即引发了通信界的震动。很多国家都开始投入巨大力量研究光纤通信。虽然有一定的延时，但这一震动最终也波及当时信息相对闭塞的中国。1972年福州物构所的科研人员经过一段时间的酝酿之后，到中央一些部委游说，建议开展光导纤维通信技术的研究。这一建议很快得到了原第四机械工业部[①]（又称"四机部"）和中国科学院的支持，并在 1972 年 3 月正式由前四机部立项定名为"723"机，并明确该项目是国家重点科研项目，项目时间为 1973 年 1 月到

---

① 1952 年至 1975 年，中国先后成立了八个机械工业部。按职能依次为：民用机械，核工业和核武器，航空，电子工业，兵器，造船，洲际导弹，战术导弹。

1977年12月。项目下达给当时的福建7701所[①],参加单位包括当时的清华大学绵阳分校和成都电讯工程学院。

在初步得知国内外均已在光导纤维领域开展实际研究后,赵梓森对光导纤维通信的可行性已经毫不怀疑,并开始对光导纤维在通信领域的应用萌生希望。不过3年过去了,美国和其他国家的光导纤维通信研发到了什么程度?国内的福州物构所的研究进展又如何?这些情况,关乎528厂乃至中国邮电事业的发展方向,是赵梓森迫切想要了解的。

1973年3月,邮电部机构恢复,并重新掌握了对全国邮电企事业单位的统一领导权。同年5月,全国邮电科研规划会议在北京召开,会议旨在讨论确定邮电部门今后数年的科研发展方向,并拟定具体的科研计划。会议受到了邮电部系统各单位的高度重视。武汉528厂指派赵梓森和尹延勋等人参加了这次会议。赵梓森预期已在国际和国内引起关注的光导纤维研究可能是会议的论题之一,于是对前期收集到的信息进行了整理,以备讨论之用。不过,会议议程过半,仍未见有关光导纤维的议题。会期间隙,各单位同仁进行了热烈的交流和讨论,赵梓森也加入其中,希望能打听到美国光导纤维通信方面的消息。尽管部分同事听说过光导纤维能够通信的传闻,但对于美国的研究状况,则无人了解。不过在交谈中赵梓森得知:数月前,国家组织的一支科学家代表团刚刚结束对美国的访问,这些科学家可能对美国的光导纤维研究有所耳闻。

1972年2月21日,美国总统尼克松抵达北京,应邀对中国进行为期七天的国事访问。这次访问被认为是20世纪最重大的外交行动之一,标志着中美两国政府经过20多年的对抗,开始向关系正常化方向发展,为以后中美关系的进一步改善和发展打下了基础。这次访问还引发了中美科技交流的热潮。同年夏,由24位美籍华裔教授组成的访问团来到中国进行科技交流。当年10月初至12月,毛泽东和周恩来亲自批准,派出一支科学家代表团访问英国、瑞典、加拿大、美国四国。这也是"文化大革

---

① 即福州物构所,"文化大革命"期间,物质结构研究所曾划归四机部管理,改称为7701所。

命"期间中国科技界派出的第一个科学家代表团。代表团由贝时璋[①]任团长，白介夫[②]为副团长，团员包括张文裕[③]、钱人元[④]、钱伟长[⑤]等人。据钱伟长在其《八十自述》一书中记述："我们出行的最后一站是美国，访问了华盛顿、纽约、波士顿、密西根、芝加哥和旧金山6个城市，参观了各种博物馆、纪念馆、国会和国会图书馆、宇航馆、纽约世界贸易大厦、联合国大厦、芝加哥工业博物馆、斯坦福大学的工业园等公共设施，也访问了哥伦比亚大学、纽约州立大学石溪分校、普林斯顿大学、哈佛大学、麻省理工学院、密西根大学、芝加哥大学、加州大学伯格莱分校，以及斯坦福大学9所著名高等学府，还有IBM公司、奇异电器公司[⑥]、RCA公司[⑦]和

[①] 贝时璋（1903-2009），浙江镇海人。实验生物学家，细胞生物学家，教育家。中国细胞学、胚胎学的创始人之一，中国生物物理学的奠基人。1948年（民国三十七年）当选为中央研究院院士，1955年被选聘为中国科学院学部委员（院士）。先后组织开拓了放射生物学、宇宙生物学、仿生学、生物工程技术、生物控制论等生物物理学分支领域和相关技术，培养出一批生物物理学骨干人才。2003年国际永久编号36015的小行星命名为贝时璋星。

[②] 白介夫（1921-2013），陕西省绥德县人。1952年毕业于北京大学化工系。长期从事稀土资源的综合利用与稀土元素分离理论的研究。曾任中国科学院长春应用化学研究所研究员、中国科学院化学物理研究所党委书记、副所长、北京市副市长、北京市政协第六届、第七届主席等职。

[③] 张文裕（1910-1992），曾用名张少岳，福建惠安人。物理学家，μ介原子的发现者，中国宇宙线研究和高能实验物理的开创人之一。1931年毕业于燕京大学，1938年于英国剑桥大学获得博士学位。先后在四川大学、西南联合大学、南开大学、美国普度大学执教。曾任中国科学院原子能研究所、高能物理研究所所长、中美高能物理联合委员会第一、第二届中方主席等职。

[④] 钱人元（1917-2003），江苏常熟人，物理化学家、高分子物理学家，素以对新事物敏感，擅于开拓边缘学科新领域著称。1980年11月当选为中国科学院化学学部委员（院士），1981年任中国科学院化学研究所所长，1985年当选为国际纯粹与应用化学联合会高分子部聚合物表征和性能委员会委员，1990年当选为太平洋高分子协会理事。他开拓了中国的高分子物理与有机固体电导和光导的应用基础研究，并结合实际在丙纶纤维的开发等工作中作出了重要贡献。

[⑤] 钱伟长（1912-2010），江苏无锡人，世界著名的科学家、教育家，杰出的社会活动家，中国人民政治协商会议第六届、第七届、第八届、第九届全国委员会副主席，中国民主同盟第五届、第六届、第七届中央委员会副主席，第七届、第八届、第九届名誉主席，中国科学院资深院士、上海大学校长；钱伟长院士通晓应用数学、物理学和中文信息学，著述甚丰，特别在弹性力学、变分原理、摄动方法等领域取得诸多重要成就。

[⑥] 通用电气公司（General Electric Company，GE），又称奇异公司、通用电力公司，是世界上最大的电器和电子设备制造公司及提供技术和服务业务的跨国公司。

[⑦] 美国无线电公司（Radio Corporation of America，RCA），于1919年由美国联邦政府创建，1985年由通用电气公司并购。历史上曾生产电视机、显像管、录放影机、音响及通信产品，雇用员工约55000人，分布全球45个国家，产品广销一百多个国家。

贝尔电话电报公司①的主要研究所，IBM 的总经理专程陪同代表团历经华盛顿、纽约、波士顿三个城市。他在纽约总公司的招待会上公开说：'我真诚地愿意和中国合作发展计算机事业，对中国而言，我们无法保持什么真正的技术机密，公司的高级技术带头人共有 500 余人，中国人超过半数，他们都是出类拔萃的，哪天中国要他们回家为祖国服务，我们是无法阻挡的。'在这次访问中，我们全面深入地了解到有关高新技术诸如激光、遥测遥控技术、计算机技术、加速器技术等各方面的进展情况。"

了解到被誉为"万能科学家"的钱伟长教授也在代表团成员之列后，赵梓森与尹延勋立即赶往清华大学去拜访钱伟长教授，一来是要确认美国从事光纤通信研究的事实，二来是要了解他们的最新研究进展。据赵梓森回忆："钱伟长和我说，他在美国的一位同学告诉他美国正在秘密地搞，确实是有，但很秘密。而且他们光导纤维通信研究有了突破性的进展，1972 年康宁玻璃工厂生产的石英光导纤维的损耗已降到 4dB/km 以下了。"②

从大气激光通信对光的了解，到查阅了高锟的石英光纤通信论文，再到知晓美国康宁和中国福州物构所正在从事光纤通信研究，加上确切地得知美国光纤通信已取得突破性进展，至此，赵梓森已经意识到：光纤可能会引发一场通信技术

图 3-4 中国科学院院士钱伟长

---

① 贝尔电话电报公司是由当时的美国电话电报公司（AT&T）收购西方电子（Western Electric）公司的研究部门后成立的独立实体公司，主要从事基础研究、系统工程和应用开发三类工作。自成立以来，在晶体管、激光器、通信卫星、移动电话技术等通信项目上取得了多项重要成果，引领着领域的发展方向。

② 赵梓森访谈，2016 年 7 月 13 日，武汉。资料存于采集工程数据库。

领域的革命，光纤通信才是未来通信行业的主流！

不过，拜访钱伟长后继续参会的赵梓森发现，直到会议几近结束，领导与代表们也没有任何针对光纤通信的讨论。赵梓森心急火燎、如坐针毡，他十分清楚，如果不尽快开展相关研究，未来中国的通信行业必然受制于西方发达国家。进一步来说，如果光导纤维的研究不能赢得上级主管部门的关注，那么它的发展也就无从谈起。赵梓森随即以开展光导纤维通信为主题，在大会上作了发言。但言毕讨论期间，赵梓森口中"玻璃丝能通信"的说法却受到了部分领导的否认和抨击。据赵梓森回忆："我把我收集的信息说给他们听，提议我们是不是也可以走玻璃丝的方向，但大家觉得不可思议，玻璃丝怎么能通信呢？北京的一个领导，还当面指责我说：'赵梓森，你不要胡说八道，玻璃丝怎么能通信呢，要花上千万人民币，如果做不成，你负得了责任吗？'在上百人的会议上指着我的鼻子这么批评我，因为他是领导，我也不能反驳他，只能不理他喽。不过，还好也有个别领导替我讲话，说：'让他们去搞吧'"[①]。

武汉528厂的科研规划，原已拟定以一线两波——同轴电缆、载波、微波为重点确定科研项目，但经过赵梓森的争取，邮电部同意528厂在其规划中列入"积极创造条件开展光导纤维的研制工作"的条目。虽然当时只是作为一般课题，但光导纤维这个新词已经被邮电主管部门所了解，甚至在一定程度上影响了赵梓森所在单位528厂未来的走向。

赵梓森通过努力，总算抓住了发展光纤通信研究的第一次机遇。

光纤技术路线提出始末

1973年邮电部恢复后，原划归交通部领导的邮政总局和划归通信兵部领导的电信总局改由邮电部统一领导，全国邮电企事业单位随之展开

[①] 赵梓森访谈，2015年5月13日，武汉。资料存于采集工程数据库。

一系列调整。7月,电信科学研究院改为邮电部邮电科学研究院,开始着手对下属机构进行调整。当时赵梓森所在的武汉528厂也属等待调整之列,但由于528厂职能背景的复杂性,究竟如何调整存在着三种不同意见。第一,528厂最早是一所教学单位,对教学和管理比较熟悉,教师的主体依然存在,恢复学院可以满足国家通信事业发展对通信人才的需要。第二,改建为工厂虽然只有三年多,但设备和生产人员齐备,并已生产了相当数量的合格产品,此外,当时工人的阶级地位较高,因此528厂内部职工对继续办工厂的呼声也较高。第三,在办厂期间承担的3项探索性科研项目已经取得了三项阶段性的成果:①毫米波通信已成功研制出7根螺旋波导管,并通过小衰耗测试设备的模拟实验,证明了其符合理论计算值,具备应用前景;②氦—氖激光系统9.8千米大气传输通信系统试验成功,通信清晰;③新能源研究项目中,研发出了氢—氧燃料电池,电流密度达到$50mA/cm^2$,寿命突破1000小时。因而528厂具备改建科研单位的实力。

赵梓森回忆当时的528厂方向调整时说:"我的观点肯定是办研究院,因为什么呢?办学校,当时'文化大革命'啊,学生们造反,教师被当作反革命分子,什么臭老九,什么修正主义分子。我们教师都给学生整啊,我说我再也不要当教师了,所以我反对继续办学院。当时社会上,工人的社会地位最高,工厂相对是不错的。反正我们知识分子当时都愿意在车间里面干活,都再不要当教师了。但我参加了工厂(劳动)后,我发现,在流水线上拧螺丝钉,焊这个焊那个,天天都是重复性劳动,我不喜欢。我当时还跟指挥长讲,我搞不了重复劳动,我喜欢搞研究。后来做成了大气激光通信之后,我就更希望搞研究院了。当然,办不办研究院也不是我能决定的,当时只是个小人物,也主张不了什么。不过,后来指挥长走了,院长、副院长、党委书记,他们都恢复(职务)了,听了我(关于528厂办什么方向)的讲话,同意我的说法,就是说我们搞研究院,不要去办学院,因为院长他们实际也被整得很厉害,所以他们也明白。工厂的话,我们知识分子当工人也没有什么意思。所以院长党委书记本身也愿意搞研究院,不愿办工厂,也不愿办学院,所以虽然我不能主张,但实际上院长他们和我的观点是一样的"①。

可见，主张办研究院是当时的主要观点。其实自1971年528厂承担大气激光通信等三项科研项目后，就已归口当时的电信科学研究院管理，因此，该院在对下属机构进行调整的同时，对528厂的去向也有所考虑。1973年7月8日，528厂科研科负责人惠哨岗在厂核心小组扩大会议上转达了邮电科学研究院处长崔思九与他通电话的内容：研究院打算把这里(528厂)改办为研究所，到1980年发展到1000人。8月11日，邮电科研座谈会在邮电科学研究院召开，528厂出席会议代表李儒流带回了将528厂改为邮电科学研究院8所的初步方案。这次会议还特别强调，国际通信界新通信方式的迅速发展，使得邮电科研工作的重要性越发凸显，鉴于528厂具备一定的科研实践经历，加上此前528厂的代表赵梓森在邮电科研规划会议上提出了研发光导纤维通信新技术的设想，经过综合考虑后，邮电部最终决定在武汉建立一个邮电科学研究院。

1973年8月17日，邮电部向国务院申报《关于成立武汉邮电科学研究院的请示》，国务院于8月29日正式批准了这份申请报告。国务院当时分管邮电工作的粟裕大将作了如下批示："邮电研究工作确需认真进行，以适应我国社会主义建设的需要，赶上和超过世界先进水平，拟同意该部意见。"10月15日，邮电部发文指定了武汉邮电科学研究院筹备组，研究院进入了紧张的筹备阶段。

1974年2月23日，邮电部正式发文宣布成立武汉邮电科学研究院，该文件指出：研究院"以科学研究为主，实行科研、培训、生产三结合的方针"，其中科研任务主要包括"毫米波通信、光通信、通信电源、特殊元器件、电信传真、强电对通信电路干扰的防护、脉冲编码调制技术及邮政自动化等"。武汉邮电科学研究院据此专门设立了六个研究室，其中光导纤维的研究被设在第二研究室下的一个附属研究组中。赵梓森任该研究室副主任一职。在科研任务的重心上，按照邮电部指示"远近结合，以近为主"的原则，武汉邮电科学研究院领导经过研究确定了三个重点科研项

---

① 赵梓森访谈，2016年7月13日，武汉。资料存于采集工程数据库。

目，分别是：3路载波机、24路编码机、单路传真机。并动员全院的人力物力投入其中。由此可以看出，在武汉邮电科学研究院成立之初，研究项目众多，加之三个重点项目集结了研究院的优势资源，作为远端项目的光导纤维研制，实际上是有名无实的。光导纤维项目之所以不受重视，一方面，由于武汉邮电科学研究院没有熔炼玻璃的基础，光导纤维的研制需要从零开始，难度很大；另一方面，大家虽然不再怀疑光导纤维可以进行通信，但对于光导纤维通信的实用化还未能在认识上彻底接受，认为它的到来还很遥远。

赵梓森自邮电科研规划会议结束以来，一直在调查收集国外光导纤维通信的最新信息。他了解到美国波士顿为了发展可视电话，计划全部采用光缆进行通信。美国AT&T贝尔实验室[1]甚至预言：到了20世纪80年代，光导纤维通信将进入实用化阶段。赵梓森看明白了，一方面是作为光纤通信传输介质的光导纤维已经取得突破；另一方面，国外已经开始对光纤通信的实用化进行布局。这些信息让赵梓森既激动又担忧，激动的是光纤通信的大潮必将引起通信技术领域的重大变革，担忧的是中国的光纤通信还未见风声，武汉邮电科学研究院的光导纤维研制也还没有头绪。赵梓森认为，实际困难是可以克服的，如武汉邮电科学研究院所缺乏的玻璃熔炼技术，完全可以通过参观学习、引进人才等方式加以提升，更关键的还是认识上的问题。赵梓森决心一定要说服上级，重视光纤通信研制所蕴藏的巨大潜力。

1974年5月27日，赵梓森和研究室主任黄子正整理了前期的调查结果，一同向武汉邮电科学研究院筹备组组长施光迪作了关于光导纤维研制调查情况的汇报，以争取院领导对光导纤维项目的重视。赵梓森在汇报中不仅对国外光纤通信的发展现状进行了梳理，还专门介绍了国际上已发展出的各种低损耗光导纤维的类型。口头汇报完后，赵梓森还提交了专门的

---

[1] 即1925年成立的"贝尔电话实验室公司"。它是由当时的美国电话电报公司（AT&T）收购西方电子（Western Electric）公司的研究部门后，成立的独立实体公司。主要从事基础研究、系统工程和应用开发三类工作。自成立以来，在晶体管、激光器、通信卫星、移动电话技术等通信项目上取得了多项重要成果，引领着领域的发展方向。

书面报告"国内外研究光导纤维的动态",核心内容有:"目前世界上已发展出各种低耗损光纤维,包括:玻璃纤维[①]、液芯纤维和塑料纤维[②]。玻璃纤维有石英的,也有多组分玻璃的[③]。何种纤维最有前途?世界上还未有定论。目前较高水平的是:美国的石英纤维最低损耗达 2dB/km,日本的多组分玻璃达 20dB/km,英国液芯纤维达 4—5dB/km。"

听完汇报后,施光迪对赵梓森所做的工作表示了肯定,并提出了四点指导性意见:①搞一个总的方案;②尽快向邮电部写出书面报告;③一定要争取列入国家计划;④在具体做法上,自己搞全套,邮电部牵头组织大协作。施光迪的前三点意见,实际上反映了武汉邮电科学研究院,乃至全国其他的科研单位对于光纤通信研究的普遍态度:通信领域最前沿的光导纤维研究肯定是一个好的方向,但研究的开展面临着人力、物力、财力诸多方面的困难。而施光迪的最后一点——"自己搞全套"的意见,则是十分高瞻远瞩,智慧超群的。他预见到,同时掌握光纤研制、光电器件以及通信系统三个方面的技术,自主构建完整的光纤通信系统,是获得国家支持的关键所在。这几点指导意见对赵梓森的影响很大,尤其是在对光纤通信研究工作的认识上,将目光从光纤扩展到了包括光电端机在内整个光纤通信系统。赵梓森此后能够率领武汉邮电科学研究院在国内激烈的科研竞争中拔得头筹,是和全面系统发展光纤通信的认识分不开的。

但就当时武汉邮电科学研究院的技术条件来看,除了在通信机上有一定基础外,光纤和光电器件基本属于零基础,能够同时掌握这三项技术的可能性微乎其微。所以,即便在邮电部科研规划会议中,光导纤维的研制已被列入了武汉邮电科学研究院的科研计划,但实际上在其整个科研发展布局中,光纤通信还是只能占据一个小角之地。赵梓森也表示:"领导主要

---

① 玻璃纤维可以特指多组分玻璃,也可以泛指包括石英在内的一切玻璃材料。但因石英材料的广泛应用,目前一般对"石英纤维"和"玻璃纤维"单独分类。

② 光导纤维的分类方式有很多种,此处是按照光纤的原材料来分。此外还有按照用途(通信传输光纤、通信特种光纤、非通信光纤)、模式(多模光纤、单模光纤)等进行分类的方式。

③ 多组分玻璃是通过在 SiO_2 中,适当混合超纯的氧化钠(Na_2O)、氧化硼(B_2O_3)、氧化钾(K_2O)等氧化物,使其内部形成密度差异,光线因而得以在光纤内部运动。多组分玻璃较石英玻璃熔点更低,缺点是提纯困难。

负责方向的把关，要考虑可行性的问题，光纤那个时候还很不确定。除了个别领导，如邮电部科技司副司长周华生和时任武汉邮电科学研究院科技处处长惠哨岗表示支持，认为值得一试外，在1978年以前，多数领导对光纤通信还是不太重视的。"①

赵梓森对领导们在方向问题上严格把关十分理解，但通过前期资料的收集，他对光纤通信的发展前景有充分的信心。为了能给领导在光纤通信一端的决策增加砝码，赵梓森很快按照施光迪所提出的四项指导意见逐条落实。对于提出总方案的意见，由于赵梓森当时并不了解国内光纤通信的具体情况，也缺少各种理论方案孰优孰劣的实践经验，便决定先对国内的相关单位进行走访，进一步丰富手头信息。

1974年6—7月，第二研究室光导纤维组成员组成调研小组分南北两路进行深入调研，先后奔赴福州、上海、杭州、西安、北京、天津等地14个单位参观学习。赵梓森带队向南，重点参观了国内最早开展激光通信用光导纤维研制的福州物构所，此外还走访了光学玻璃研制较有经验的上海化工学院②、上海新沪玻璃厂、轻工业部玻璃搪瓷研究所③、上海医用光学仪器厂等单位。在当时，中国的一切技术和成果在全国范围内都是公开和共享的，在参观中，通过广泛与工人、技术人员开展座谈，赵梓森对国内的光导纤维研制状况有了较为深入的认识。

在福州物构所参观期间，赵梓森和同事了解到，该所自1972争取到"723"机项目后，已取得了一定程度的进展。他们确定将多组分玻璃作为光导纤维的研制方案，并已对多组分玻璃纤维的基本理论进行了初步探索，在玻璃原材料的提纯和分析方面也进行了卓有成效的试验。在理论探索方面，他们研究了玻璃原材料中的杂质浓度对传输耗损的影响，取得了可靠的研究数据：当杂质浓度达到10^{-6}时，则损耗为770dB/km；当杂质

---

① 赵梓森访谈，2016年7月13日，武汉。资料存于采集工程数据库。
② 即原华东化工学院，系由1952年院系调整中，交通大学、震旦大学、大同大学、东吴大学、江南大学五所高校的化工系合并而成。1972年8月，中共上海市委决定，学校更名为上海化工学院。1993年2月，经国家教育委员会批准，学校更名为华东理工大学。
③ 现为东华大学玻璃搪瓷研究所。1999年根据国务院对242个中央直属科研院所属地划归要求，并入了东华大学，主体进入材料学院。

浓度达到 10^{-8} 时，则损耗为 7.7dB/km；当杂质浓度达到 10^{-9} 时，则损耗为 0.77dB/km；还计算出纤维的最小容许曲率半径在不均匀介质下为 80 毫米。在对原材料的提纯和分析方面，已使总杂质（主要是铁）降低到 10^{-6} 以下，部分杂质元素降到了 10^{-7} 以下，并用这些提纯的高纯氧化物成功熔炼出了多组分玻璃样品。

"723"机项目除了获得国家重点项目的政策支持，并在理论和实际中取得了一定的成果等优势外，还得到了清华大学绵阳分校和成都电讯工程学院两个高水平科研单位的协助。福州物质结构研究所自行承担光纤研究、光源研究、调制器研究和通信系统总体研究四个方面的工作。数字化通信端机系统是由清华大学绵阳分校和成都电讯工程学院协助完成。

由赵梓森带队的调研小组也还了解到这个项目存在一些问题，在回来写的参观总结中是这样表述的："该所有敢想敢干的革命精神，工作中的干劲很大，积极性很高。但他们目前只有 20 多人参与研究，由于人力少，加上当地的工业基础和协作条件差，对熔炼玻璃工艺、拉丝工艺和测试等都还没有很好地开展开来。"赵梓森对这段参观的印象也很深，他清晰地回忆道："我去那里看到他们拉丝的过程，他们的拉丝机做得不太好，它的温度比较低，而且他们拉丝的时候是直接用手这么摇的，最后是拉出来了几米的玻璃丝。光源他们当时用的是氦—氖激光器，发红光的，后来还研究了钇铝石榴石（以下简称 YAG）固体激光器。但是参观的时候还是通不了的。其实，物质结构研究所，他们搞材料是很拿手的，但是在机械这方面，整体来说水平不是太高"[①]。

客观地说，无论是研究基础，还是研究团队，福州物构所当时在国内光纤通信研究领域里都是最有竞争力的研究单位。不过，从赵梓森及第二研究室的同事们所总结的福州参观见闻来看，当时代表国内光纤研究最高水平的福州物构所，其光纤研制的基础还是很薄弱。这次参观使赵梓森认识到，尽管在光纤所用何种原料国际上还未有定论，但就中国国内的研究基础看，多组分玻璃的路线可能并不现实。

[①] 赵梓森访谈，2016 年 7 月 13 日，武汉。资料存于采集工程数据库。

继福州之后，赵梓森一行又前往上海进行参观。中国科学院上海硅酸盐研究所也是较早开展光导纤维研制工作的单位之一。20世纪70年代初，上海硅酸盐研究所所长严东生[1]和李家治[2]等，根据当时世界科技前沿的发展确定了发展光导纤维的研究方向。1973年通过了研究所内的开题和立项审查后就正式开始了石英光导纤维的研究。1974年年初，用高频等离子沉积装置来制作无水高纯石英玻璃，建立了第一代石英光纤拉丝机以及光纤损耗测试仪。和福州物构所不同，上海硅酸盐研究所因为在材料研究上有基础，所以在研究初期，就确定以石英作为光纤熔炼材料的方案。这一技术路线的选择使得硅酸盐研究所成为日后武汉邮电科学研究院最大的竞争对手。赵梓森在参观中了解到，上海硅酸盐研究所已确立了1974年年底拉制出样品丝的研究目标，并决定分批逐步建成以下三类研究设备：玻璃熔炼、高温高精度拉丝机、全吸收测试仪器。此外，该所还认为，要有远近产品相结合，研究项目才有生命力。因此除了近期的研制生产传光传像用的光导纤维外，还对远期产品有所计划，即拉制出能做激光通信用的光电缆。可以说，上海硅酸盐研究所当时的研究方向是清晰的，研究目标在单维上是纵深的。在参观讨论过程中，对于试图进行光导纤维研制工作的武汉邮电科学研究院，硅酸盐研究所的研究人员提出了他们的看法：由于邮电部门没有熔炼玻璃的基础，一切从零开始，困难比较大。如果从提纯原材料，到光电缆工艺成套的设备都要搞的话，今后要有四五百人才能把这个研究项目攻下来。

光纤研制的主要流程包括五个环节：原材料提纯、熔炼、拉丝、测试、成缆。而武汉邮电科学研究院在这五个部分几乎毫无科研基础，想要完成这些环节的工作，至少需要几百名科研人员进行攻关。上海硅酸盐研

---

[1] 严东生（1918— ），原籍浙江省杭州市。无机材料与材料科学专家，中国无机材料科学技术的奠基人和开拓者之一。1935年进入清华大学，1941年毕业于燕京大学获硕士学位，1949年在美国伊利诺伊大学获博士学位。曾任中国科学院副院长，现任中国科学院特邀顾问、上海硅酸盐研究所研究员、名誉所长。

[2] 李家治（1919— ），生于安徽肥东县。古陶瓷和玻璃材料科学家。上海大同大学化工系毕业。曾任中国科学院上海硅酸盐研究所研究员，现为上海市特种光纤重点实验室学术委员会副主任、中国科技考古学会常务理事、《中国科学技术史》编委、国际陶瓷科学院院士。

究所的建议，同时也反映了他们对武汉邮电科学研究院发展光纤通信的态度，他们认为光纤通信是一个大的系统工程，应根据本单位的研究特长，有针对性地选择光导纤维、光电器件、通信系统中的某一个方面来开展工作。通信系统是武汉邮电科学研究院的专长，应该优先把这作为着力点。不过，赵梓森深谙施光迪院长"自己搞全套"的思想内涵，所以并不完全认同上海硅酸盐研究所的建议。以光纤研制为起点，逐步铺开整个光纤通信系统研究的发展思路，在赵梓森心中从这时就已经十分明确了。

除了专门的研究单位外，上海还分布有多所在玻璃研制方面很有基础的单位。赵梓森对玻璃的生产工艺就是在上海初步了解到的。据赵梓森的调查报告记载："上海新沪玻璃厂，是全国较大的玻璃厂，他们熔炼各种玻璃，规模很大。他们近年研究成功了一种高纯光学玻璃，还使得上海医用光学仪器厂的胃镜得以成功。上海医用光学仪器厂的拉丝工艺较好，邮电部的广西桂林新厂、侯马场和四机部的733厂、天津的医用设备厂均到该厂学习了拉丝工艺。上海化工学院在1970年即掌握了拉丝技术，并建立了管棒法、双坩埚法两套拉丝设备。其硅酸盐材料的理论基础和技术水平也较为良好。当前他们正组成了科研小组与上海新玻璃厂、上海硅酸盐研究所进行会战，研发传导激光用的高纯石英玻璃。"

这些见闻，为赵梓森了解光纤研制的基本工艺，确定光纤研制的材料起到了一定的借鉴作用。结束了上海的参观返回武汉后，赵梓森就迫不及待地根据当初施光迪的建议，结合参观见闻，立刻着手起草研究报告。1974年8月8日，赵梓森以第二研究室的名义向院里提交了题为《关于开展光导纤维研究工作的报告》一文。这份报告不仅针对光纤的研制提出了具体的操作方案，也反映了赵梓森在研究初期对光导纤维研制工作的基本思路。该报告的主要内容是：

（一）在自力更生原则下，建议争取参加国家项目

我们认为从全国一盘棋出发，组织大协作是十分必要的，参加协作的单位可以发挥各其所长，集中优势力量，较容易突破难点。根据现有条件，我们可以承担拉丝工艺和测试等方面的研究任务，对于其

他部分（提炼、分析等）我们仍然积极进行筹备，为以后整个科研项目的全面铺开做好准备。

（二）从实际出发，由易到难开展研究

根据现有人力物力条件，我们准备从拉丝工艺入手，打算在自动控制炉温和拉丝速度方面首先开展研究。

（三）原材料的研究

研制光导纤维，原材料是关键问题。目前我们在这方面条件很差，主要是没有这方面的专业人员。我们打算立即派人去相关单位学习，力争用最快的速度进行筹备。研制哪种光导纤维，还需要进一步调查才能定。从国内外情报看，目前有石英纤维、多组分玻璃纤维和液芯纤维三种研制方案，哪一种纤维最有前途，世界上尚未定论。国内已开展研究的单位，都是根据自己的技术力量和特长选择的。

（四）从实践中培养技术队伍

根据调查，光导纤维的研制工作全部展开需要各种专业技术人员和工人九十多人，我们希望邮电部在今明两年内能配备一部分有关硅酸盐、化学分析等方面专业技术骨干和相关专业的大专毕业生，并通过在实践中学习、小型培训班和去外地单位提高等各种途径，逐步形成技术队伍。

（五）土法上马、土洋结合

根据调查和初步估算，整个项目全部建成需投资约400万元（其中包括2500平方米的基建），除一些高级精密测量仪表和稀有材料需要购置外，其余部分设备需要自制。我们不能等条件，而要主动创造条件。在土洋结合的方法下，设备问题可以逐步解决。

（六）大体规划要求

1974—1976年：①完成拉丝组筹备工作并拉出能传光传像的样品丝（损耗在4000—6000dB/km）；②完成提纯、分析、熔炼组的筹备，能开展工作；③确定纤维方案；④研制人员、筹备人员筹集50%；⑤完成2500平方米的房屋基建任务。

1977—1978年：①整个研究体系基本筹建起来，能开展工作；

②拉丝工艺在自动监控方面有较大进展，能拉出 5 千米长粗细均匀的纤维；③能提纯、分析、测试四种以上杂质元素的含量达 10^{-6}—10^{-7}。

1979—1980 年：集中力量攻原材料关，能拉出 10 千米长损耗为 100dB/km 的纤维，并能进行性能测试。

1981—1985 年：①能拉出 10 千米长损耗为 10dB/km 以下的纤维，并作出光缆；②解决纤维的连接耦合、匹配问题。

（七）光导纤维研究工作的筹备涉及许多方面的问题

我们建议部科技委、院筹备组加强领导，使筹备工作能较快地展开。

武汉邮电科学研究院院史对 1974 年赵梓森提交的这份报告作了如下评价："在看到该项研究困难很大的同时，以充分的理由阐述了用光导纤维进行通信有着十分光明的前景，是今后通信事业的发展方向，为上级机关决心把光导纤维列为重点科研项目提供了决策依据。"

收到研究报告后，施光迪立即组织全院领导进行审议，当日即签发上报邮电部科技委员会，主要内容是：我院筹备组对院第二研究室《关于开展光导纤维研究工作的报告》进行了讨论，认为开展光导纤维的研究工作是符合通信事业发展方向的。但这是一项投资很多，难度很大的综合性的科研课题，我院缺乏有关专业的技术骨干力量，因此在目前的情况下，靠我们自己的力量全面铺开是不可能的。我们认为第二研究室关于争取参加国家项目协作和根据现有条件土法上马从拉丝入手的做法是比较妥当的，请部对报告予以审查批示，并望能尽早帮助解决有关的技术骨干和设备，积极创造条件争取逐步全面展开。

邮电部科技委员会对武汉邮电科学研究院提交的这份报告十分重视，指示武汉邮电科学研究院派人到部面谈。此次入京，事关光导纤维研制项目的存亡。院领导决定指派对邮电部科技工作比较了解的科技处处长惠哨岗前往。惠哨岗是当时武汉邮电科学研究院支持光纤项目为数不多的领导之一，对于一直"高声呼喊"光导纤维的赵梓森十分看重，他认为赵梓森技术和口才俱佳，这次与部领导商谈一定能发挥很大的作用。于是，在他的推荐下，赵梓森遂也一同赴京。在邮电部，赵梓森就光纤实现通信的基本原理向部领导作一番简单的介绍，他从1870年英国皇家科学院科学家廷德尔[①]的著名实验讲起，证明"光"不仅是以直线方式传送，而且是可以以弯曲方式传送的。接着介绍了1966年英籍华人高锟的那篇著名论文，指出以玻璃纤维用于光波导的理论，证明用玻璃制造比头发丝还要纤细的光纤，取代铜线作为远距离信号传输，在理论上的可行性。惠哨岗还从光纤作为通信传输媒介拥有巨大优势的角度进行了阐述。

邮电部领导对二人的汇报满意，也认为光纤通信的确是一个很有潜力的方向。虽然之前因为邮电部相关单位缺乏必要的前提准备，未能在国家项目的争取上发声，但在此次听取了赵梓森和惠哨岗的汇报后，邮电部领导认为，以邮电系统的名义向国家正式提出光纤通信科研项目的时机已经到来。在邮电部科技委恽锦的安排下，惠哨岗得以同国务院科技办公室的潘藤冀取得联系，潘藤冀希望能够先行听取武汉邮电科学研究院的具体汇报。

与在邮电部的汇报不同，潘藤冀在赵梓森完成汇报后进行的提问直指具体的技术方案，即使用何种光纤材料？用什么光源？通信系统又如何设计？这是赵梓森来之前未曾预料到的。从赵梓森提交的报告名称《关于开展光导纤维研究工作的报告》能够看出，这份报告的主要关注点是光纤的研制，而对于光源和通信机则少有涉及。赵梓森之所以关注于光导纤维，除了光纤是实现光纤通信的前提外，还因为1973年的邮电科研规划会议上，武汉邮电科学研究院所确定的是"积极创造条件开展光导纤维的研制工作"而非开展光纤通信研究的计划。因此，在光纤研制的问题还悬而未决时，就被问及整个光纤通信的具体技术方案，赵梓森还是有些吃惊的。不过，上述各个问题，实际上都是赵梓森仔细思考酝酿过的。为了逐一回应，赵梓森先后数次向潘藤冀单独汇报。而正是通过这些汇报，使得光纤

---

① 廷德尔（John Tyndall，1820-1893），生于爱尔兰卡洛郡利林布里奇，19世纪最著名的物理学家。1870年，廷德尔在英国皇家学会（Royal Institution of Great Britain）做了一个实验，他在盛满水的木桶壁上凿了一个小孔，让水从孔内流出，后用光照亮木桶内的水，得到了光线可以沿弯曲水柱传播的现象。

通信的技术路线在赵梓森的脑海里越来越清晰了。

尽管赵梓森在当初提交的《关于开展光导纤维研究工作的报告》中，并没有明确提出使用何种材料制作光纤，但该报告附录——"研究难点"部分，对使用不同材料研制光纤的困难进行了细致的分析，从中可以看出赵梓森对于石英材料的偏向。光导纤维的研究工作大致包括三个方面：新型低损耗材料配方的研究、超纯材料的提纯和分析、材料的熔炼。就材料配方的选择上，多组分玻璃纤维采用的硅酸盐或硼酸盐玻璃，系由多种超纯物质合成，需要对每种氧化物中的多种有害杂质分别进行提纯，工作量是相当大的。其中有的原料很稀少贵重，例如高纯铊，要2万元左右才能提纯出一千克，而且部分原材料还有剧毒和腐蚀性，提纯处理时需要考虑排风和防护。如果采用低损耗纯石英玻璃，则要求对其主要原料，即半导体的中间产物——四氯化硅的纯度再提高几个数量级。在高纯氧化硅的提炼中，还要注意有害气体的污染。低损耗的传输光的玻璃要求极高的纯度，解决超纯材料是研究光导纤维的先决条件。国内研究传光和传像用（如胃镜）纤维的单位，如西安光机所、北京玻璃所等研究了十几年进展缓慢的主要原因，就是原材料纯度没能上去。上海医用光学仪器厂也是在上海新沪玻璃厂等单位的协助下，研制杂质较低的p1型玻璃后才较快过关的。对传激光的低损耗光导纤维更应重视超纯材料的研究。玻璃熔炼方面，对于多组分玻璃，要在坩埚中操作，不能密闭，这就提出了建立超纯实验室的苛刻条件。此外，离子交换处理和纤维折射率分布的控制是需要探索的新工艺，并需要用精密的光学和电子学的监控手段。超纯石英玻璃，熔炼温度在1800℃以上，包括高温坩埚和杂质污染问题亟待解决。

从中可以看出，在上述三项研究工作中，赵梓森最关注的是光纤的提纯问题。从这一角度对光纤材料配方或原材料进行分析，多组分玻璃的提纯的工作量更大，所需的成本也更高。加之通过此前的参观，赵梓森也知晓多组分玻璃的提纯对拥有行业领先水平的福州物构所也是一大难题。可以料想，赵梓森对多组分玻璃这条路线是不看好的。上海的参观访问使赵梓森得知，在硅酸盐材料的理论基础和技术水平方面很有基础的上海化工学院，正与上海新玻璃厂、上海硅酸盐研究所进行会战，研发传导激光用的高纯石英玻璃。虽然当时还未见成果，但不失为多组分玻璃可以替代的一个选择。更重要的是，制作石英的原材料高纯四氯化硅，已见于当时国内的普通化工厂，纯度能够达到 10^{-6} 级，且价格比较低廉，这无疑更符合武汉邮电科学研究院当时一穷二白的研究条件。此外，最先提出光纤可作为通信介质的高锟，在其论文中也阐明了石英作为光纤研制材料的观点。赵梓森对光信通信的认识正是从高锟的这篇论文开始的。所以，综合来看，虽然赵梓森在起草的研究报告中没有确切指明选择何种光纤材料，但不难推断，相较于多组分玻璃，赵梓森对石英有着更大的偏向。

如上文所述，赵梓森因为原先的项目为光导纤维的研制，因而未在书面材料中涉及光纤通信系统中光源和通信机的相关方案。但光纤通信的特殊性主要体现在通信介质——光纤上，而光源和通信机在光通信领域是相通的。赵梓森在 1973 年完成的大气激光通信项目，基本都涉及了整个光通信系统的核心部件，加上他多年来积累的关于通信科学的教学实践和光通信的相关研究经验，他在思想上一直都没有只局限于光纤的研制而不思索光纤通信系统的其他重要部件。

从 1960 年第一个红宝石激光器问世以来，在不到 20 年的时间里，涌现出了数百种各式各样的激光器。按照介质的不同可以将它们分为气体激光器、固体激光器和半导体激光器。主要的气体激光器有氦氖激光器、氩激光器、氪激光器等；固体激光器包括钇铝石榴石激光器、红宝石激光器、塑料激光器等；半导体激光器限于生产工艺，在当时比较单一，主要是砷化镓半导体激光器。尽管式样众多，但并非所有激光器都适合作为光纤通信系统的发光器件。光纤通信对于光源的基本要求主要包括：具有高度的频率稳定性，可在室温下连续工作；体积小，重量轻；光源波长与传输光媒介（光纤）的低损耗区相吻合；调制方便，要有大的带宽和调制速率；具有一定输出光功率；效率高，寿命长等。激光通信少有激光器能完全满足上述要求，但部分满足，且在实践中有一定应用的，主要有氦氖激光器、钇铝石榴石激光器以及半导体激光器。

氦氖激光器是继红宝石激光器出现的第二台激光器，也是第一台气体激光器。其工作气体是由氦气和氖气以一定比例混合而成的。主要的工作波长有 0.63 微米、1.15 微米和 3.39 微米，其中振荡最强，使用最多的是 0.63 微米波长。氦氖激光器的单色性[1]和方向性非常好，光的发散角仅为 1—2 毫弧度，比固体激光器要小。氦氖激光器还具有结构简单、制作容易、价格低廉、寿命较长等优势。

据 1973 年第三期《激光与红外》[2]中的"国外激光器件概况"一文介绍："氦氖激光器在延长寿命方面研究取得重要进展，据说寿命已达 1 万小时以上。贝尔电话实验室的 0.63 微米、1.15 微米和 3.39 微米的辉光放电氦氖激光器输出功率目前已达到 1 瓦。"这种激光器功率小，发热少，不需要额外的冷却设备。由于上述优势，氦氖激光器在通信、测距、测速、测地震等精密测量方面，以及军事雷达和气象雷达领域都有广泛的应用。赵梓森此前完成的大气激光通信项目所用光源就是这种激光器。

不过，若作为光纤通信的发光器件，氦氖激光器也存在着缺陷：首先是它的输出功率很小，且效率较低。它的激励需要数千伏的高压直流供电，但输出功率只有 1 瓦左右，加上高压电源易出故障，它的维护也比较困难。其次，由于气体的激活粒子密度远小于固体，必须要有较大体积的工作物质才能获得足够的功率输出，因此气体激光器的体积一般也比较庞大，长约 20 厘米，远不如仅有几毫米长的半导体激光器，因而不太适合与纤细的光纤进行匹配。最后，也是最关键的问题在于，氦氖激光器的工作波长单一，通常使用的是 0.63 微米的红光，而早期的短波长光纤的最小损失波长为 0.85 微米，在 0.63 微米这段波长处的损失极大。仅凭这一条就足以彻底否决氦氖激光器。但在赵梓森提交最早期的研发光纤的报告时，中国还未见光纤最小损失波长的研究。因此，氦氖激光器工作波长不适合于光纤最小损失波长的结论，当时还没有作为赵梓森决策研发方案的依据。

掺钕钇铝石榴石激光器（以下简称 Nd:YAG 激光器）是以掺有三价钕

---

　　[1]　单色性好，即光的频率宽度窄。普通的白光有七种颜色，其频率范围很宽。频率范围宽的光波在光纤传输会引起很大的噪声，使通信距离很短，通信容量很小。而氦氖激光的频率宽度很窄，颜色非常纯。这种光波在光纤中传输产生的噪声很小，这就可以增加中继距离，扩大通信容量。

　　[2]　《激光与红外》杂志 1971 年创刊，是国内创刊最早的，以光电子领域最新技术进展、成果应用、产业态为主要内容的综合性技术期刊。也是通信部门和单位普遍订阅的技术刊物之一。

离子（Nd³⁺）的钇铝石榴石晶体（Y3Al5O12）作为激活物质的固体激光器。最早由美国贝尔实验室于 1964 年研制成功，是当时发展比较成熟的激光器之一。据 1971 年第四期《激光与红外》上"Nd:YAG 激光器和二次谐波"一文所述："在固体激光物质中，只有以 Nd³⁺ 为激活离子的钇铝石榴石，有可能在室温下进行连续振荡。Nd:YAG 激光器的振荡效率比其他固体激光器高得多，输出功率也高。由于这些优点，因而使用价值很大，作为通信、加工等各方面的光源，甚为人们所注意。" 20 世纪 70 年代初，Nd:YAG 激光器高输出功率和室温条件工作的特性使其具有相当的优势。福州物构所在发现氦氖激光器不能通信后，即开始改用 Nd:YAG 激光器作为光纤的光源。不过 Nd:YAG 激光器的高输出功率是以更高的激励光源功率为代价的。例如，直径 3 毫米、长 30 毫米的 Nd:YAG 晶体棒输出的激光功率为 3.4 瓦时，激励光源的功率就要求不得小于 870 瓦，实际上，它的效率也只有 0.4%。此外，上述"Nd:YAG 激光器和二次谐波"一文，也对 Nd:YAG 激光器进行连续振荡时存在的工作温度问题进行了分析："在进行连续振荡时，激光物质会道接或间接地受到由激励光源产生的辐射热的影响。激光物质的温度上升在两种情况下产生。一是直接的，即工作物质在吸收波长范围内吸收激励光时；二是间接的，即激励光所激发的激活离子由吸收带跃迁至激光跃迁的高能级时。Nd:YAG 晶体的工作物质透过波长范围宽，导热性好，所以工作物质所产生的热量问题不大。然而跃迁所产生的热却不可避免，因此必须要在晶体周围进行水冷，以把晶体温度控制在最小限度。"增加水冷设备后，使得本就不小的 Nd:YAG 激光器的体积显得更加臃肿。此外，Nd:YAG 激光器用于光纤通信还存在诸如激发困难、工作波长单一、调制复杂、价格昂贵等问题。但总的来说，在光通信领域，Nd:YAG 激光器仍是当时国内为数不多的可供使用的稳定光源之一。

　　用半导体材料作激活物质的激光器，称为半导体激光器（LD）。半导体激光器主要有同质结、单异质结、双异质结三种不同类型。同质结激光器和单异质结激光器需在低温环境下运行，而双异质结激光器室温时即可实现连续工作。1962 年，美国通用电气实验室的研究人员成功研制出了世界上第一只半导体激光器——砷化镓同质结激光器。但在研发出来之初，半导体激光器还存在对低温环境和特殊激励条件的依赖和寿命很短等问题。到 1970 年，美国贝尔实验室、日本电气公司[①]和苏联先后突破了半导体激光器在低温或脉冲激励条件下工作的限制，研制成功室温下连续工作的镓铝砷（GaAlAs）双异质结半导体激光器。但由于生产工艺的限制，仅能连续工作数小时。尽管在改进工艺后，室温下连续振荡器件的寿命最长可达几百小时，但实际上，即便是最简易的通信装置，也至少需要发光器件可连续工作一万小时以上才能保证通信。可以看出，在当时，使用寿命过短是限制半导体激光器在光通信领域应用的最严峻的问题之一。必须要说明的是，这是当时的国际水平。而同时期的中国限于国内特殊的政治、经济背景，半导体激光器的研究存在着更大的困难。虽然早在 1962 年世界上第一个半导体激光器研制成功后仅一年，中国科学院长春光学精密机械研究所和中国科学院半导体研究所就同时研制出了中国的第一只砷化镓同质结激光器。不过，此后因为机构人员调整，以及"文化大革命"运动的影响，中国的半导体激光器的研究在 1978 年之前基本处于停滞状态。所以，直到 20 世纪 70 年代，国内可供使用的半导体激光器仍是 60 年代研发的砷化镓同质结激光器。也就是说，当时中国国内的半导体激光器除了使用寿命短外，对低温工作环境的限制还未克服。

尽管存在上述困难，相较于气体和固体激光器，半导体激光器的优势是显而易见的。1973 年第八期《国外信息显示》转载翻译了日本光电器件专家池上彻彦的"半导体激光在光通信中的应用"一文，其中对半导体激光器的几项主要优点作了总结："①体积小，重量轻，一般激光工作元件的尺寸约为几百微米的方形[②]；②防振（震）性强[③]；③工作简单，用两节干电池便足以产生激光振荡；④效率高；⑤可在较宽的范围内选择激光振荡波

---

① 日本电气公司（NEC）成立于 1899 年，是日本第一家与外国资本合资的公司，总部位于东京港区。在换机、半导体、光通信、计算机、移动通信、IT 解决方案等多个领域拥有丰富的业务经验。曾经世界最快的超级计算机"地球模拟器"正是日本电气公司发明的。

② 比较不同的激光媒质（即不同的工作物质）对光所表现出的增益，可推断其体积大小：以掺 Nd^{3+} 的 YAG 激光器为代表的固体激光器是氦氖气体激光器的一百倍左右，而半导体激光器约为固体激光器的一千倍。这个值的倒数大约就是激光装置大小的比值。

③ 半导体激光器没有任何活动部件，因此不会出现方向偏离，并具有一定的抗震性。

长[1]；⑥成本低。"

表 3-1 列举了氦氖激光器、Nd:YAG 激光器、半导体激光器以及发光二极管[2]的主要性能指标。这些激光器是中国 20 世纪 70 年代中期在光通信领域可供选择的几个主要发光器件，基本可以反映赵梓森当时在确定发光设备时所掌握的技术信息。

表 3-1 光通信用光源比较[3]

	Nd:YAG（大功率型）	氦氖激光器	半导体激光器 同质结	半导体激光器 双异质结（国外）	发光二极管
激励方式	外加泵浦光源[4]	直流高压电源	直流电源	直流电源	直流电源
波长（微米）	1.06	0.63/1.15/3.39	0.75—0.92	0.75—0.92	0.75—0.9
发散角	<1°	<1°	10°—20°	10°—20°	40°—120°

---

[1] 能够产生受激辐射的半导体材料有很多。且不少都能在波长 0.32—15.9 微米范围内产生激光。

[2] 发光二极管（Light Emitting Diode，LED）与半导体激光器同属半导体器件，且具有相似的结构。尽管与半导体激光器发射的相干性很好的受激辐射光不同，发光二极管发射的是自发辐射光，即普通荧光，能量汇聚不如前者。但因其小体积、长寿命、低成本、可在室温工作等特性，在短距离、低速率的通信系统中得到了广泛的应用。

[3] 该表引自邮电部武汉邮电科学研究院编写组编写的《激光通信》，该书出版于 1978 年 12 月，笔者按照中国 1975 年左右激光器的发展水平对改变进行了改动。删除了 CO_2 激光器和长波长半导体激光器的条目；增加了氦氖激光器的信息；增加了激光器的尺寸与使用环境信息。此外，根据 2016 年 7 月 29 日对赵梓森的访谈："我在做实验的时候要半导体激光器，我没有激光器，就从中国科学院上海光学精密机械研究所要的激光器，向北京大学物理教授要的激光器，他们的激光器就两个半小时的寿命"。以及 1964 年成立的中国科学院上海光机，其研究人员大部分是由此前研制出半导体同质结激光器的长春光机所、中国科学院电子学研究所抽调这些信息，笔者推测，赵梓森从上海光学精密机械研究所获得的正是半导体同质结激光器。因而将表中半导体同质结光器的使用寿命由数万小时改为数小时。

[4] 在激光器中，外部能量通常会以光或电流的形式输入到产生激光的媒质之中，把处于基态的电子激励到较高的能级高能态，人们用"泵浦"一词形容这一过程，如同把水从低处抽往高处。若采用光的形式激励，则需要外加泵浦光源。通常使用的是高亮度的氙灯或氪灯。但外接光源会增加设备的使用成本。

续表

| | Nd:YAG
（大功率型） | 氦氖激光器 | 半导体激光器 || 发光二极管 |
			同质结	双异质结 （国外）	
调制方式[①]	外调	外调	直接	直接	直接
调制带宽[②]	数千 （Mb/s）	数千 （Mb/s）	数十 （Mb/s）	数百 （Mb/s）	100 （Mb/s）
输出功率	数瓦至数千瓦	≤1瓦	数瓦	≤10毫瓦	1—20毫瓦
寿命	数百小时	数千小时	数小时	数十万小时	百万小时
电力效率	≤1%	≤1%	百分之几	百分之几	百分之几
长度	15—20厘米	15—20厘米	数毫米	1毫米	数毫米
使用环境	室温 （水冷却）	室温	低温	室温	室温

从可用波长、调制方式、电力效率、体积大小这些关键指标上看，半导体激光器更符合光纤通信的要求。但是，由于使用寿命短，需要低温环境这些限制而无法采用。就当时情况来说，比较流行和性能稳定的Nd:YAG激光器是一个可做替代的选项。

在光通信系统中，光源本身发出的只是稳定不变的光束，要实现通信还必须依靠另一个关键器件——通信机。稳定不变的光束通过通信机的调制后，就成了随原信号变化而变化的光束，即光信号。由于激光的特殊性，就通信机制式而言，并不适合使用传统的模拟制式，因而两种尚未实用但十分先进的数字制式受到了当时光通信研究领域的青睐。

---

① 要实现光通信，就需要把随话音变化的电信号加到光上去，使光按话音的变化而变化，这一过程就是光的调制。调制有直接调制和外调制两种方式，直接调制，即电信号直接送入光源，光源就可以发出随信号强弱变化的光信号。另一种相对复杂的方式是外调制，就是把调制元件，如某种晶体，放在光源之外，把电信号加到这种晶体上，光通过晶体后，就随信号的变化而变化，成为载有信息的光信号。

② 调制带宽表示的是单位时间内可通过的数据量，即传输速率。

较早被研究者认识的是脉冲编码调制（PCM）通信机。它的基本过程包括对模拟信号进行抽样，用"有脉冲"和"无脉冲"的不同排列形式量化各个时刻的模拟信号瞬时值，最后编码转成标准的数字信号。赵梓森在其所著的《激光通信》一书中对脉冲编码调制通信机的工作原理作了概括："通信理论指出，要传送一个连续的模拟信号，并不需要把信号波形逐点全部传到对方，只需每隔一定的时间间隔传送一个表示信号幅度的取样值就可以了。只要取样频率 F 比所传送的信号的最高频率 fc 大两倍以上，即 $F \geqslant 2fc$，那么，将这一系列取样值送到对方后，经过低通滤波器，就取得与原来所传送信号完全相同的连续信号。编码就是用一组等幅度、等宽度的脉冲作为'码子'，用'有脉冲'或'无脉冲'的不同排列来代表各个抽样脉冲的幅度，再用一组二进制数表示这一幅值，就实现了模拟信号的数字化。"

在脉冲编码调制系统中，为了得到二进制数字序列，要对量化后的数字信号进行编码，每个抽样量化值用一个码字表示其大小。码长一般为 7 位或 8 位，码长越大，可表示的量化级数越多，但编码、解码设备就越复杂。为了简化模拟信号数字化的方法，1946 年，法国工程师 De Loraine 提出了增量调制（DM 或 ΔM）。1952 年，中国国内出现了对增量调制进行专门讨论的文章。此后，由于在设备简单、容易制造、抗干扰能力强等方面比脉冲编码优越，引起了军事和民用部门对它的关注。增量调制与脉冲编码调制的本质区别在于，前者只用一位二进制码进行编码，这一位码不表示信号抽样值的大小，而是表示抽样时刻信号曲线的变化趋向。这也是增量调制比脉冲编码调制更加简易的原因所在。不过，增量调制简化编码的优势也带了副作用——量化噪音[①]的问题。尤其是对于直流、频率较低或频率很高的信号，量化噪音的影响更加严重，会造成大量信息的丢失。相较之下，脉冲编码调制则不会有这样的问题。由于传输质量高，以及可

[①] 量化噪音，是指增量调制在利用调制曲线和原始信号的差值（或者说增量）进行编码时，存在不可避免的误差，是增量调制系统固有的误差来源。此外，另一种因调制曲线跟不上原始信号变化的现象（即过载）导致的波形失真，也会产生信号误差。这些误差统称为量化噪音。

再生中继[①]等优势，在大容量、长距离光纤传输系统中，脉冲编码调制是更理想的选择。赵梓森在接受大气激光通信项目时就已意识到，脉冲编码调制是光通信更好的调制方式。但正如赵梓森说明的那样，当时国内没有单位能够生产该设备。而增量调制系统因为设备简易，当时已进入研发试用阶段。

通过以上分析，石英光纤、YAG 激光器、增量调制的方案具有一定的合理性，也是较为符合当时研究实际的。不过，赵梓森向国务院科技办所做的数次报告形成的技术方案却是：以石英材料作光纤；以半导体激光器作光源；以脉冲编码调制为通信机制式。

赵梓森为何会选择当时不能实用的半导体激光器和无法生产的脉冲编码系统？若将这一问题换成"赵梓森为什么不选择已经可以实用的 YAG 激光器和增量调制系统？"可能原因在于，从光源上看，氦氖激光器最大的缺点有两个：体积大、波长不适合光纤低损耗窗口。增量调制系统前文已经提及，在当时的技术背景下，不具备鉴别条件。因此，只可能是体积问题。而体积过大主要影响的是与光纤的耦合。在实际通信线路中进行安装不像在实验室中，缓慢地用大体积激光器和纤细的光纤进行微调、耦合。同理，YAG 激光器也因存在体积过大的问题而不能在未来真正实用。从通信机上看，增量调制的问题主要是量化噪音，对于某些特定信号的传输存在较大的损耗。赵梓森去简就繁，唯一的可能就是要保证通信的完备性，即各类信息均可以通过光纤进行传输。赵梓森提出的方案看似"天马行空"，实则"更加实际"。在国内光纤选用何种材料还未确定之时，他就已经开始思考未来的应用问题，譬如未来光纤通信线路建设中激光器能不能方便地与光纤耦合，光纤通信能不能实现多种类信息的传输？这类问题看似处于远端但确是十分实际的问题。因此可以看出，与当时许多研究

[①] 在长距离通信中，会在传输线路上增加中继站对信号进行放大，以克服信号衰减的问题。使用一般的调制方法，信号每通过一次中继站都会混入噪音。并且这些噪音会在经过多次中继后不断积累，导致最终的信号失真。这就使中继站的数量，也就是通信总距离受到了限制。对于脉冲编码调制，在信号经过中继站时，中继站并不是将所接到信号直接放大传入下一站，而是用接收到的信号来重新发射脉冲。因此信号每通过一次中继站便可以完全脱去原先掺杂的噪音，不会产生噪音累积的问题。这就使中继站的数量不受限制，进而实现远距离传输。

者考虑的问题不同的是,赵梓森更看重的是光纤通信的应用实际情况,这种前瞻性的思维应该是他在国内光线研发领域率先取得成功的重要因素之一。

"背靠背"辩论以小搏大

在光纤通信这一未知领域,研究者最需要的就是一个优良的技术方案。技术方案的优良程度关乎研究的成败。国务院科技办紧紧地将关注点聚焦于技术方案,也足见方案的重要性。实际上,这不是科技办第一次接触光纤通信了。早在1972年,科技办就审批通过了福州物构所将光纤通信研究列为国家项目的申请,即"723"机项目。按理说,科技办不会重复受理相同的科研项目,不过,由于"723"机项目确定的结束时间是1977年,如今期限过半,却并未取得大的突破。在国际光纤通信发展迅速的背景下,科技办领导对于福州物构所采用的技术方案有重新审视的倾向。邮电部下属的武汉邮电科学研究院,此时提出要研究光纤通信,恰好为此提供了一个契机。如果武汉邮电科学研究院提出了更有说服力的技术方案,调整立项单位,对于发展中国光纤通信事业的大局是有利的。光纤通信是当时通信领域最热门的研究之一,但当时国内主要的研究单位仅福州物构所一家[1]。即便武汉邮电科学研究院的方案不如福州物构所,也可以借助竞争态势,加快福州物构所的研究进程。

区分两种不同事物孰优孰劣的方法,就是将它们放在一起进行比较。1974年秋,为了从技术方案的角度评判福州物构所和武汉邮电科学研究院的研究潜力,科技办召集福州物构所研究人员赴京,与武汉邮电科学研究院就光纤通信研究的技术方案问题展开辩论。事关国家项目的归属,考虑到可能的竞争氛围,为了避免两个单位因激烈的辩论而伤了和气,科技办

---

[1] 同属中国科学院系统的上海硅酸盐研究所开展光纤通信研究是在福州物构所之后,且前者的多数研究资源是从福州物构所抽取的。

决定使用"背靠背"的辩论形式。顾名思义,"背靠背"辩论是指辩论双方并不同时出现,一方论述完后出场回避,再由另一方入场论述。评审人依次听取二者意见,并代为转达双方的分歧。这次光信通信技术方案"背靠背"辩论的评审人是科技办的黄锦堃和潘藤冀。

在"背靠背"辩论中,福州物构所阐述的技术方案是:以多组分玻璃作光纤、以 YAG 固体激光器作光源、以增量调制为通信机制式。对于这一方案,赵梓森依次进行了反驳。据赵梓森回忆:"我辩论的时候就讲,他用多组分玻璃的优点是 400℃就可以炼玻璃,一般的白金坩埚就可以熔炼。而我的石英是要 1400℃到 2000℃。连高熔点铂制坩埚也会熔化,几乎没有容器能经受住。所以他的(方案)物理容易,我的(方案)物理难。但是他的(方案)难点在于,玻璃的成分很多,每个都要提纯,但提纯很多很困难,也就是他的(方案)化学难,而我的四氯化硅加氧气就变成二氧化硅,就是石英,四氯化硅本身就是做半导体的原料,它已经有 7 个 9 的纯度,我要提纯到 9 个 9,再加两次就可以了,所以我的(方案)化学容易。我的方案是物理难化学容易,他的(方案)是物理容易化学难,而纯度决定光纤通信的透明度,就是(传输)距离的远近,因此化学才是主要矛盾。"[①]

赵梓森看到了光纤的损失取决于材料的化学纯度,尤其是在长距离通信中,降低损耗的增益效果十分明显。相较之下物理工艺则是次要的。结果是,在第一轮辩论中,赵梓森的方案获胜。

就光源的选择上,赵梓森将矛头对准了 Nd:YAG 激光器所需的水冷设备和设备体积。因为 Nd:YAG 激光器的工作效率比较低,而对于大功率激光器而言,低效率是一个十分严重的问题。当 Nd:YAG 棒吸收了大量激励源的光能时,只有一小部分用于激励,其余绝大部分都变成了热,使得 Nd:YAG 棒温度迅速升高。高温不仅会影响光的振荡,甚至破坏晶体本身。为了克服 Nd:YAG 棒的温度升高,必须采取强制水冷措施,但这样整个结构装置就十分复杂庞大,不能方便使用。据赵梓森回忆:"成电[②]选的

---

① 赵梓森访谈,2016 年 7 月 29 日,武汉。资料存于采集工程数据库。

② 成都电讯工程学院是福州物构所的合作单位。

是 YAG 激光器，寿命是 2000 小时，而我的半导体激光器，寿命是 2 小时，当时人家给我的 2 小时，演一演就坏掉了，但 YAG 激光器有什么问题呢？体积很大，还加了很多普通用的光，普通用的电灯泡那种光照进去，也就是普通光变成激光，这样它的温度就很高，要用水冷却，我知道你要浇水的话，就用不了，因为在长途通信线路中继站入孔内是没有水的，我知道他的是搞不成的"[1]。

科技办的评审人认可赵梓森提出的水冷问题分析。不过，福州物构所的研究人员反驳说：即便是国际上，也无法生产通信用的半导体激光器，这一方案不切实际。赵梓森回忆当时自己的回应是："他反驳我是说，你的半导体激光器现在世界上还没有作出来，目前也就 2 小时的寿命，还要低温环境，你搞不成。我说现在是 2 小时，但我先用发光二极管代替，至于半导体激光器的寿命将来会长。而且将来的半导体，一定是不需要制冷器也可以用"[2]。

赵梓森从"不可用水冷却"这一实际使用的角度，说服了评审。结果第二轮辩论，赵梓森的方案再次胜出。

最后是通信机方面，赵梓森回忆："通信机呢，是清华大学帮他们（福州物构所）做，清华大学都是很厉害的人，他们主张增量调制，增量调制呢，就比我的脉冲编码调制容易，你讲话的声音上去，他就加 1，下来就减 1，也是一种数字通信。但是直流（数据）用增量是比较困难的，也不是说不能做，但这个效果不良。电视当中有很多直流增量，所以用增量调制不能通电视。"福州物构所再次从技术条件的角度指出，"1973 年的时候还没有半导体集成块，如果用晶体管做编码调制机，要一个房子，因为一个机架一个机架，要摆好几个机架，才能做的成。"赵梓森则回应："半导体集成块我是做不成，但是我说我有办法，我用脉冲相移[3]暂时代替，脉

---

[1] 赵梓森访谈，2016 年 7 月 29 日，武汉。资料存于采集工程数据库。
[2] 同[1]。
[3] 脉冲相移调制（Pulse Shape Modulation，PSM），脉冲编码制式比脉冲相移制式更抗干扰，通信效果更好。赵梓森此前在大气激光通信研究中也是因为没有设备供应，而采用脉冲相移代替脉冲编码完成通信机建设的。

冲编码调制将来一定是可以（做成）的"[1]。

赵梓森以信号传输的完备性为切入点，在第三轮辩论中又一次赢得了评审的认可。

后来，在《中国光纤光缆30年》一书中，福州物构所对"723"机项目曾提出的方案进行了反思："723"机研制的光纤为多组分玻璃光纤，这是受到历史的限制的。这种光纤因为组分多熔点低，可以降低污染的机会。可是以后的事实证明，多个玻璃材料的提纯存在极大的困难，需要投入大量的材料化学与分析化学的人力物力。另外多组分玻璃材料形成玻璃时，存在的晶界反射与散射成为降低光纤损耗不可逾越的障碍，所以光纤的损耗只达到100dB/km的水平。在国外，也是经过多组分玻璃光纤的挫折[2]之后，才找到采用MCVD工艺路线的单组分高石英光纤的道路的。"当时选择的光源为固体激光器，早期为1.06μm的YAG或YAP固体连续激光器，虽然想到了半导体激光器，但只想到用来提高泵浦的效率和省去水冷却等设施，而没有想到直接用半导体激光器做光源，这是"723"机最大的失误。

"723"机项目中，之所以采用多组分玻璃纤维，一方面是因为多组分玻璃可以做得更粗，相较于头发丝一般的石英纤维，被认为工艺难度更小。另一方面福州物构所对材料的研究比较有基础，多组分物质的提纯和其业务经历较为相关。福州物构所着眼于当下的技术条件和技术优势确定方案，无可厚非。但也正是因为过于关注当下，遮蔽了对光纤通信应用实际的认识。

赵梓森关注通信实践，而不拘泥于当下的技术水平。实际上，辩论中赵梓森口头提出的方案和他计划使用的方案并不一致，例如，他提出半导体激光器，但用的是发光二极管；提出脉冲编码，却用脉冲相移。为何赵梓森不在所提方案中直接使用"石英光纤、发光二极管、脉冲相移"呢？

---

[1] 赵梓森访谈，2016年7月29日，武汉。资料存于采集工程数据库。

[2] 此处所指是当时的英国。英国光纤通信界研发阶段的主流技术方案即多组分玻璃，但因长期没有突破，求助于美国康宁公司及贝尔实验室。最终，后者依靠石英光纤的技术方案，成功研制出低损耗光纤。

赵梓森对此回应："这个做方案啊，跟马上作出来，不是一回事。方案应该要是最准确的，是最好的，从长远来看，将来也是能做到的，要选择这样的方案才对。而不是应付应付。目前可以用东西代替，但方案必须是最好的。所以我当时定方案就是要求最好的技术路线。"① 实际上，赵梓森口中的"最好的方案"可以概括为：能够最大限度符合通信实践要求，且技术上能在未来实现的最优化方案。这一"最好的方案"是赵梓森能够取得"背靠背"辩论全盘胜利的根本原因。

对于如何判断技术能否在未来实现，进一步而言，即为何确信通信用的半导体激光器和使用集成块制作的脉冲编码调制通信机真的能在不远的将来问世？对此赵梓森表示："这需要靠目光，没有目光就不灵了。我呢，学了很多理论，物体的、化学的，这个基础知识是要具备的。必须有基础知识，你才可以看得准。学了很多物理化学的东西，你就知道这个是可能的，另一个是不可能的。你不懂基础知识，你就看不准。目光不是幻想的，是要有基础的。所以我因为学了很多数理化，学得很深入，尤其是我当教师那会儿，通过自学，水平大幅度地提高。所以我的目光才很准。"②

经过三轮辩论，赵梓森的三个子方案均得到了科技办评审的认可。最终科技办正式采纳武汉邮电科学研究院提出的采用石英光纤、半导体激光器和脉冲编码制式通信机的技术方案，并将其列入国家"五五"计划重点赶超科研项目。得知这一消息的邮电部，随后也将光纤研究列入了邮电部十年科研规划中。而福州物构所由于技术方案的偏差，研究进展缓慢，不久"723"机项目被迫下马。"723"机项目的后期也正是"文化大革命"后期，原物质结构研究所的隶属关系也从原四机部回到了中国科学院，原物质结构研究所领导恢复职务后，开始着手组织重新开展物质结构方面的研究工作。而此时，仍有大量的材料化学、分析化学的人力投入在玻璃材料的提纯、分析和合成中。这一矛盾最终导致了"723"机项目在福州物质结构研究所下马。

中国科学院、清华大学和成都电信工程学院皆为中国一流科研单位，

---

① 赵梓森访谈，2016年7月29日，武汉。资料存于采集工程数据库。
② 赵梓森访谈，2016年7月13日，武汉。存地同上。

在光纤通信这一重大项目中，举三家之力，强强联合，竟然花落旁家，被名不见经传的一家三流小部门武汉邮电科学研究院击败，足见路线正确与否的重要性。包括上海硅酸盐研究所，在光纤研究初期也因为技术路线的偏差而走了弯路。1973—1974年用高频等离子沉积装置制作无水高纯石英玻璃，建立了第一代石英光纤拉丝机以及光纤损耗测试仪，限于当时的条件，更由于制作的是石英芯塑料包层结构[①]，光纤的损耗没有获得很大的突破（约150dB/km），带宽也因此受限。

事实证明，赵梓森提出的技术路线至今仍是正确的。这使中国在发展光纤通信技术上少走了不少弯路，从而保持与发达国家只有较小的差距。正如赵梓森所说，有正确的思维方法才能得出正确的技术路线，有正确的技术路线才能获得成功。

---

① 石英光纤，因包层材料的不同，也可分为石英芯塑料包层和石英芯石英包层。赵梓森所提的光纤方案是后者。

第四章
玻璃丝通信终成真

厕所清洗间拉出首根光纤

自武汉邮电科学研究院的光纤研究被列入国家"五五"计划重点赶超科研项目后,邮电部也开始更加重视光纤的研究工作。1975年4月,按照邮电部科学技术委员会的指示,在湖北省科学技术委员会领导下,成立了有武汉邮电科学研究院、武汉大学、沙市石英玻璃厂等单位参加的"研制光导纤维会战小组"。在成立会议上,各单位还商定并草签了一份会战协议。这份协议涉及内容包括:研制损耗达到4—5dB/km、长度大于3千米、信息率达到500Mb/s的光纤及其10年(1975—1985年)规划进度。参加会战的各单位明确的分工是:武汉邮电科学研究院负责光纤的吸收、散射测试和自聚焦纤维中的折射率分布以及纤维脉冲时延特性的测试;武汉大学负责提供材料提纯、净化的方法并承担移植生产,承担原材料及产品化学分析研究和例行分析;沙市石英玻璃厂负责高频等离子体气相沉积熔炼石英拉丝,做成光缆和接头,并负责原材料测试。

从分工可以看出，武汉邮电科学研究院主要负责的是理论验证和性能测试，并不涉及光纤的实际研制工作，这也反映了光纤研究之初，对于武汉邮电科学研究院的研究定位，邮电部乃至武汉邮电科学研究院自身都认为应该是辅助角色。可以说，尽管光纤研究入选国家项目，被列为国家级和邮电部级规划，但武汉邮电科学研究院此时对于光纤研究仍未予以足够的重视。

1975年8月，根据邮电部科学技术委员会（1975）科字49号文《关于编织激光科技十年规划座谈会》的要求，武汉邮电科学研究院组织编写了《武汉邮电科学研究院1976—1985年十年邮电科学技术发展规划（草案）》。规划主要关注两个方面的问题：一是原先设立的科研项目过多，战线过长，不利于集中力量。二是研究院成立之初的重点科研项目，部分已取得长足进展，在新的发展形势下，亟须重新确定重点项目。前一个问题，通过先后将高压防护、邮政自动化、农村通信几个项目下马后，得到了解决。对于确定院重点项目的问题，则是在层层讨论后才最终确定的。

据赵梓森的《我在武汉邮电科学研究院亲身经历的故事》一文中记述："1975年，武邮院党委开会，要我和院总工程师杨恩泽来报告各自的科研主张。作为研究室副主任的我，报告了光纤通信的美好前途，但成熟可能要晚一点；杨恩泽报告了他主张的毫米波通信，说法国已经有试验线路等。梁嘉卉院长问我：光纤通信和数字通信哪个先成熟？我回答：数字通信先成熟，光纤通信需要数字通信的支持。武邮院党委决定是：毫米波和数字通信是重点项目，光纤通信是一般项目。"

赵梓森在访谈中说："因为毫米波的项目做得已经开始有一点成功的经验，它在世界上也已经有点地位了。党委决定用毫米波，毫米波是主要的。光纤通信那是小项目，你搞不搞都可以。我当时在清洗间做实验就是因为，毫米波是重点，它可以得到支持"[①]。

当初的光纤项目是向国家申请才得来的，如今却被邮科院列为本院的一般项目。一次又一次的争取，仍然无法打消大家对光纤通信的怀疑，赵

---

① 赵梓森访谈，2016年7月13日，武汉。资料存于采集工程数据库。

梓森对此难免感到失望。的确，当时武汉邮电科学研究院光纤项目的前景很不乐观，被列为一般项目就意味着可以做也可以不做。即便是做，也一定是缺人、缺物。加之此前由武汉邮电科学研究院牵头的会战小组，因为牵头单位缺乏热情，所谓的会战也近乎名存实亡了。但赵梓森并未灰心丧气，而是反复思考光纤研究面临巨大阻力的原因，这才意识到，仅仅依靠列入规划、提出技术方案是不够的，除非让大家亲眼看见、亲手摸到光纤，否则光纤通信是很难得到认可的。

基于上述考虑，赵梓森决定力排万难，自行研制光纤。

决定自行研制光纤后，一系列困难接踵而至。研制光纤需要开展各种化学实验，后期拉丝还需要大型的机械设备，赵梓森面对的第一个难题就是没有场地。由于资源集中在重点项目上，院里没有额外的实验室可以提供。赵梓森在院里四处找寻，最后发现办公楼一楼厕所旁边一个废弃的清洗间比较宽敞。经向院里申请获得批准，就暂借此地作为光纤研制的"实验室"。

有了"实验室"，仅靠赵梓森一个人也是不行的。但毫米波通信、数字通信两个重点项目正进行的火热，少有人愿意加入冷门的光纤通信。没有团队是赵梓森最担忧的问题。不曾想，一个叫黄定国的同事主动请缨，要参加光纤项目。在武汉邮电学院时期从事化学教学工作的史青，听说需要做化学实验，也加入了赵梓森的队伍。此后包括专司玻璃研制的唐仁杰，陆陆续续有近十个人加入了赵梓森的光纤项目，组成了武汉邮电科学研究院最初的光纤研制队伍。

这个 10 人团队就在清洗间正式开启了光纤研制的征程。实际研究中面临的困难更是超出预料。例如，根据四氯化硅与氧气反应生成二氧化硅和氯气这一基本化学反应式，赵梓森从试管、酒精灯开始做实验，数次失败后发现反应需要极高的温度，并且反应物还不能接触空气和水汽。赵梓森在《我在武汉邮电科学研究院亲身经历的故事》对研究初期的经历有较为细致的描述："为了提供高温和隔绝空气，唐仁杰设计了石墨电炉（可以达到 1000℃），让四氯化硅和氧气经过石墨炉内的一段石英管（可以隔绝空气）进行化学反应。可是什么也没有得到！我们发现四氯化硅和氧气流

第四章　玻璃丝通信终成真　　*143*

速太快，还没有反应就到了出口。于是唐仁杰又制作了 16 段弯曲石英管放入石墨炉内，反应后终于得到了一些白色的粉末，大家很高兴。可是后来一经化学分析，才发现原来是硅胶而不是石英。这样的失败约近百次。"

面对反复的失败，赵梓森想到 1974 年参观走访期间，看到一些单位在石英熔炼上很有经验。为了查明问题原因，赵梓森指派王定国前往上海进行调查。据赵梓森回忆："总是不成功，之后我就说，王定国，你去石英厂调查，到上海最大的石英玻璃厂，还有北京一个石英厂，去调查。一调查才发现，根本不是 1000℃，要 1400℃到 2000℃，温度不够根本做不到。这次调查还发现，原来他们都在用氢氧焰。我们当时太没有经验了，根本不懂，完全是外行"[1]。

这次派遣王定国参观学习所掌握的新技术，对光纤的熔炼起到了很重要的作用。实际上，赵梓森所提到的温度和氢氧焰问题，是一种当时熔炼光纤的最新方法——MCVD[2] 技术，该技术是美国 AT&T 贝尔实验室

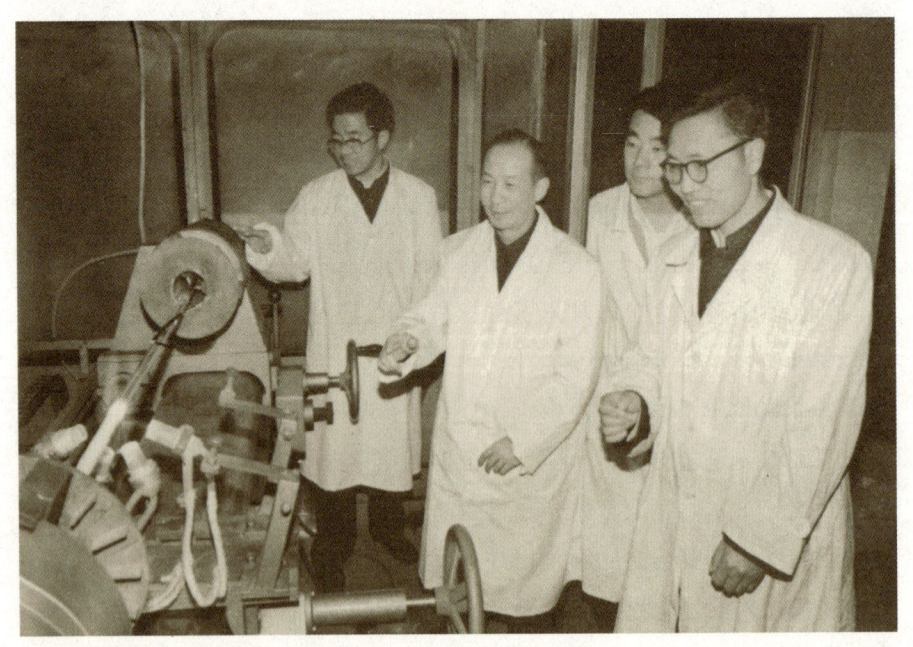

图 4-1　赵梓森与同事在熔炼车床前工作

[1] 赵梓森访谈，2016 年 7 月 13 日，武汉。资料存于采集工程数据库。
[2] 改良的化学气相沉积法（Modified Chemical Vapor Deposition, MCVD）。

的 MacChesney 于 1974 年发明的。据《中国光纤光缆 30 年》中记载:"当时国际上研究低损耗光纤的工艺层出不穷,上海硅酸盐研究所分析确定了美国 AT&T 贝尔实验室的 MCVD 技术最有前途,于 1975 年正式转向 MCVD 技术,并在 1976 年建立了自己的第一代 MCVD 气相沉积系统"。

虽然没有相关史料,但可以推测是上海硅酸盐研究所向武汉邮电科学研究院提供了 MCVD 研究工艺的技术信息。赵梓森在访谈中用通俗的语言解释了 MCVD 工艺的基本流程:"做光纤的第一步,是要先做根棒,有一个棒你才能拉,怎么做呢?要一个石英管,石英管就是普通市场中买的,它做保护用的,是不通光的。(在石英管内)用四氯化硅加氧气(产生氢氧焰),氢氧焰(在管壁)来回移动,就变成一层二氧化硅了,之后(这样重复)一层堆一层,最后堆积成一根棒,(就)是很透明的超纯石英,(而)超纯石英里面通光。另外,跑走的氯气还要环保收集。那么做成的这个棒子太粗了,光(在其中)是不能转弯的,还要加上高温把它拉成细丝,拉成细丝后光就可以沿着它跑了"[①]。

尽管在当时的中国,各单位的技术信息是共享的。但从上海硅酸盐研究所用了近一年时间才建立起稳定的 MCVD 系统这个事实不难看出,技术信息向现实工艺的转化并非易事。对于缺乏资金且设备简陋的武汉邮电科学研究院光纤研制组而言,尤其如此。

为了探索 MCVD 工艺,赵梓森甚至置自己的安危于不顾,每每遇到高风险的化学实验,总是身先士卒。尽管小心谨慎,但在频繁的实验试次下,还是发生了一次非常严重的人身伤害意外事故。据事故发生当天同在实验室的唐仁杰回忆:"光纤最主要的原料是四氯化硅,四氯化硅在常温下是液态的,如果暴露在空气中会自动发出蒸汽,蒸汽遇到水蒸气很快就会分解出有害的氯化氢。他(赵梓森)就说呢,这个危险。当时我们二十来岁,他四十来岁,所以他抢着去干。我是在一楼那里搞氢氧焰,因为我之前烧过这东西,我就做这个活儿。他跟黄定国同志一起在二楼搞化学原料。他们把化学原料准备好之后再拿到一楼来,通到我的管子里面去就可

---

① 赵梓森访谈,2016 年 7 月 13 日,武汉。资料存于采集工程数据库。

以试验。那次是这样的，我这边火已经点上，就等他们的原料拿下来。结果看到他们上面有气体冒出来了，很快，满屋都是雾气，很呛人。我一看烟雾缭绕，知道可能出意外了。但当时还要处理氢气、氧气，走不开。然后就有人下来跟我说，赵院士的眼睛被喷到毒气了"①。

对于自己的这次意外，赵梓森在其《中国光纤通信发展的回顾》一文中也有叙述："某天，我把四氯化硅倒到另一瓶中，由于与同事配合不好，而四氯化硅在室温下会沸腾，四氯化硅喷入了我的右眼，我剧痛，嗓子嘶哑眼睛红肿，产生的氯气还使我晕倒在地。同事用车送（我去）医院抢救，但医生也不知道如何救，此时我已经苏醒，我说：'用蒸馏水冲眼睛，打吊针。'两小时后，身体恢复正常，我立即（又）回实验室继续工作"。

这次意外并不是孤例。由于条件简陋、实验频繁，在光纤研制初期，还发生过氢气爆炸、化学中毒等事故。但赵梓森及其团队硬是凭借对事业的忠诚，克服了重重艰难险阻，不仅在全国率先掌握了 MCVD 的研制工艺，还完成了对块料折射率的测试，并利用自行研制的拉丝设备，最终成功拉制出了中国第一根纯石英光纤。

武汉邮电科学研究院院史对赵梓森率领的光纤研制组研发出我国第一根石英光纤的历程作了详细的记载："我院二室光导纤维课题组的同志，采取土法上马，在既无技术资料，又无实验设备这一艰难的情况下，临时借了一个清洗间作实验室，买来几个电炉和烧瓶，开始研制光导纤维的第一次试验，即进行石英玻璃的熔炼试验。当时担任研究室副主任的赵梓森，深入第一线，带领研制组的人员，把高纯四氯化硅和氧气通到玻璃管内，用土车床带动玻璃管转动，底下用电炉加热进行试验。经过一次又一次的反复摸索和试验，终于发现了沉积以微米计的石英微粒。他们还一鼓作气，提出了自行研制熔炼车床以及整套附属设备的方案，并向西安光机所取回玻璃拉丝机图纸，抽调人员进行拉丝机的改进设计工作，克服了不懂机械设计的困难，自力更生绘制图纸 300 多张，为制造第一台光纤拉丝机作出了贡献。1976 年，光导纤维研制组和金工班工人结合，利用院内一台

---

① 唐仁杰访谈，2016 年 4 月 7 日，武汉。资料存于采集工程数据库。

旧车床和废旧机械零件，组织改制玻璃车床的会战。经过几个月会战终于改制成功一台玻璃车床。在此基础上，在国内第一次选用 MCVD 法进行试验，在实验过程中，克服了管路系统堵塞、石英棒中出现气泡、变形等一系列的'拦路虎'，经过几十次试验，终于能熔炼出沉积厚度为 0.2—0.5 毫米的石英管，并烧成实心棒。还初步研制出寿命为一小时的加热炉，为拉制光纤摸索了基本技术。1977 年年初，研制出我院第一根短波长（0.85 微米）石英光纤（长度 17 米，衰耗 300dB/km），取得了通信用光纤研制史上的重要技术突破。并于 1976 年'十一'前，拉出衰耗为 80dB/km、长度达 400 米的光纤。到年底，拉出的光纤最低衰耗达到 20dB/km，最大长度达到 960 米。"

需要说明的是，虽然上海硅酸盐研究所在 1974 年年初就已研制出损耗为 150dB/km 的光纤，但这根光纤采用的是石英芯塑料包层方案，该方案在此后被证明不适合制作低损耗光纤。而武汉邮电科学研究院从光纤研究之初就采用的是石英芯石英包层研究方案，该方案一直被沿用至今。因此，中国第一根光纤的判断应基于石英芯石英包层的方案之上。赵梓森之所以被誉为"中国光纤之父"，也是业界对他研制出中国第一根石英光纤的认可。

展览会上决定的光纤命运

实际上，支撑赵梓森在光纤项目被武汉邮电科学研究院列为一般项目后仍然坚定地将光纤研究进行下去的动力，除了光纤通信本身的巨大前景外，还包括武汉邮电科学研究院在通信系统上已经积累的技术特长。

在《中国光纤光缆 30 年》一书中，记载了上海硅酸盐研究所在研制成功损耗为 150dB/km 石英芯塑料包层光纤后与武汉邮电科学研究院开展的一次技术合作。"1976 年，上海硅酸盐研究所、上海光学精密机械研究所与武汉邮电科学研究院，联合在武汉进行了用 20 多米长的光纤传送一路黑白电视的演示试验，图像清晰，还传送单路电话，声音很好。其中，石英光纤系由上海硅酸盐研究所提供，通信系统由武汉邮电科学研究院提供。"此次技术合作之所以在上海硅酸盐研究所、上海光学精密机械研究所、武汉邮电科学研究院这三家单位展开，是因为他们当时分别掌握了光纤通信系统中的光纤、激光器、通信机三个重要组成部分。进行光纤通信试验，三者缺一不可。不过，这种"三足鼎立"的局面，在赵梓森研制出石英光纤后即被打破。手握光纤与通信机两项技术的武汉邮电科学研究院，此时的优势最大。

即便在这种情况下，武汉邮电科学研究院对于光纤项目的定位依然没有发生改变。其原因有二，一是院领导对光纤通信仍未完全信任，二是当时的毫米波项目也取得了较大进展。据武汉邮电科学研究院院史记载："在1976年上半年，毫米波项目组就建成了一条50米螺旋波导试验线路，并研制出相应的测试仪器和固态化的毫米波收发信实验装置，以及分路滤波器、镜角波导等部件。螺旋波导试验线路的衰耗为3.5dB/km，在技术上有很大突破，这样的衰耗特性，接近世界水平（在8毫米波段，美日等国的波导管衰耗为3dB/km）。这条试验线路多次进行了两路电视（其中一路是彩色电视）和30路脉冲编码电话信号的试验，图像和波形基本清晰。同时还利用自己试制的速调管毫米波收发信设备作空间传输试验，距离7千米，传送图像和信号基本清晰。"这个时候的损耗为300dB/km只能实现几十米通信的光纤通信，相较于线路损耗达到世界水平并建成了一条长达7千米试验线路的毫米波通信来说，只能算"小巫见大巫"。

赵梓森1973年在邮电科研规划会上力争将光纤研究列入武汉院项目，使得光纤研究进入决策者视野。1974年他所提出的光纤通信技术方案，在"背靠背"辩论中获胜并获批入选国家项目，为光纤通信研究的开展指明了方向。1976年研制出中国第一根石英光纤，用事实证明了光纤通信的可行性。可这三次重大的努力，并未完全改变光纤通信不受重视的整体局面。赵梓森意识到，他还需要一个机会，一个让决策者看到光纤通信的大发展的时机已经成熟。不久，这样的机会真的来了。

"四人帮"垮台后，为了恢复社会经济建设，重树执政形象，提升发展信心，中共中央于 1977 年上半年先后在北京召开全国"工业学大庆"[①]会议和全国"农业学大寨"[②]会议，并要求各单位配合举办相关展览会，展示近年来各领域所取得的成果。

邮电部响应国家号召，组织了"工业学大庆"展览会，要下属部门提供新技术展品。武汉邮电科学研究院的展品中就包括赵梓森研制出的光纤。据赵梓森回忆："邮电学大庆展览会，要把邮电部管的，所有的科研项目拿到北京的友好宫展览馆表演，那么武汉院就拿了两个项目去表演，一个是毫米波，另一个就是玻璃丝通信，当时我们有了十几米的玻璃丝。（上海）硅酸盐研究所也有玻璃丝[③]，因为他们不会做通信系统，我们既会做通信系统，也会做玻璃丝，他们让我帮着一起去表演"[④]。

由于展品数量较多，展览会选出了部分精良展品进行预展览。其余展品待到正式展览再一并展出。1977 年 4 月，邮电部工业学大庆预展览如期举行。赵梓森的用光纤传送黑白电视的演示吸引了众多参观者，其中还

图 4-2　1977 年赵梓森在"工业学大庆"展览会上演示的光纤图片

---

① 1963 年年底，经过三年多的奋战，位于东北松辽盆地的大庆油田完成探明和建设，结束了中国人靠"洋油"过日子的时代。1964 年 2 月 13 日，毛泽东在人民大会堂的春节座谈会上发出号召："要鼓起劲来，所以，要学解放军、学大庆。要学习解放军、学习石油部大庆油田的经验，学习城市、乡村、工厂、学校、机关的好典型。"此后，"工业学大庆"的口号在全国传播。

② 大寨是山西省昔阳县大寨公社的一个大队，原本是一个贫穷的小山村。农业合作化后，社员们开山凿坡，修造梯田，使粮食亩产增长了 7 倍。1964 年 2 月 10 日，《人民日报》刊登了新华社记者的通讯报道《大寨之路》，介绍了他们的先进事迹。并发表社论《用革命精神建设山区的好榜样》，号召全国人民，尤其是农业战线学习大寨人的革命精神。此后，全国农村兴起了"农业学大寨"运动，大寨成为中国农业战线的光辉榜样。"农业学大寨"的口号一直流传到 20 世纪 70 年代末。

③ 即损耗为 150dB/km 的石英芯塑料包层光纤。

④ 赵梓森访谈，2016 年 7 月 13 日，武汉。资料存于采集工程数据库。

包括时任邮电部部长钟夫翔和时任国务院副总理谷牧。自20世纪30年代就开始从事无线电通信工作的钟夫翔，对于玻璃丝能够通信的事也十分怀疑。

据赵梓森回忆："钟夫翔部长看到我的演示后，认为我在搞什么花样，就叫我走开。他要把玻璃丝拿掉，这样就不通，放回去了就通。我说，你拿掉肯定不通，但你放不回去，因为探测器太小了，我没有精密的微调设备，是用橡皮泥加螺丝钉把玻璃丝粘住，对了半个钟头才把它对上，你拿掉的话是对不回去的。但是钟部长，他非要拿掉。我就说你能不能下礼拜再来。他点点头走了"①。

赵梓森在预展览结束后，设计了一个较大面积的光纤信号探测器，这样就能够实现在光纤拔出再放回后，也可以使光纤头快速对准探测器，从而接通电视信号。一周后的正式展览上，钟夫翔如约来到赵梓森的展台前。

据赵梓森回忆："钟部长没有忘记，真的来了。来了之后，他还是叫我走开，拿掉之后，（电视画面）没有了，放回去，（电视画面）有了。他笑笑，点点头。两个礼拜以后，邮电部就来了文，说光纤通信项目是邮电部重点项目，就等于是国家重点项目了"②！

赵梓森为争取中国光纤通信发展所蓄积的力量，借助这次展览会，彻底改变了武汉邮电科学研究院，乃至整个中国通信事业的走向。

武汉邮电科学研究院院长梁嘉卉在收到邮电部将光纤通信列为邮电部重点项目的文件后，十分惊讶：早前光纤通信还只是院一般项目，如今竟一跃成为国家重点项目！梁嘉卉立刻找到赵梓森，询问他进一步的计划。赵梓森回忆："我们院长和我说，赵梓森，你那个项目怎么变成邮电部重点项目了？然后他开始问我这个项目要多少人多少钱。我说呢，所有人都不够。他说，为什么啊，全院人都不够？那时候全院只有一千多人，很小。不像现在，有两万多人。我说，做玻璃丝是要开个工厂，才能作出公里级的玻璃丝，没有工厂是做不了玻璃丝的，你必须要能生产才行。还有做光

---

① 赵梓森访谈，2016年7月13日，武汉。资料存于采集工程数据库。
② 同①。

缆,要有套塑,成揽机器。往前,你还要开个研究所做激光器。现在这个是两小时,是不行的。通信机还要做成数字通信机,现在是模拟通信,要变成数字通信。所以全部都要改,怎么不要很多人呢?他听我讲了,很认可,就把全院所有的项目都下马,全部搞光纤通信了。总工程师也是一个比较好的人,他姓杨,他说,小赵啊,我投降,要参加我的玻璃丝项目。他本来做毫米波是跟我竞争的。1977年是这样,一到1978年,改革开放了,研究速度就大大提高了"[①]。

突破通信光源瓶颈

1978年3月18日,全国科学大会在北京人民大会堂隆重召开,邓小平在会上提出"现代化的关键是科学技术现代化",标志着科学春天的到来。为了充分调动科技工作者的积极性,这次大会专门总结了近年来科技领域所取得的优秀成果,并对评选出的先进集体和个人进行了表彰。武汉邮电科学研究院的"预制棒熔炼课题组"荣获全国科学技术大会先进集体奖,赵梓森、唐仁杰等人作为该课题组代表参加了这次大会。令赵梓森欣喜的不只是先进集体的荣誉,更重要的是这次会议把光纤通信确定为优先发展的新技术之一,列为国家的重点攻关项目。方毅副总理还下达了"1980年突破关键技术、1985年建立试验线路"的要求。国家的大力支持,为中国光纤通信事业的发展提供了强劲的动力。方毅副总理的要求,也敦促着相关单位迅速铺开光纤通信的研究工作。

全国科学大会后,在国家科技部、邮电部的动员和组织下,邮电部、中国科学院、高校以及各地方的有关单位纷纷请战,积极投入到光纤的研制工作。当时参加的单位很多,但好像是一哄而起的群众运动,各搞各的。当时国家科技部已明确光纤通信研究的目标是要自主研制光纤、光

[①] 赵梓森访谈,2016年7月13日,武汉。资料存于采集工程数据库。

缆、光电子器件、光电端机和测试仪表等，并建立起实用化的光纤通信市话中继线路。多个单位进行会战，显然比各个单位各自为战更符合这一要求。因此国家科技部专门成立了光纤通信专业组，委任邮电部科技委主任周华生为组长，综合考虑部门和地区等因素，组织各单位组建光纤通信科研会战小组进行合作研制。其中，邮电部和上海市是两支最有竞争力的会战队伍。

1978年4月23日，邮电部在武汉邮电科学研究院召开了光纤通信技术会战会议（简称"784"会议），邮电部部长钟夫翔，副部长李玉奎均出席了这次会议。"集中力量，统一公关目标，加速光纤通信技术的发展"是这次会议的中心议题。经过赵梓森在内的80多位代表的讨论，最终取得了两项重要成果：第一，明确了光纤通信的攻关部署：即由武汉邮电科学研究院抓总，光纤、光器件、光电端机及光通信系统都进行研究；邮电部502厂、515厂、519厂、五所、九所、传输所、北京市电信局、邮电三公司、北京邮电学院、南京邮电学院、邮电部设计院和武汉大学化学系等单位共同参加大协作大会战。第二，形成了"缩短科研战线，主攻光纤通信"的共识。以往科研战场铺得很广，但各个施力不如集中力量打歼灭战。如此，必须对武汉邮电科学研究院已列入十年规划的科研项目作大幅度的削减，对原有的部门架构作根本性的调整。

"784"会议是我国光纤通信发展史上一次极为关键的会议，集结全武汉邮电科学研究院乃至整个邮电部之力的认识和决心，为此后光纤通信技术的迅速突破起到了十分重要的作用。

按照"784"会议的目标，武汉邮电科学研究院新的科研组织架构和科研项目安排很快就落实到位，具体措施包括：撤销第一、第二研究室，成立邮电部激光通信研究所，撤销大气传输通信研究和毫米波波导通信研究项目；撤销第三、第五研究室，成立自动控制与计算机应用研究室，相应撤销200瓦氢—空气燃料电池和电源变换器技术两个项目，以及电信传真项目；在原第四研究室的基础上，成立邮电部固体器件研究所，相应撤销微波铁氧体及高抗晶体管逻辑电路（HTL集成电路）两个研究项目。项目撤销后的研究人员，全部向光纤通信及其配套设备方面转移，以确保光纤通信技术重点的成龙配套。

赵梓森对武汉邮电科学研究院这次科研项目的大调整记忆犹新："小赵啊，我投降，我投降，我参加你的光纤通信。他这个人非常好，实事求是。他知道毫米波没有前途了。①"

当武汉邮电科学研究院所有科研工作重心转向光纤通信之后，赵梓森被时任院长梁嘉卉直接任命为激光通信研究所（以下称"光所"）副所长兼总工程师。赵梓森此前还只是第二研究室的副主任，如今却跨越多级跃升为整个激光通信研究所的副所长、总工程师。这一结果，一方面是赵梓森的科研实力所致，另一方面，也和武汉邮电科学研究院当时形成的"任人唯贤、大胆启用"的领导风格不无关系。不仅院长梁嘉卉，包括当时的院党委书记蔡昌文在内的院领导层都对赵梓森的"跨越式"任命十分支持。实际上，这一领导风格也被赵梓森所内化、吸收。他在担任副所长和总工程师期间，除了亲自参与研究工作外，还在人员分配、团结力量等方面承担起新角色赋予他的责任。

为了实现光纤通信的实用化，使其能够在较长的距离下实现稳定、高质量的通信，就需要进一步提升光纤通信系统的性能。具体而言，就是要解决光纤、激光器和通信机上的各类技术难关。武汉邮电科学研究院的科研队伍在赵梓森的率领下，迎难而上，各个击破，一步步取得了丰硕的成果。

就光纤来说，最大的困难还是如何降低损耗的问题。光纤传光时最主要的损耗来源是材料吸收。光纤中含有的金属离子，如 Fe^{2+}、Cu^{2+}、Cr^{3+}、Co^{2+}、Ni^{2+}、Mn^{2+} 等和水分中的 OH^- 会吸收光能，并将其转化为热能散失掉。解决该问题的方法是对制造光纤的原材料进行严格的化学提纯，使得金属离子和氢氧根离子的杂质总量在 10^{-9} 以下。在光纤研发阶段使用的原料，基本是由化学试剂厂提供。试剂厂提供的原料存在不同的规格。按照工业和技术应用领域的分类，纯度由低到高可分为：工业纯、化学纯、分析纯、光谱纯、超高纯五种规格。但是，当时化学试剂厂所能提供的最

---

① 赵梓森访谈，2016 年 7 月 29 日，武汉。资料存于采集工程数据库。

高纯材料，也只有光谱纯级别，杂质含量在 10^{-7} 左右。要想得到杂质低于 10^{-9} 点超高纯的材料，除了自行提纯别无他法。四氯化硅是制作光纤的主要原料，它的沸点（57.6℃）和杂质金属离子比相差很大，因此业界通常采用精馏法去除高沸点的杂质离子。然而，四氯化硅中还含有很多沸点与之相近的杂质离子和化合物，用精馏法是难以分离的。这也是化学试剂厂无法提供更高纯度原料的原因所在。为了寻找能够进一步提纯的方法，赵梓森走访了包括武汉大学化学系在内的多所研究单位。据赵梓森回忆："后来我去武大调查，武大化学系的教授告诉我除了蒸馏法，还有一种吸附法，可能可以做成。但他们也不敢承担，说他们也做不了那种纯度。我们就自己去找，主要的问题是用什么吸附剂，还有具体怎么吸走这些有机物质的。后来我们反复摸索，找到了方法，去除了有机物，材料的纯度达到了9个9（10^{-9}）。[①]"

除了光纤本身的杂质含量外，光的波长也会影响传输的损耗。不同波长的光对于同一光纤损耗的影响是不同的。早期制作的光纤，含杂质较多，损失较大，光纤在波长 0.85 微米处损失最小，约 4dB/km。但当杂质含量降低，光纤的损耗率大大下降之后，在理论上，波长 1.31 微米和 1.55 微米处的损失分别可低至 0.32dB/km 和 0.2dB/km。前者称为短波长窗口，后者称为长波长窗口。长波长窗口的光纤具有衰耗低、色散小的特点，这意味着它可以在较长中继间隔和较高比特率下工作，同时也能够降低线路的成本。不过，这是以低损耗光纤为前提的。

赵梓森决定开始研制长波长光纤是始于他第一次出国的见闻。

自改革开放以来，中国为了加强和国际科技界的联系，提升国内的科技水平，派遣研究人员出国进行短期学术交流或留学深造成为常态。赵梓森通过新研发出的提纯技术，使得光纤的纯度达到 10^{-9} 后，恰好获得了一个国外交流的机会。正是这次出行让赵梓森认识到了长波长通信的优势。

1978 年 9 月，赵梓森作为中国邮电代表团团员，参加了在意大利热那

[①] 赵梓森访谈，2016 年 7 月 29 日，武汉。资料存于采集工程数据库。

亚[①]举行的第四届欧洲光通信会议[②]，并参观了当届的展览会。欧洲光纤通信会议于每年 9 月在欧洲的不同城市举办，它是欧洲最大的光学技术交流会议，不仅在欧洲地区光通信行业拥有绝对的影响力，在世界范围内也享有盛誉，是一个业内顶级专家群英荟萃、检验评估光纤通信这门年轻技术的前沿成果，并探讨预测其未来发展趋势的重要舞台。自 1974 年第一届研讨会举办以来的短短几年间，以此会议的交流报告为基础就发表了大量关于光电通信产业的重量级研究论文，致使该会议一时间成为光电通信行业的"晴雨表"。与会议相得益彰的还有同时举办的光纤通信展览会，它所提供的平台，将光通信及其周边产品，举凡光纤、光缆、无源器件、有源器件、数据通信设备、测试仪器仪表、光纤生产设备、光网络及系统、光学薄膜、网关及路由设备、光源等，悉数网罗，参展者得以率先目睹最新的光通信产品，为科研单位的研发和生产单位的决策提供指导，因此欧洲光纤通信会议受到业界高度重视。

第一次走出国门，目睹世界高水平的光通信技术的赵梓森，十分欣喜。一方面，在光纤通信会议上，听了美国贝尔实验室、英国标准电信实验室等高水平单位的研究报告后，赵梓森不仅了解了世界光纤通信发展的现状，还认识到中国的光纤通信在国际上并不算落后，甚至是有一定竞争力的；另一方面，在展览会上赵梓森还看到了包括长波长光纤、长波长半导体激光器在内的诸多光纤通信领域的众多新技术、新产品，这为他进行国内光纤通信实用化的工作提供了思路。

值得一提的是，此届展览会的主席正是光纤通信的提出者高锟。赵梓森对在意大利与高锟的第一次会面印象十分深刻："在报告会上，我看见台上一个黑头发黄皮肤的人，我知道（在这样重要的）光纤通信的会议上，他就是高锟，他是那届大会的主席。中间有休息，我就专门找到他，我用英语问他你是不是发明光纤的 Charles K. Kao，他看到我是中国人，就

[①] 热那亚（Genoa），位于意大利西北部，是意大利最大的港口和重要的工业中心。曾被选为"欧洲文化首都"。

[②] European Conference on Optical Communication，简称 ECOC。1975 年第一届会议在英国伦敦举行。该会议的一大特色在于，会后还会就各类新近的光信通信技术产品，以展览会的形式集中展示。

说他会中国话，他就跟我讲中文。我们互相聊，然后知道他也是上海人，我也是上海人，大家童年的时候也都在上海。他就比我小两岁。他 1945 年的时候到香港，那时候还在念高中，刚好是日本投降的那一年，因为香港当时是属于英国的，后来他高中毕业就去英国留学了。他告诉我这个，我们大家都很谈得来。有一个事情就不太好了，他说你们共产党有没有私营啊？我说我们没有私营，全是国营的。他说，那你们全是国营就没有竞争啊。我说，我们没有竞争，我们不需要，我们听从上面安排，叫我们做什么就做什么。他说，没有竞争就没有进步。他就讲这个，我说不行，你这个说法不对。我说我们中国有进步，我们是全心全意为人民服务，就跟他争起来了。其实他是对的，因为我们后来市场经济有竞争，有竞争就有进步，一进步我们中国就发大财了，吃大锅饭就没进步，一点都搞不起来。①"

20 世纪 80 年代，时任美国 ITT 国际电报电话公司首席科学家的高锟，还专程率代表团来武汉邮电科学研究院参观交流。参观期间高锟表示："中

图 4-3　1995 年"世界光纤之父"高锟（左）向赵梓森颁发纪念品

---

① 赵梓森访谈，2016 年 7 月 29 日，武汉。资料存于采集工程数据库。

国的光纤技术有如此水平,我十分惊讶,中国的光纤通信有一个良好的开端。"其后,赵梓森在国外和香港许多国际会议上遇到高锟博士,特别是在香港遇到他多次。因为他在一段时期任香港中文大学校长。

结束意大利的会议回国后,赵梓森率领科研团队迅速投入长波长光纤的研究中。经过理论分析和不断的探索试制,于1979年10月,在中国首先打开了长波长"低损耗窗口"研制局面,使长波长光纤的损耗降低至1dB/km以下。1980年4月,经过改进工艺进一步降低损耗,使长波长光纤最低损耗值在1.3微米处达到0.48dB/km,在1.55微米处达到0.29dB/km。各项技术指标均符合国际电报电话咨询委员会(CCITT)[①]有关技术要求,是当时国内的最好水平,也是自成功研制出中国第一根石英光纤以来,武汉邮电科学研究院光纤研制史上的又一次重大技术突破。

在长波长光纤研制成功后,长波长激光器的研发工作便被正式提上议程。激光器的研发,是当时武汉邮电科学研究院科研乃至全国光通信领域最难攻克的技术难关之一,国际上也在近几年才取得了突破。但激光器并不是赵梓森本人所擅长的领域,无法提供具体的指导,因此,技术合作被确定为解决激光器研发问题的优先方案。不过,自赵梓森在欧洲光纤通信展览会上了解到长波长半导体激光器已经研制成功后,就打算派遣武汉邮电科学研究院技术人员前往其发明者谢肇金[②]研究员所在的美国林肯实验室进行参观。随后赵梓森了解到,谢肇金依托其技术发明,在波士顿创办了自己的激光电子公司。这样一来,与谢肇金直接开展技术合作就更是不

---

① 国际电报电话咨询委员会简称CCITT,它是国际电信联盟(ITU)的前身。其主要职责是研究电信行业的新技术、新业务和资费等问题,并通过提出具体的技术参数的方法,使得全世界的电信达到标准化的目标。

② 谢肇金(1940-)祖籍四川安岳县。著名光纤通信专家。1961年毕业于中国台湾成功大学机电系,大学毕业后赴美国留学深造,就读于弗吉尼亚大学,1963年获硕士学位后,在Westinghouse公司工作两年后,到加州大学伯克利分校攻读博士学位,1971年获博士学位。后进入麻省理工学院林肯试验室,1975年在该实验室发明长波长半导体激光器。1980年在波士顿创办了美国激光电子公司(Lasertron Inc),并担任董事长和总裁,该公司是为光纤通信的应用、专营长波长激光传输器和接收器的开发、制造和销售而成立的。1995年在公司处于鼎盛时期时被Oak Industry Inc收购,被任命为Oak公司中国区董事长。2000年,美国Coring公司又收购了Oak Industry Inc,现为Coring公司顾问。因其有40多年半导体雷射工业经验,以及在光纤通信、发展及商业化长波长雷射方面的贡献,获选2015年美国国家工程院院士。

第四章 玻璃丝通信终成真

二之选了。不过，由于光纤通信属高新技术，当时的巴黎统筹委员会[①]对中国实行"技术壁垒"，因此难以直接与谢肇金进行联络，商谈合作事宜。同为美国光通信华裔科学家的田炳耕[②]了解到这一情况后，主动出面牵线搭桥，帮助武汉邮电科学研究院转达了希望引进长波长半导体激光器的技术，并同谢肇金合资办厂的意向，谢肇金得知后欣然应允。

1979年9月30日，美国科学院院士、工程科学院院士、贝尔实验室光电部主任田炳耕博士，美国林肯实验室研究员谢肇金博士，受邀来华讲学。副总理方毅和邮电部副部长侯德原接见了这两位华裔科学家。这是田炳耕自1974年来华参加新中国成立25周年庆祝大会后第二次回国。此次行程的主要目的除了进行学术交流外，更重要的帮助武汉邮电科学研究院与谢肇金顺利会面。因为美国对高新出口的技术管制，重要激光器件的创始人只身回国，难免会引发不必要的麻烦。实际上，田炳耕的这番考虑确实是不无道理的。原来，电子工业部的一个研究员在《光明日报》上发文时，不慎提及了武汉邮电科学研究院邀请谢肇金来华商讨引进激光器技术的事宜，消息一出，立即引起了美国联邦调查局（FBI）的注意，随即对谢肇金进行立案调查。当时国际上对中国的技术垄断可见一斑。

此次谢肇金来华，受到了国家相关部门尤其是邮电部门的高度重视。武汉邮电科学研究院院长梁嘉卉、光所副所长赵梓森等人专程赴京和邮电部有关领导一起就长波长半导体激光器技术的引进问题与谢肇金进行了深入的商谈。就合资所办工厂地点的选取上，双方存在一些争议。因为谢肇

---

① 巴黎统筹委员会简称"巴统"，正式名称为输出管制统筹委员会（Coordinating Committee for Multilateral Export Controls, CoCom）。是第二次世界大战结束后的冷战时期，西方发达国家建立的一个针对社会主义国家实行禁运和贸易限制的、不公开对外的、没有条约的非正式国际组织。巴黎统筹委员会于1994年3月31日宣布解散。

② 田炳耕（1919- ），浙江上虞人。电机工程专家。1934年就读于上海中法工业专科学校，1937年考入中央大学工学院电机工程系，1941年在交通大学毕业。1947年赴美国斯坦福大学，获博士学位。在斯坦福大学期间发明微波放大的新器件——空间电荷波放大器。之后在美国贝尔实验室开展了更广泛的研究工作，发表了多篇研究论文，并取得多项专利，涉及微波理论和技术、材料科学、电波传播、噪声理论、铁磁体、超导体、声电效应、雷射物理、集成光学、高速电子学等领域，成就卓著。1975年当选为美国国家工程院院士，1978年当选为美国国家科学院院士、中国台湾中央研究院院士。

金是技术的提供方，出于对知识产权的保护，他认为合资公司应该开在美国，而武汉邮电科学研究院力争在中国办厂。相持之下，最后双方达成协议：武汉邮电科学研究院决定与谢肇金在长波长激光器方面采取合资经营的方式，并分别在中国和美国开设一家公司，其中美国公司，谢肇金占51%的股份，武汉邮电科学研究院占49%；中国的公司，武汉邮电科学研究院占51%的股份，谢肇金占49%。

谢肇金与中国进行技术合作过程中表现出的过分谨慎，可能会让人觉得他对祖国的情感不够真挚。不过事实上，他本人因此受到了美国联邦调查局长达一年半的调查，但始终没有放弃向中国引进长波长激光器技术，坚持与中国合资办厂。他的夫人林小曼[①]女士，更是为支持他与中国的合作作出了巨大贡献。据中国光纤在线网2012年12月27日刊登的一篇题为《在光迅WTD开始融合之际回顾往事》中叙述："林小曼女士，为支持谢先生在中国的事业，不惜牺牲自己的事业，以一个东方女性特有的智慧和魅力，始终居于幕后默默地给予支持。她曾一度像吉卜赛人一样，奔波于地球的东西半球；她曾为WTD当过翻译、为WTD的赴美培训人员做过饭、为WTD的赴美专家当过接待员；她的家甚至当过招待所；林小曼女士生前曾多次深情地流露，能够帮助她所热爱的祖国，看到她的祖国一天天发展壮大，是她最大的心愿。"

谢肇金和林小曼对中国光纤通信事业的帮助是不容置疑的。同时，谢肇金即便在民族情感面前，仍然坚守知识产权的意识，也是十分令人尊敬的。正如高锟和赵梓森在欧洲光纤通信会议上的交流所言，没有竞争就没有进步。而要保证竞争向良性的方向发展，对知识产权的严格保护是重中之重。

1980年4月17日，在美国，武汉邮电科学研究院以"武汉光纤通信技术公司"的名义与谢肇金合资经营的美国"激光电子有限公司"正式成立。1981年4月，在中国，中美合资经营的中国"长江激光电子有限公

---

① 林小曼（1940-2005），浙江瑞安人。1963年以国立政治大学西语系第一名的成绩毕业，并留校任教。后留美深造。先后获得洛杉矶加州大学语言硕士及东法语文博士学位。毕业后在波士顿大学执教14年，对该校中文教学体系的建立作出了巨大贡献。1967年与谢肇金博士结婚，在谢肇金的事业发展中给予了极大的支持。她还热心公益，关注华人社区福祉，曾捐巨款协助完成圣地亚哥中华历史博物馆扩建工程。2005年10月21日在中国江苏省苏州市遭遇车祸，不幸遇难。

司"①宣告正式成立，开始对外进行业务活动。该公司也是中国第一家申报、第二家批准的专门从事长波长光电器件的中外合资企业。武汉邮电科学研究院院史对其作了如下评价：长江激光电子有限公司，是我院较早利用开放条件，通过合资经营的方式，引进、消化、吸收长波长激光器件的制造工艺和技术的成功之举；以后的实践证明，这种在中美两国分别建立合营公司的方式是我院领导在邮电部领导下，作出的一项开创性的并富有远见的重大决策，不仅为我院光纤通信系统的研究和开发提供了高质量长寿命的长波长激光器件，为光纤通信技术不断提高和发展作出了贡献，同时也取得了较好的社会效益和经济效益。

长江激光电子有限公司成立后，对人才的需求就显得十分迫切。而人员的调派和任命也是总工程师赵梓森的重要职责之一。赵梓森"任人唯贤"选拔人才的风格与梁嘉卉院长相比"有过之而无不及"，而正是在赵梓森的提拔下，一个名为李同宁的女性，成为中国第一个长波长半导体激光器的发明人。

李同宁是1977年恢复高考后的第一届高考生，1981年从华中工学院光学系毕业，之后被分配到武汉邮电科学研究院培训部工作。在毕业前，她还顺利通过了研究生考试，不过，她的导师劝她改行，因为"激光行业里没有女人"。最初，李同宁在武汉邮电科学研究院也的确是在从事员工培训之类的工作，而并非科研工作。一次偶然的机会，"基本功扎实，工作热情高，头脑灵活"等优点被赵梓森发现，赵梓森认为她具有很大的科研潜力，应该悉心培养，遂调她到刚成立不久的长江激光电子有限公司从事激光器的研制工作，短短数月研制工作就很有起色。随后，赵梓森又任命她为技术负责人，全权负责激光器的设计研发。当时，与谢肇金合资的中国公司还无法生产出合格的长波长激光器，而美国公司的产品合格率很高，所以谢肇金专门来华进行讲座，提供技术指导，并希望中国公司按照他提供的样品进行生产即可。但李同宁坚持武汉邮电科学研究院必须要有自己的科研自主权，独立开发自己的器件。这一态度得到了赵梓森的支持。此后，李同宁对激光器的研发进行了艰难的探索，经过努力，终于在1981年9月取得突破，研制出

---

① 1982年，长江激光电子有限公司更名为武汉电信器件有限公司（WTD）。

了长波长激光器,这是中国第一个通信用的长波长半导体激光器。1983年,武汉邮电科学研究院的长波长半导体激光器在评比鉴定会上获得第一名。此外,长波长激光器组件还成功应用于中国1984年发射的第一颗通信卫星上。

值得一提的是,促成李同宁成功研发出半导体激光器,其外部因素除了包括与谢肇金的合作外,也与另一位华裔科学家李天培[①]的帮助有关。作为美国激光器领域的领头人,李天培以专题讲座和参观指点的形式,为解决激光器研发期间的技术瓶颈作出了重要贡献。我国光纤事业的发展不仅是以赵梓森为代表的众多国内科研人员奋斗的结果,也与爱国华人对祖国科技事业的奉献有关。

一些华裔科学家给予中国光纤研制很大帮助的往事对赵梓森而言也是历历在目。早在1979年田炳耕陪同谢肇金来华时,邮电部领导就曾向田炳耕提议,派遣赵梓森去美国留学,进一步深造。田炳耕亲自找到了赵梓

图4-4　2010年赵梓森(左二)与李天培(左三)等人合影留念

---

① 李天培,光电器件领域专家。国际电气与电子工程师学会会士、美国光学学会会士、美国华人光电学会会士。1963年毕业于斯坦福大学,获博士学位。后在美国AT&T贝尔实验室工作,并于1984年至1987年任贝尔通信研究中心光电技术部门首席科学家。工作期间,在微波半导体仪器、半导体激光器、发光二极管、光探测器、半导体放大器、垂直腔表面发射激光器等领域取得了卓越的学术成就。

森,告诉他切不可出国留学。据赵梓森回忆:"当时玻璃丝已经做成了,邮电部觉得我很了不起。但他们也考虑到我只是大学毕业学历,没有读研究生也没有出国留学。当时邮电部科技司司长就说:'派赵梓森到美国留学。'后来,美国科学院院士田炳耕,就过来和我谈话。他说:'赵梓森,你不能到美国去留学,你已经是中国光纤的创始人了,你的身份应该是很高的,怎么可以说要到美国去学习呢?你应该是参观才对!'"①

赵梓森一直将中国光纤事业取得的成就看作集体的功劳,从未意识到自己有何特殊,但听了田炳耕的一席话,不禁为他的民族气节所打动。是的,作为中国光纤通信领域的代表,确确实实担负着祖国的尊严和荣誉。所以,当邮电部领导正式向赵梓森提出留学事宜时,他表达了个中缘由,婉拒了留学深造,并得到了邮电部领导的理解和认可。

1980年前后,在田炳耕的安排下,赵梓森顺利前往美国,对光纤通信顶尖科研单位AT&T贝尔实验室进行参观。在贝尔实验室,接待赵梓森的厉鼎毅②博士,又是一位华人,并且他正是美国光纤通信的创始人之一,是光线研制总体研究方案的设计者,这让身为中国光纤通信方案设计人的赵梓森感到十分亲切。早先得知来访消息的厉鼎毅,见到自己的同胞也十分热情。在几天的参观中,厉鼎毅全程陪同赵梓森参观了实验室设施,并详细介绍了美国光纤通信系统的研究进展。赵梓森这才意识到,原来美国采用的技术方案和自己的方案是完全一致的!自华裔高锟率先提出光纤通信以来,美国贝尔实验室借助厉鼎毅的设计,首次实现了光纤通信的实用化。而中

---

① 赵梓森访谈,2015年12月2日,武汉。资料存于采集工程数据库。

② 厉鼎毅(1931–2012),美籍华人,美国著名光纤通信专家。1953年毕业于南非威特沃特斯兰德大学,1958年在美国西北大学获博士学位。1957年加入AT&T贝尔实验室,曾任贝尔实验室光纤通信部主任,通信基础结构实验室主任。是美国光学学会会员,美国电子电气工程师学会会员,美国先进科学协会会员,中美光学学会会员,国际工程师协会会员。还是美国国家工程院院士,中国台湾中央研究院院士,中国工程院外籍院士,并于1995年就任美国光学学会主席。由于突出的研究成果,获得了IEEE 1975年W. R. G. Baker奖,IEEE 1979年David Sarnoff奖,OSA/IEEE 1995年John Tyndall奖,OSA 1997年Frederic Ives勋章/Jarus Quinn贡献奖,1997年AT&T科技勋章,IEEE 2004年Photonics奖,1978年美国华裔工程师学会杰出贡献奖,1983年、1998年中美光学学会杰出贡献奖等众多奖项。厉鼎毅对中国光通信的发展非常关注,是国内多所知名大学的名誉教授,曾多次来中国讲学,并多次介绍高水平的外国科学家来中国讲学,为中国光通信产业的发展作出了不可磨灭的贡献。

图 4-5　20 世纪 80 年代赵梓森在贝尔实验室与厉鼎毅合影

国的赵梓森，更是在国内一穷二白的艰难科研条件下，研制出了实用化的通信用光纤，设计出了至今仍被业界广泛采用的技术方案。从这个层面上可以说，光纤通信的理论创立和技术发展是一门真正属于华人的科学荣耀。

在美国参观的这段经历中，还有件极巧合的事让赵梓森记忆犹新。据赵梓森回忆："厉鼎毅对我招待很好，不仅陪我参观，晚上还让我到他家里住，住在别人家里是很不容易的。而很有意思的是，我到了他家，看到厉鼎毅的太太，他的太太姓吴，叫吴修惠。我一看，啊呀，她像极了吴国桢。吴国桢是以前的上海市市长。我后来一问，吴国桢果然是她的父亲，她跟她父亲的样子一模一样。我为什么对吴国桢记得很清楚呢，因为我读书时做模型飞机在上海市的一个展览上得了个第六名，上海市市长亲自给我们发奖。吴国桢一看到这个模型飞机比这个小孩还大，他还问我这个飞机是我做的吗？这个印象很深。我们大家都感慨世间还有这么机缘巧合的事。[1]"时隔多年，每每谈及这些华裔同胞，仍然让赵梓森激动不已。

---

[1] 赵梓森访谈，2015 年 12 月 2 日，武汉。资料存于采集工程数据库。

第一条实用化光纤之争

在赵梓森的带领和全院研发人员的共同努力下，武汉邮电科学研究院在光纤、激光器、通信机三个方面均取得了重大突破。光线研制方面，光纤的提纯、分析、熔炼、拉丝、套塑等一系列工艺都取得了明显的进展和提高，据此成功打开了长波长低损耗窗口，并先后建立了多种测试手段，自制了诸如光纤折射率分布测试仪、光纤衰减测试仪、光纤带宽测试仪、光纤直径测试仪、光纤焊接仪、光纤断点测试仪等多种光纤测试仪表。多数仪表主要的性能技术指标甚至达到国际同期最高水平；激光器件方面，依托与谢肇金博士的合作，李同宁成功研制出了我国第一个长波长半导体激光器；通信机方面，按照赵梓森的技术方案，武汉邮电科学研究院主攻脉冲编码调制机的研制工作。通信系统是武汉邮电科学研究院的强项，加之当时市场上已经有集成块供应，虽然质量不高，但基本可以满足要求。赵梓森表示，在脉冲编码调制机的研制过程中，院副总工程师李铭久和他的学生谢玉堂善起了关键作用[1]。1979年，武汉邮电科学研究院成功研制出二次群脉冲编码调制机[2]，并着手进行三次群脉冲编码调制机的研究。为了检验调试各项技术成果，武汉邮电科学研究院领导决定先在院内建立一段线路，进行试验。

1979年7月3日，武汉邮电科学研究院在院内建立起了当时国内最长的一条光纤试验线路——8Mb/s、120话路、5.7千米架空光纤通信试验段线路。这一线路系统所用光纤、光端机、光电器件均是由武汉邮电科学研究院自行研制和生产的，其他会战单位如邮电部502厂、515厂等则分别在光纤成缆、电端机方面给予了支持。在1979年年底进行的试验段系统质

---

[1] 赵梓森访谈，2016年7月29日，武汉。资料存于采集工程数据库。
[2] 在进行多路信号传输时，各路的码脉冲在时间上依次排列而组成脉码群。如30路脉冲编码系统，码速率为2.048Mb/s，通常称为脉码的基群或一次群。四个这样的一次群组成一个二次群，二次群的码速率为8.448Mb/s。四个二次群组成一个三次群，码速率为34.368Mb/s。同样还可以组成四次群、五次群等高次群。研究难度也逐级提高。

量检验中，各项指标均符合 CCITT 的要求。到了 1980 年，因为同谢肇金的初步合作，生产出了一批新的激光器，经过筛选，替换到 5.7 千米现场试验段的设备上，成功将系统延伸到了 7.7 千米。通信质量良好，大部分指标优于国际通信标准。

20 世纪 70 年代末，除了武汉邮电科学研究院外，上海、北京等地也在积极开展打通试验段线路的工作。尤其是上海方面，集结了中国科学院上海硅酸盐研究所、上海交通大学、邮电部 519 厂等高水平单位进行会战。其中，中国科学院上海硅酸盐研究所还是多模渐变型 P_2O_5-SiO_2 系光波导纤维的研发单位。1977 年年底，该所利用上述光纤分别在邮电部武汉邮电科学研究院、第四机械工业部电子 34 所和中国科学院福建物质结构研究所进行光纤通信试验，获得成功。在中国首次实现了 1 千米光纤传输 24 路电话、黑白电视、可视电话和彩色电视的实验。这是中国光纤通信研究发展史上一个具有里程碑意义的事件，该所的实力可见一斑。上海方面为率先建立起实用化试验线路，赢得国家实用化工程项目，与武汉邮电科学研究院展开了激烈的角逐。通过比较同时期上海方面试验段线路的建立过程，可以更好地理解赵梓森所率领的研发团队之所以成功建立起中国最长的一条试验线路，并在此后获得国家实用化工程项目支持的缘由。

1978 年 5 月，武汉邮电科学研究院"784"会议召开后不足一个月，上海市科学技术委员会即召集上海市相关单位举行会议，讨论上海如何开展光纤通信会战。这次会议明确提出了上海市开展光纤通信会战的目标：建成一个实用性的、可进入市话通信网并网试用的试验段线路，全面要求对光纤、光缆、光器件、光电端机和测试仪表等整个光纤通信系统进行研制。为此，上海专门设立了光纤通信办公室，归属上海光纤通信科研会战领导小组领导。光纤通信办公室下设总体整机组、光纤光缆组、光器件组、仪表组、工程及网络组及情报组 6 个专业组，分别由上海市各研制单位负责落实。上海市光纤通信会战开始全面铺开。在光纤的研制上，与武汉邮电科学研究院类似，上海方面也主要是以光纤原料的提纯、仪器设备的研制为重点，辅之以涂覆材料、套塑材料、光缆填充材料开展工作。工作条件也如武汉邮电科学研究院一样较为艰难，如沉积用的玻璃车床只能用普通车床改制，拉丝机则用拉单晶硅的设备改制。但经过反复调整设备和改进工艺，也最终研制成功了损耗在 3—5dB/km 的合格光纤。与武汉邮电科学研究院不同的是，上海完成整个光纤研制的单位众多，包括上海硅酸盐研究所、上海试剂厂、1423 所、上海电缆所、新沪玻璃厂、吴泾石英玻璃厂、上海树脂厂和树脂研究所等。各单位间的任务十分细化，如上海试剂厂负责超纯原料的研制，上海硅酸盐研究所和新沪玻璃厂负责光纤的熔炼，上海树脂厂、树脂研究所研制涂覆材料，光缆填充材料则由上海电缆所负责。不同单位间分工协作，对快速突破技术难关、缩短研究周期有很大的促进作用。但任何事情都有两面性，上海这样有众多单位合作研发的模式既有上面提到的优势，也有其致命的薄弱之处，就是光纤完整的研制工艺难以整体化，争取国家的支持也因而难以找到着力点。

在激光器的研制上，上海市的主要分工为：中国科学研究院上海冶金所主攻发光二极管，并由邮电部 519 厂试制。中国科学研究院上海光学精密机械研究所主攻半导体激光管。到 1978 年年底，试制成功了第一批发光二极管，但是成品率不高，也很少能达到要求指标。经改进工艺后，又进行几批试制，成品率有所提高，经过挑选后，发光管的输出功率达 1.5mW、入纤功率达几十微瓦，带宽大于 300MHz，基本符合光纤通信试验段的试用要求。实际上，激光器不是武汉邮电科学研究院擅长的领域，在初期，也是直接使用邮电部 519 厂提供的发光二极管。但是，自 1979 年与长波长半导体激光器的发明者谢肇金达成合资办厂协议后，武汉邮电科学研究院依托其长江激光电子有限公司，在半导体激光器的研发上很快取得了长足进步。这一优势条件是上海方面所不具备的。

在通信机的研制上，由邮电部 519 厂负责，主要工作除负责研制光端机外，还须研制基群（30 路，2Mb/s）及二次群（120 路，8.448Mb/s）脉冲编码调制机，以及光纤通信系统的设计和室内联试。邮电部 519 厂研制光电端机遇到的最大困难是故障多、经常中断。究其原因，主要是元器件质量问题和焊接等工艺问题。焊接等工艺问题用优秀技工焊接就能解决了，而元器件当时由市场供应，很难保证质量，特别是当时集成块的可靠性、稳定性较差，只能用于家电设备，根本不符合高级通信设备的要求。而脉冲编码调制机需使用大量集成块，因时常发生故障而中断通信，于是只好在经过多次老化后的集成块等器件中，挑出较好的器件供脉冲编码调制机用，并附一定数量常用的易出故障的机盘以供备用。经过3个多月努力，试制成功两套光端机和脉冲编码调制机的样机。之后，邮电部519厂将两端的光电端机接上2千米光缆进行室内连通试验，试通了电话，而且话音非常清晰，音质音量胜过当时的公用网电话。通信机是武汉邮电科学研究院的强项，在赵梓森的指导下，不仅研制出了二次群脉冲编码调制机，还在三次群脉冲编码调制机的研究中取得进展。对武汉邮电科学研究院和邮电部519厂分别研制的两套二次群脉冲编码调制机，赵梓森表示："在'八二工程'中准备了两套通信设备，经过实测，武汉邮电科学研究院生产的二次群脉冲编码调制机的性能要优于邮电部519厂的脉冲编码调制机"[①]。

除了上述光纤通信系统三个重要的项目外，邮电部519厂协同上海市计量研究所对有关光纤通信科研、生产、使用等方面所需的专用仪表也进行了研制，如光功率计、传输测试仪、误码仪以及光纤带宽、色散、强度等参数的测试仪表。光纤通信线路在联通前必须要对多项相关技术指标进行检测，测试仪表不可或缺。但由于品种繁多，技术精度要求很高，上海方面仅研制成功光功率计、传输测试器等急用仪器。

1979年夏，经过各方努力，上海市话工程队将光缆成功敷设在市话局海宁路分局和四川路分局长1.8千米地下电话管道内，接入电话网试用。从而建立起了一条二次群8.448Mb/s、120话的光通信实用化线路。不过，电话接通后也存在诸如光器件使用寿命短、功率衰减快和脉冲编码调制机故障相对较多等问题。因而又经过两个月的检修，直至1979年9月30日才得以在市话网内正式开通试用。

事实上，与上海市相比，以武汉邮电科学研究院为龙头的邮电部门在光纤通信的研究上具有天然的优势。因为早在1978年全国科学大会上，国家就已明确将先前几个邮电规划的重点——光信通信、程控电话交换机、移动通信正式归口邮电部管理，因而邮电部所属单位在光纤通信研究中能

---

① 赵梓森访谈，2016年7月29日，武汉。资料存于采集工程数据库。

够得到更多的政策倾斜，例如武汉邮电科学研究院在与外企的合作上具有优先权。在这一条件下，上海方面能够率先建立起试验线路，并入市话网通信，十分不易。不过，从实际研究工作上看，武汉邮电科学研究院的实力确实更加强劲。

就仪表来说，武汉邮电科学研究院独立研发出了多类测试设备，其主要的性能技术指标接近国际水平。《中国光纤光缆30年》中对上海方面因缺乏仪表造成的问题这样描述："由于主要的测仪器，如误码仪、光传输设备等仅凑齐一套，测试时只得备车两边跑。"在脉冲编码调制机的研制上，武汉邮电科学研究院的也更胜一筹。总的来说，武汉邮电科学研究院研制的光纤通信系统的性能是更佳更优越的。此外，武汉邮电科学研究院的另一项优势在于其528厂的背景。实际上，自改建研究院以来，原528厂的设备设施得以保留，并挂靠武汉邮电科学研究院继续运转。当全院转向光纤通信研究后，工厂的生产亦主要为光纤通信设备服务。因此武汉邮电科学研究院具备一定规模化生产的能力，并且生产与科研的交流也更具效率。不过，上述条件并不是武汉邮电科学研究院顺利建立起试验段，并据此获得国家实用化工程项目支持的根本原因。在整个光纤通信系统中，武汉邮电科学研究院除通信机外，对光纤和激光器可以说是"纯外行"。但赵梓森在接手光纤研制的工作后，从光纤原料的提纯，到玻璃的熔炼，再到预制棒的拉丝，以及全套的设备测试等，各个方面都毫不放松。虽然也是与多家单位一同会战，不过核心的技术工艺却都悉数掌握。激光器的研制同样如此，尽管谢肇金要求中方公司按照他提供的技术完成生产即可，但赵梓森还是坚持要独立开发光电器件。相比之下，上海方面在光纤研制上有近十家单位参与。有资料显示：仅光纤测试一环，前后参加的就有七八个单位之多。包括激光器和通信机的生产，主要依靠的也是邮电部门相关单位。所以说，上海方面没有一个领头的单位能够掌握光纤通信系统的全套技术。而赵梓森在领导开展光纤通信研究中，尽管遇到重重困难，但始终坚持"搞全套"的原则，使得武汉邮电科学研究院成为当时中国集科研与生产为一体的，开展光纤通信实用化工程首屈一指的单位。

1979年12月1日，"第一届全国光纤通信学术会议"在武汉召开。此次会议由中国通信学会光通信专业委员会[①]和中国电子学会通信专业学会[②]联合主办，武汉邮电科学研究院承办，吸引了来自全国 40 多个单位的从事光纤通信技术的理论、应用和教学等各方面的专家学者以及工程技术人员 272 名。会议主要通过论文研讨的方式，对国内光纤通信研究中获得的经验进行交流，以期进一步促进中国光纤通信事业的发展。会议共收到论文 189 篇，其中邮电部所属单位 70 篇（武汉邮电科学研究院 57 篇），上海市所属单位 52 篇、四机部所属单位 28 篇，其他单位 39 篇。这基本上反映了当时中国光纤通信的态势。为了扩大学术交流，大会交流和报告会后，代表们还评议出了 19 篇具有较高学术水平的论文，推荐到有关学报上进行发表。赵梓森的"数字光纤通信系统的估算"一文也在其列。该文通过对武汉邮电科学研究院院内的 5.7 千米试验段的设计进行具体的计算分析后，总结出了一系列的技术指标，并依靠完善的实验设计验证了相关指标的正确性，为光纤通信线路设计的评估提供了客观依据。

会议所提交的这些论文不仅起到了学术交流的目的，还反映出中国光纤通信的整体水平。《中国光纤光缆 30 年》中这样写道：从这次会议论文的整体情况来看，反映了当时中国光通信研究工作已经达到国际上 1975—1976 年的水平，个别项目已接近国外 1978—1979 年的水平。今后如果迅速加强基本技术和基础理论的研究工作、改进实验手段和方法，我国光通信进入实用化当为期不远。而从包括 1983 年 11 月的"第二届全国光纤通信学术会议"在内，前两届中国光通信界最重要的学术会议都选在武汉召开的事实中，也不难看出武汉或者说武汉邮电科学研究院在中国光纤通信研究领域所拥有的重要地位。武汉邮电科学研究院实际上已经成为中国光纤通信领域名副其实的领航者了。

---

① 中国通信学会光通信专业委员会于 1978 年 8 月成立，挂靠武汉邮电科学研究院，主要从事光传输、光交换、光器件和光通信网络技术等研究。

② 现名"中国电子学会通信学分会"（China Institute of Electronics on Communication Society — CIE.CS），是中国电子学会的一个专业分会，成立于 1962 年。曾多次荣获原电子工业部和 CIE 所授予的"全国电子行业先进行业分会"和"先进分会"奖。学会的中心任务是组织开展学术交流、专业展览、咨询服务、科学普及、书刊编辑、教育培训和评审鉴定业务活动等。

第五章
架通光纤通信网

开启先河的"八二工程"

20世纪70年代末,武汉、上海、北京等地相继开通了光纤通信试验线路,表明中国的光纤通信正在由基本技术的准备阶段进入实用阶段,在市话通信网内正式建立起实用化的光纤通信线路呼之欲出。于是,1980年9月,邮电部和国家科学技术委员会确定在武汉建立一条光缆通信实用化系统,通过实际使用,完成商用试验,以定型推广。

所谓的光缆通信实用化系统,要求其设计必须由设计院完成,施工必须由工程公司的工人承担,工程使用的设备必须由工厂生产,而不是由科研人员在实验室里生产的试验品,这样才可以确定赵梓森研发的光纤通信系统是否能够真正用于实际通信工作中。

邮电部和国家科学技术委员会确定建设的这条光纤通信实用化工程,要求以邮电部武汉邮电科学研究院为牵头单位负责系统总体,并提供工程用的全部光纤、光端机、光中继机以及光纤测试仪器、仪表。光缆由邮电五所设计，成缆由邮电部502厂制造，光源和光检测器由武汉邮电科学研究院和上海冶金所提供，光通信及数字通信机由武汉邮电科学研究院和上海邮电部519厂各提供一套，形成主用、备用。为了协调工作，邮电部组织了一个总体工作组，成员是各协作单位负责人，赵梓森担任总体组组长，以便总领各项工作。该项工程由于限于1982年完成，故简称"八二工程"，赵梓森被指定为工程项目负责人。

按照"八二工程"总体方案，该工程是一个市内电话局间中继工程，其主要技术指标为：光线采用多模光纤、衰减率为3.5db/km；光源采用发光二极管，波长850纳米；通信机为二次群脉冲编码调制；线路传输速率为8.448Mb/s，传输容量为120个市话话路，中继距离是6千米。整个线路长13.3千米，跨越长江、汉水，贯穿武汉三镇，分别连接四个武汉市话分局：2分局、5分局、4分局和7分局。

和武汉邮电科学研究院之前在院内建立的8Mb/s、120话路和7.7千米架空光纤通信试验段线路相比，该工程最突出的困难有两个：第一，此次线路的长度接近武汉院内线路长度的两倍，这就对光纤的量产能力提出了很高的要求。实际上，武汉邮电科学研究院早在1979年7月就在院内建立起了5.7千米的试验线路，此后又将线路延长到了7.7千米。而后者的完成时间是1980年年初。尽管除了光纤产量，其他的系统调试也会影响进度，但也足见1年内建立十多千米实用化线路的难度。光纤的生产包括熔炼、

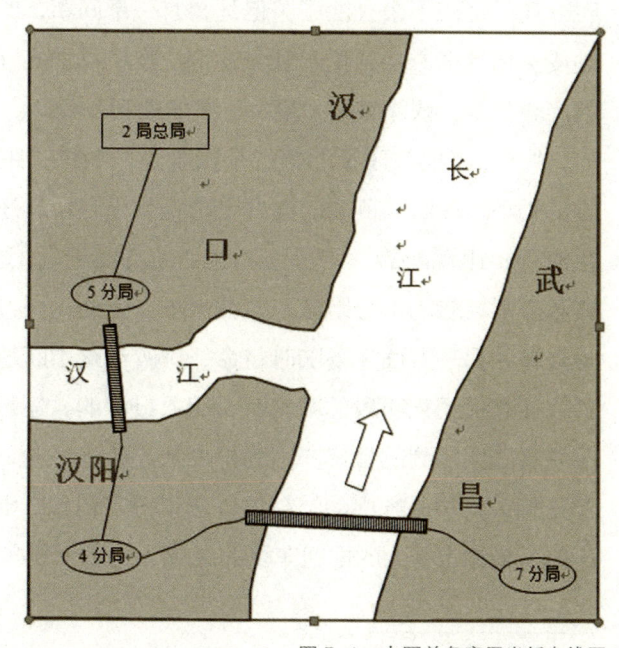

图5-1 中国首条实用光纤布线图

拉丝、测试、套塑四个基本环节。而每个环节内还包括其他子工艺。尤其是拉丝环节，为了兼顾光纤的质量和产量，还需要克服很多技术难题。赵梓森对此印象十分深刻："拉丝机是这样的，上面一根玻璃棒，加在炉上，把温度加高，它就软了，一边拉它，然后下面卷，但是在卷之前，如果玻璃在热的时候碰到空气冷却，它会发生裂纹，有裂纹的话，光纤就没强度了。因此，要在它冷却之前，涂上一层胶水，使得它不和空气里面的水蒸气接触，这样就不会发生裂纹。那层胶水，也叫外涂层，一般是环氧树脂，涂这个虽然可以隔绝玻璃和水蒸气，但是这个环氧树脂也要干，这怎么办呢？要用紫外线照，把它烘干。那么烘干之后才可以卷，不然就不能卷，会粘起来。好了，这样就可以了。但是呢，你这个速度要快，一分钟要拉出多少米才行。你要加快这个速度的话，就来不及烘干，就要加高房子，拉丝机要做得更高，要重造房子。重造房子的话，时间上就来不及，因为国家的项目是有期限的。那怎么办呢，我们就把房子打个洞，拉丝机往上做，然后在边上做高的房子盖起来，加高一次之后，还不够，再加，加了两层，这样还不够，速度还要加快，否则还是来不及。这怎么办呢？我已经想不出办法了。但是，有一个同事，叫李德建，他提议可以挖地皮。用这个方法，挖了几米，把拉丝机再加高，这样就成了。所以，我的经验就是，依靠大家力量，一定能胜利"①。

"八二工程"建设的第二个困难是，围绕长距离传输中，光纤可能面临的损坏，即断点问题。光纤无论是悬于空中，还是埋于地下，难免会发生意外，出现断裂，工程上称为"断纤障碍"。这些断点有的显而易见，查找容易；有的十分隐蔽，查找困难。为此，一方面必须研制光纤断点测试设备，另一方面还要随时待命，排查线路中断故障。若干年后赵梓森对外人谈起实用化阶段的艰辛时，印象最深的，还是那一次次不分昼夜、不分寒暑随叫随到的检修。因为早期缺乏检修经验，也缺少检修仪器，每次都是相关人员一齐出动。赵梓森还记得当初和二十多个同事，挤在院里分配的一辆额定8人的面包车里的经历，虽然十分辛苦，但也乐在其中。

---

① 赵梓森访谈，2016年7月13日，武汉。资料存于采集工程数据库。

因为是中国光纤通信的首条工程，而且面临这么多不可预知的困难，作为主要承建单位的负责人——武汉邮电科学研究院院长梁嘉卉在与邮电部和国家科学技术委员会签订工程合同时，握笔的手不免有些颤抖，感到身上负有千斤重担。

为了保证各项工作有序进行和工程按期完成，梁嘉卉和赵梓森拟定了一份严格的人员资源调配和工作倒计时时间表，这样，全体邮科院员工就像上了发条的闹钟一样，围绕"八二工程"运转起来。

光通信机和数字端机的生产任务交由原528厂相关人员，光纤生产由武汉邮电科学研究院负责。接到任务后，各路科研人员和技术工人加班加点，赶建出了高拉丝车间和成缆车间，到1980年年底，武汉院邮科院能批量生产光纤光缆，这在世界范围内也是比较早的。

1981年上半年，激光器、光纤和通信机基本到位。为了保证系统的稳定性和可靠性，确保实际安装后万无一失，处事谨慎的梁嘉卉要求赵梓森先在武汉邮电科学研究院院内建立一条模拟线路，等到这条线路达到实用化要求之后，再照样搬迁到施工线路上去。结果，在院内的多次试用线路

图 5-2 20 世纪 80 年代 "八二工程" 光缆建设现场

安装都非常成功。

接下来是实际线路的安装调试了。到 1981 年夏天，掐着倒计时时间表，武汉邮电科学研究院全体员工开始把院内建好的一整套光纤系统原样搬迁铺设到施工工地。这样的工作量类似于安装了两套系统，虽然方法显得笨拙了点，但保险系数大大提高。为了保证中国首条实用化光纤通信线路的顺利开通，包括赵梓森在内的武汉邮电科学研究院员工们即使需要付出双倍的劳动，大家心里没有怨言，始终热火朝天地按部就班工作。

铺设光缆完成后，接着是设备进电信局，然后电信系统调整，最后是反复的数据测试。随着工程截止日期的临近，各项工作有条不紊地展开，电信系统模式完全变过来了，测试数据越来越稳定，大家都对通过工程验收充满期待和信心。

然而，临近验收时却出了点不大不小的事故，幸亏赵梓森经验丰富，才将此事故化险为夷。赵梓森在《我在武汉邮电科学研究院亲身经历的故事》一文中，对此描述如下："1982 年 12 月 28 日，邮电部副部长宋直元从北京到武汉来参观'八二工程'，宋副部长上午已经到达武汉，下午要到现场视察。我们在邮电局做准备，继续调试和测试。负责机架设计的一个同事，觉得机架上的电源端子板①体积大，不雅观，想改进。于是，上梯用钢皮尺去量电源端子板的尺寸。不料，'砰'一响，火光一闪，一缕青烟，机器烧了！大家吓得目瞪口呆。同事伏在桌上发抖！机器不通了！下午宋副部长来视察怎么办！我立即测试备用系统，发现备用系统也不通。如何补救？我检查了全部机盘，选出好的，打算拼凑一个系统，但还缺少几块盘。我立刻乘车回院，把实验室的试验盘拿来，临时应付。急急忙忙，终于开通了一个系统。下午，宋副部长来视察，并和院领导通了话，觉得声音很好，他很满意。我们总算过了关。事后梁院长要处分该同事，我请求领导免除了给他的处分。"赵梓森对紧急事件的应变能力令人称绝，另外，他在事故责任认定时对同事的谅解，正是他团结全院力量的一个特写。

---

① 只要作用是方便大量的导线互联。它的结构十分简单，实际上就是封在绝缘塑料壳内的一段金属片。绝缘外壳上有很多插孔，插孔可插入导线，并有螺丝用于固定，可根据需要随时连接、断开，而不必将它们焊接或缠绕在一起。

1982年12月31日，中国光纤通信第一个实用化系统——"八二工程"按期全线开通，正式并入武汉市市话网试用，从而使武汉的市话通信在全国率先进入光纤通信时代。

这条光纤通信线路的如期开通，不仅提升了武汉的市话通信层次，它还是我国光纤发展史上一个重要的里程碑，标志着我国国产光纤通信已经由技术准备阶段发展到实用化、定型化和推广应用阶段。它使光纤通信由科研成果转化为现实的生产力，这对我国快速改变通信落后面貌，加速当时的现代化建设具有非常重要而深远的意义。

所以，1982年12月31日是一个值得纪念的日子，它标志着中国从此开始踏上数字化通信时代！

"八二工程"进网试用近一年，系统性能稳定，工作可靠，效果良好。为此，1983年10月，由邮电部主持召开了"八二工程"鉴定会。邮电部副部长候德原等领导和近百名与会代表听取了工程研制报告和技术指标复测报告。其主要指标如光纤信号传输平均衰耗率为3.6dB/km，远高于工程设计的4.6dB/km的要求，其余各项指标均符合国际通用的要求。鉴定会给予"八二工程"的评审意见为：根据合同规定和总体设计，武汉8.448Mb/km市话中继光缆通信系统初步达到了实用化要求，基本上完成了与国家科学技术委员会签订的合同任务，经鉴定该系统可投入使用。今后可以根据具体情况逐步推广，并在推广使用中进一步完善提高。

1985年"八二工程"获国家"六五攻关表彰奖"。

随着"八二工程"成功入网，1983年5月，赵梓森被提拔为武汉邮电科学研究院总工程师。在谈及这个角色时，赵梓

图 5-3　1985年"八二工程"获奖证书

第五章　架通光纤通信网

森尤其强调了团结力量的重要性："这个总工程师也是个领导，领导啊，如果不能团结人，你肯定做不好工作。我当总工程师，下面有个团队，我把他们联合起来，大家合作一起做。我当总工程师时，（项目）该怎么做，他们提出的意见，合理的，采纳，很尊重他，不管你是谁，只要你的意见是准确的，我一定采纳。那么这个办法大家觉得我很公道，所以都合作得很好"[1]。

1983年，为了充分利用"八二工程"提供的试验条件，国家科学技术委员会和邮电部又决定利用"八二工程"8Mb/s系统光缆线路上的两对备用光纤建立长、短两个波长的34Mb/s（三次群）480路光缆通信实用化系统，简称"八二延伸工程"。"八二延伸工程"的长波长（1.3微米）系统，从市话2分局到7分局，全长13.3千米无中继；短波长（0.85微米）系统则从市话4分局到7分局，全长6.1千米无中继。赵梓森率领武汉邮电科学研究院科研人员和职工，一鼓作气，在1983年年底和1984年10月，又分别开通长波长34Mb/s光纤通信实用化系统和短波长34Mb/s光纤通信实用化系统。这两个系统开通使用以后，使"八二工程"容量由120个市话话路增加到1080个市话话路，对改善当时武汉的市话质量、缓和武汉市话紧张状况发挥了重要作用。

1985年，长波长34Mb/s光纤通信实用化系统获得国家科学技术进步奖二等奖、邮电部科学技术进步奖一等奖。

武汉邮电科学研究院院史对1982—1984年建成的"八二工程"做了如下评价："'八二工程'的建成，取得了较好的技术、经济和社会效益。不仅武汉市话2—7分局的长市中继光纤线路净损耗下降到2dB以下，改善了话路特性，还使得开通的电话、数据图像传真等业务达到了较高水平；而且由于光缆直径细、重量轻、可在原电缆管道中加放，在不新建管道的情况下，可使市话中继线容量大幅度增加，解决了现代城市市话扩容和地下管道拥挤之间的矛盾。此外，光缆线路建设投资要比同样的电缆通信建设投资少，可节约大量的铜和铅。由于这些优点，因而在'八二工程'正

---

[1] 赵梓森访谈，2016年7月29日，武汉。资料存于采集工程数据库。

式进网使用和鉴定验收以后,国内北京、沈阳、哈尔滨、长春、石家庄、南京、杭州、广州等 10 多个大中城市,纷纷要求在本市应用推广光纤通信,掀起了中国通信史上使用光纤通信新技术的热潮。"

一箭三雕的"汉荆沙"工程

"八二工程"的建成,赵梓森在其中展现出的科研和领导能力进一步得到了领导和武汉邮电科学研究院全体员工的认可,1985 年 1 月,他被任命为武汉邮电科学研究院副院长兼总工程师,时年 55 岁。

提升后政治待遇和荣誉纷至沓来,但赵梓森并未被冲昏头脑,而是坚持每天自学,并时刻关注国内外的光纤通信发展状况。他通过文献和各种报道了解到,世界上发达国家的光纤通信发展速度极为惊人,已经进入单模、长波长、高速率和长途干线阶段,而我国虽然已经取得了可喜的突破,但还处在很落后的、多模、短波长、低速率和短途市话中继阶段。

同事尹延勋的亲身经历,使他更深刻地感受到了我国通信的落后和改变这种局面的迫切。尹延勋老家在湖南邵阳一个非常偏僻的山村,家里出了急事找他,因为没有电话,家人只能翻山越岭到就近的村镇拍电报。从村里到城镇,需要三天的翻山越岭路程。等他收到电报时,对于家里的急事只能望洋兴叹了。

赵梓森意识到,想要快速全面地发展就必须两条腿走路,一方面加强单模和长波长光纤通信系统的研制,另一方面快速架设光缆,尽可能把光纤通信网延伸到广大的城市和乡村。

1984 年,在赵梓森的提议下,国家科学技术委员会和邮电部适时提出研发长途干线光纤通信的战略任务。由武汉邮电科学研究院牵头,组织邮电部相关单位,就 140Mb/s 光纤通信系统进行整体设计,组织开发符合国际指标的光纤光缆、光电端机、光电器件以及相应的配套技术。接到任务后,赵梓森立刻组织武汉邮电科学研究院各个科研团队集中精力从事单

图 5-4　20 世纪 80 年代赵梓森讲解光缆研制过程

模、长波长、高速率和长途干线光纤通信技术的研究，并很快在关键技术上取得突破性进展。

　　设备和技术研发成功后，接下来就是架设长途干线实用化了。架在哪里好呢？赵梓森和邮电部及湖北省邮电局相关人员反复权衡，决定建设一条湖北省内二级干线架空光缆通信系统，连接武汉—荆州—沙市三地，全长 244.86 千米，命名为"汉荆沙"工程。

　　这条高标准的架空光缆通信系统为何选在此地域呢？因为荆州和沙市紧邻武汉，地处江汉平原，人烟稠密，通信需求量大，不似山地丘陵，居住分散，通信效益偏低。

　　邮电部指定武汉邮电科学研究院为工程技术总负责单位，赵梓森为工程项目主要负责人。工程由武汉邮电科学研究院负责提供技术总体方案，并提供架空四芯多模长波长光缆约 260 千米、34Mb/s 光电端机、脉冲编码调制二群和三群复接设备和沿线光中继设备。

　　尽管感到肩上担子很重，但想到这是提升我国光纤通信的关键一步，赵梓森也有说不出的欣喜和激动。他按照"八二工程"的经验，制订详细的人员资源调配计划和工程时间表，有条不紊地领导工程建设。

"汉荆沙"工程的最大困难在于江汉平原的特殊地貌。湖北江汉平原乃古云梦大泽，是地壳下降时期形成的巨大洼地，地势低下、河道纵横、湖泊星罗棋布。孟浩然有诗云："水落鱼梁浅，天寒梦泽深"，咏叹的就是这个地貌。那个时代的当地交通比较落后，路况极差，乡镇和村落之间少有像样的公路。赵梓森和施工技术人员一起，每天乘坐面包车沿江堤防洪堤坝蜿蜒行走，泥里水里颠簸，甚是辛苦。他记得有一天发生了惊险一幕：傍晚时分，因为光线昏暗，司机稍不留神，面包车歪到沟里发生了侧翻，好在车速较慢，一车人并无伤亡。只是受到惊吓，并弄得全身泥水。在这片地里施工面临的另一个危险是血吸虫病。当地属于血吸虫病疫区，血吸虫通过钉螺传播，裸露皮肤接触疫水，从钉螺身上窜出的血吸虫幼虫就可能通过皮肤钻进体内造成感染。当地人还传说，曾经有个人就是在小河里弯腰洗了一下手，结果就感染上了，这也给赵梓森等科研技术人员带来了不小的心理压力。

但武汉邮电科学研究院参与工程的全体员工没有被困难吓倒，没有一个人因为困难而退缩。经过近三年的艰苦施工和线路通信调试，1988年年初，"汉荆沙"工程顺利开通了。

1988年6月，"汉荆沙"工程通过邮电部和科技部组织的专家验收。这次的"汉荆沙"工程验收会并不限于工程目标和质量的鉴定，而是开成了一个光纤通信的现场推广大会。邮电部在会议期间召集了数十家相关单位的负责人，利用这次鉴定会希望各单位学习和推广长干线架空光缆通信技术，以促进我国光纤通信的快速发展。

在邮电部领导眼里，这项工程有非常重大的意义，具体有

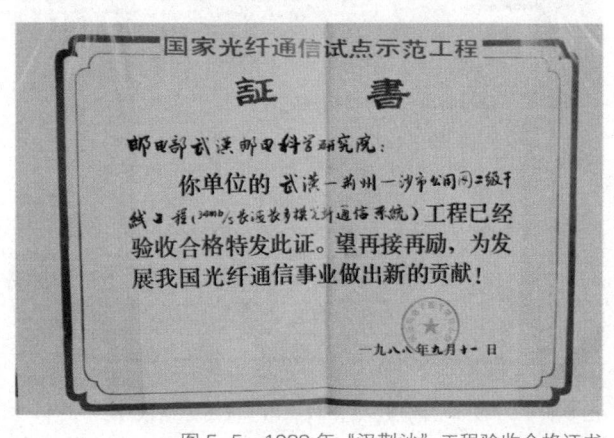

图 5-5　1988 年"汉荆沙"工程验收合格证书

第五章　架通光纤通信网

三点：第一，宣告打破了国外对高端光纤通信技术产品的垄断。20世纪80年代末，改革开放打开了国门，我国可以从国外购买先进的产品。但因为很多方面我们处于落后境地，国外的产品仰仗产品和技术优势，总是漫天要价。而一旦我国开发出了相同质量的产品后，国外公司又立刻改为降价打压或产品倾销。借助"汉荆沙"工程所需，赵梓森领导的科研团队研发出了接近国际前沿的光纤通信产品，一下子打破了通信领域也存在的困难局面，帮助我国摆脱了国外光纤产品的束缚和控制。第二，缓解了人口稠密江汉平原地区的通信压力。改革开放后，素有"中部粮仓"的江汉平原经济发展非常迅速，但相对落后的通信限制了该地区经济的发展速度。如今随着"汉荆沙"工程的顺利开通，极大缓解了该地区紧张的通信局面，为促进湖北地区的社会发展作出了很大的贡献。第三，给其他省份架设长干线光纤通信线路提供了宝贵的经验。一马当先、万马奔腾，"汉荆沙"工程的开通，帮助我国找到了迅速改变通信落后面貌的有效方式和途径，为其他省份快速发展光纤通信提供了宝贵的经验。

鉴定会结束后邮电部领导紧握着赵梓森的手说："你们的汉荆沙工程，真是一箭三雕啊！"

1988年，"汉荆沙"工程被定为国家光纤通信试点示范工程，并获邮电部科学技术进步奖一等奖和湖北省科技成果一等奖。

"汉荆沙"工程不仅取得了很好的科技示范效益和社会效益，也带来很大的经济效益。线路开通一年后，就收回了全部成本。因此该工程以投资少、建设周期短和收益快的特点，在全国基本建设项目中广受瞩目。

1991年，"汉荆沙"工程获经国家批准的邮电部唯一一个银质

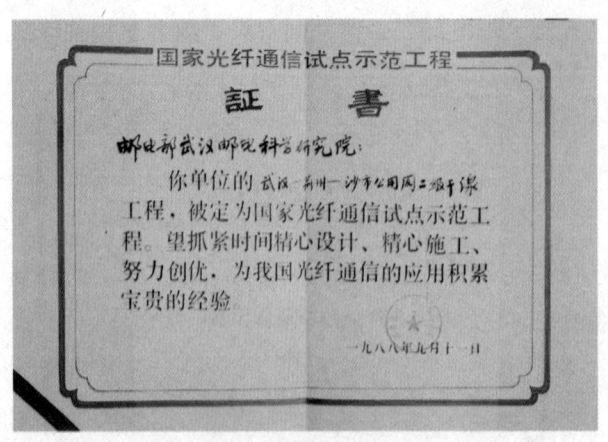

图 5-6 1988年"汉荆沙"工程获国家光纤通信试点示范工程证书

工程奖。

"汉荆沙"工程完成后不久,进一步提高光纤通信传输速率、扩大通信容量,成为示范工程下一个攻关核心。要掌握大容量高速率的光纤通信,单模光纤是最关键的技术之一。单模光纤是只传输一个模式的光纤,它不存在模间延差,因而带宽高、损耗低,是高速率传输和长途干线通信理想的传输介质。但是,单模光纤的芯径很细,并且有接近零色散的参数要求,所以技术难度很大,其发展之路并不平坦。20世纪80年代初,对于是否能研发单模光纤在国内存在着很大争议。赵梓森在其撰写的《我在武汉邮电科学研究院亲身经历的故事》一文中,对围绕这一争议专门召开的会议做了详细介绍:"那天,国务院科技局副局长金礼钟主持会议,我建议要发展单模光纤,遭到了许多专家的反对,包括有中国科学院院士。中国科学院上海硅酸盐研究所主张发展多模光纤,认为单模光纤精度太高,做不出来。只有极少数人,如中国科学院半导体所的王启明支持发展单模光纤。会议争论到晚上11点,双方坚持不下。会议主持人金礼钟很难办,后来邮电部科技局局长梁健要我不再发言。于是,国务院科技局决定发展多模光纤。"对这场争论,赵梓森还回忆:"除了我,还有中国科学院有一个人叫王启明也说做得出来,就我们两个人认为做得出来。这是因为我们都懂数理方程,王启明是上海复旦大学物理系毕业的,他懂数理方程,而且也是工科的。懂数理方程的人才知道,可以推导出单模光纤能够通上百、上千个G。结果科技邮电部的部长说,就你们两个同意,别人都不同意,少数服从多数,那就不搞单模光纤,还是搞多模光纤。我回去做了一年多,大概不到两年,武汉院作出了单模光纤,我就写了一个报告,给部里面,我说我作出来了单模光纤,马上邮电部就同意了发展方向是单模光纤"①。

武汉邮电科学研究院在1985年成功研制出了符合CCITT建议的单模光纤,虽然由于多种原因未能在"汉荆沙"工程中使用,但光纤通信向着大容量、高速率发展的潮流是不可逆转的,单模光纤最终在"汉南"工程上得以出彩。

---

① 赵梓森访谈,2016年7月29日,武汉。资料存于采集工程数据库。

"汉南"工程，是中国第一条全国产实用化的140Mb/s单模光缆架空通信系统，于1988年1月开工，同年6月竣工。工程起自武汉市汉阳电信局四分局，止于汉南区政府，全长37千米。武汉邮电科学研究院作为技术总负责单位，提供四芯单模光缆35千米、四次群光端机、光中继器、脉冲编码调制基群等设备。赵梓森、易河清是主要负责人，承担工程总体方案设计。140Mb/s系统可以同时传送1920路电话，是34Mb/s系统的四倍，是当时光纤通信系统发展中孜孜追求的高速率、大容量通信系统。这一系统的建成标志着中国光纤通信事业的发展进入了快车道。1989年1月27日的《长江日报》，也对该系统做了报道："40Mb/s单模光缆通信系统"经半年的试运行，明显改善了汉阳—汉南通信系统的紧张状况。用户普遍反映："打电话难的问题基本解决了，电话中听到的声音也清晰了。"1989年1月，"汉南"工程在武汉邮电科学研究院通过邮电部验收，验收结论为：①汉阳—汉南140Mb/s单模光缆通信系统是我国第一条采用国产光电器件、光纤光缆等设备的140Mb/s单模光缆通信系统，并被列为国家光通信试点示范工程。该系统自1988年8月开通以来，性能比较稳定可靠，达到了实用化要求，可以批量生产，大力推广使用。②系统的光电接口特性、光缆线路衰减、通路特性、系统功能和系统传输特性等满足设计要求，并符合CCITT有关建议，其中系统的误码、抖动特性、接收机灵敏度均优于设计要求。③该系统采用微机监控，功能比较完善，维护手段比较先进。④系统具有区间通信功能，能满足用户自由上下话路的需要，并具有良好的经济效益。①

为了将单模光纤的成果进一步运用于长途干线中，"合芜"工程应运而生。"合芜"工程是中国第一条140Mb/s全国产化省内二级干线直埋式单模光缆试验工程，于1991年1月正式开通。工程北起安徽省省会合肥市，南至长江南岸的芜湖市，途径肥东、柘皋、巢湖等地，全长146千米。安徽省邮电管理局为工程建设单位，武汉邮电科学研究院为技术总负

---

① 赵梓森档案，140Mb/s单模光缆通信系统（汉南工程）鉴定验收报告。1989年1月24日，存于烽火科技档案馆。

图 5-7　1991 年合肥—芜湖光缆试验工程开通典礼

责单位，系统总体设计组组长单位。主要负责光器件、光纤、光端机、本地供电等科技攻关和试验段设备的研制。赵梓森任试验段现场领导小组副组长，负责监控系统总体设计方案。"合芜"工程的攻关核心是解决四次群长途干线单模光缆通信系统成套技术的问题。它的建成，不仅沟通了京沪数字微波和宁汉光缆两大通信干线，有利于华东地区通信网的组织和调度，还解决了安徽省内及出省通信业务的急需。此外，光缆线路穿越长江天堑，路由复杂，示范作用很强。"合芜"工程的顺利开通，表明中国自行研制的 140Mb/s 单模光纤数字通信系统已进入实用化阶段。工程经受了 1991 年安徽省特大洪水的考验，保证了沿线通信的畅通，显示了比明线干路更为可靠的优越性。

　　1991 年 5 月，工程通过了国家鉴定验收。鉴定委员会的意见为：①整个系统自打通以来，运转正常。经 96 小时误码观测，指标达到要求，表明该系统性能稳定可靠，光电接口特性、光缆线路损耗、通路特性等满足总体技术要求，并符合 CCITT 有关建议。其中 420 千米数字段误码和抖动特性优于总体技术要求，光缆线路损耗余量较大，64Kb/s 通道误码性能投入使用限值符合 CCITT 建议。②本工程研制的光缆采用松套充油膏光缆，有利于延长光缆使用寿命，维护简单。光缆有直埋、水下、管道等多种型号，可供在不同地理环境下选择使用。其中，充油松套光纤、皱纹钢带直埋光缆和长江水底光缆结构复杂，制造难度大，处于国内领先地位。③工程设计切合国情，采用先进技术，方案合理，满足工程建设要求，整个试验工程的线路施工、设备安装工艺符合设计要求，施工质量优良，其中长江水底光缆施工难度大，施工方法结合国情有所创新。综上所述，本试验工程是全部由国内自行研制、生产、设计、施工的第一条 140Mb/s 长途单模直埋光缆通信系统，性能良好，综合造价较低，属国内首次研制成功，达到了八十年代中后期国际水平，全面达到了国家"七五"重点科技攻关合同要求，鉴定验收委员会一致通过鉴定，同意验收，建议大力推广应用，并在应用中不断完善提高。①

同年，"合芜"工程在"七五"国家重点科技攻关项目中，荣获邮电部一等奖。1993 年，该工程又获国家科学技术进步奖三等奖。

鉴于前期光缆示范工程取得的成果，邮电部决定，自 1988 年起，开始建设"八纵八横"光缆干线工程。赵梓森担任武汉邮电科学研究院总工程师，负责的最后一个国家项目正是"八纵"线路之一，全长 3046 千米的"京汉广"工程。"京汉广"工程是赵梓森领导武汉邮电科学研究院科研团队的集大成之作，他们克服了超长通信线路中大量全新的困难，彰显出中国光纤通信研究强劲的实力。"京汉广"工程是目前中国也是世界上最长的架空光缆通信线路，跨越北京、湖北、湖南、广东等 6 省市，它也是国产四次群光纤通信设备和光缆首次在国家一级干线实用。工

图 5-8　1991 年"合芜"工程获邮电部一等奖证书

---

① 赵梓森档案，科学技术成果鉴定证书——"合肥—芜湖 140Mb/s 长途单模光缆通信系统试验工程"。1991 年 5 月 24 日，存于烽火科技档案馆。

程于 1992 年年初开始建设，1993 年 6 月全线开通。武汉邮电科学研究院为工程技术总负责单位，赵梓森任工程技术总负责人。和以往根据城市电路条件精心选取线路穿越省市不同，"京汉广"工程的超长线路，不可避免地途经众多中小城市，为了解决原 140Mb/s 传输设备不适合中小城市电路条件的问题，专门组织研发了 140Mb/s 1B1H 码型机；由于京广之间温差很大，可能会导致光纤在应力作用下信号传输出现延时，赵梓森的学生毛谦，经过周详的计算，论证了在各种可能温差下该长度光纤延时均小于 CCITT 规定的 14 微秒；为了方便沿途各省市单位对工程维护，在工程监控上，还首次采用了汉字终端显示。

图 5-9　1993 年"合芜"工程获国家科学技术进步奖三等奖证书

京汉广架空光缆工程的开通，不仅缓解了京汉广沿线通信紧张状况，辐射四面八方的线路，还对疏通全网电路起到了很显著的作用。

1993 年 11 月 4 日，邮电部光缆工程办公室在"京汉广光缆工程（架空）情况简报"中指出："'京汉广'工程所采用的国产设备有系统容量大，传输性能好，开发了结合维护要求的监控系统，保护倒换系统性能稳定，公务通信信道多等优点。该设备采用了新技术、新器件和新工艺，科研成果迅速转化为生产力。本工程系统设备从 1992 年年初开始研制，当年 12 月武汉—长沙先建段建成投入试运行，历时不足一年。是当年制订技术方案、当年取得科研成果、当年提供产品，并完成生产转让的设备。""京汉广"工程的开通，标志着"光纤通信"业已成为中国完全自主

第五章　架通光纤通信网　　*185*

图5-10　20世纪90年代赵梓森在长沙视察"京汉广"工程

化的高新科技项目。

从为"无人问津"的"玻璃丝"研究争取入项而四处奔走，到如今亲历炙手可热的光纤通信在全国大江南北遍地开花。年满60岁的赵梓森开始荣退二线。对纷至沓来的荣誉，他总是说："工作是大家干的，成绩不是我一个人取得的。"有的国家雄心勃勃，也想上光纤项目，提出极为优厚的条件，以重金吸纳赵梓森前往，赵梓森只说了一句话："你们搞不成光纤的，光纤通信不是靠我一个人就能完成的，必须有一班人齐心合力。"赵梓森对于中国光纤通信所取得的成果也表示："光纤通信是一个巨大的系统工程，绝不是一个人所能完成的，是武汉邮电科学研究院全体科技人员拼搏奋斗的结果，是全国同行合作的结果。"

第六章
小光纤编织大光谷

规划光纤产业之路

中国光纤通信技术的发展经历了一段很艰难的历程，同样，中国光纤产业的不断成熟也是一波三折，赵梓森在其中也扮演了极其重要的角色。

起初，在中国光纤通信实用化阶段，包括此后的光缆示范工程中，都是采用国产的光纤光缆，但是当时中国的工业基础还十分薄弱，所生产的光纤设备寿命十分有限。正如赵梓森所言："尽管武汉邮电科学研究院已经可以生产符合国际标准的光纤，并且还能生产高纯的光纤原料四氧化硅。但由于中国的工业基础太差，与国外合作是必要的。例如：我们自制的熔炼车床，使用两年就被化学气体腐蚀而失去精度，成品率大大降低。国外的熔炼车床是用不锈钢做的，当时中国没有不锈钢，我们自己总不能去炼钢吧。"1983年，国家计委和邮电部在充分考虑当时国内的光纤生产现状后，作出了从国外引进光纤光缆生产线和与外企进行合作两个决定，以使光纤通信、光纤光缆能够迅速形成产业。

于是，从 1985 年起，中国在 6 年间先后从国外引进了 34 套 MCVD 光纤预制棒生产线和 17 台拉丝机。但由于力量分散，消化吸收能力差，没有创新性，导致没有形成规模生产，最后都停产了。第一个措施以失败告终。

幸运的是，与直接引进并行的另一条措施取得了成功。当时，武汉邮电科学研究院被指定为与外企合作的负责单位。1984 年，邮电部、湖北省和武汉市领导三方达成协议，决定在武汉建设邮电部武汉通信光纤厂，隶属武汉邮电科学研究院领导并由此负责筹建，赵梓森担任武汉通信光纤厂筹备处中方技术负责人。筹建过程中，在确定光纤光缆制造技术路线和选择合作伙伴等重大决策中，赵梓森都作出了正确判断，起到了关键作用。

当时国外有许多公司愿意和中国合作，赵梓森负责当时的技术谈判。从技术角度看，美国 Corning 公司的 OVD 外部气相沉积法最优。但由于 OVD 法需要中国缺乏的 He 气和燃料气，谈判没有成功。日本住友[①]的 VAD 气相轴向沉积法，沉积效率也不错，但日方不愿意在合同中列入要保证的光纤指标，我们不能接受。Philips 采用 PCVD 微波等离子气相沉积法，当时的沉积效率比较低，而且设备比较复杂。我从原理角度看，能源微波应该比其他法的氢氧焰稳定，沉积效率低可能是暂时的。而 PCVD 沉积结构的优点在于精确。当时，我认为，各种方法都有利弊，10 年之内，谁也打不到谁。果然现在采用 PCVD 管棒法，其效率不亚于其他方法。经过一年多的认真调研和艰苦的谈判，在 1985 年中方与荷兰 Philips 达成初步协议，合作建立了中外合作公司——长飞公司。实际上，早在 1978 年武汉邮电科学研究院就按照赵梓森的建议设立了 PCVD 工艺研究项目。通过该项目的研究，赵梓森对于 PCVD 预制棒工艺的特点有了更具体的了解，也培养了一批掌握 PCVD 技术的专业人员。这些经历对于后来选择与 Philips 公司合作和引进 PCVD 技术的决策有重要的影响。

长飞公司于 1988 年成立，1992 年建成投产。不过，因工业基础过于

[①] 日本住友电气工业株式会社（Sumitomo Electric Industries），创立于 1897 年，是世界上最著名的通信厂商之一。其光纤光缆产销量多年来一直名列世界前列，年产值约 30 亿美元。住友电工在世界各国设有 200 多家子公司，在中国设有近 10 家分支机构。

薄弱，在投产的数年间国产光纤与世界先进水平仍存在较大差距，这也导致了在1988—1998年建设"八纵八横"的一系列光缆干线工程中，一律采用进口的购自康宁公司的光纤，以致长期以来对康宁光纤几乎形成一种质量"迷信"。

与长飞公司投产同一年（1992年），60岁的赵梓森开始退居二线，为了继续为中国光纤通信事业的发展建言献策，他被聘为武汉邮电科学研究院高级技术顾问。面对长飞公司发展初期面临的技术困难，他多次提议武汉邮电科学研究院向长飞公司输送技术和管理骨干。由于此前他选择的技术工艺的正确性，经过6多年的发展，技术水平大大提高。到1998年，长飞公司生产的光纤已接近世界先进水平，并实现了光纤产量突破100千米内的宏伟目标。此后，该公司发展成为中国第一、世界著名的大型公司。现在长飞公司的技术和市场占有率已大大超过早期技术合作的Philips-Draka公司，在世界光纤产业有较高的地位。长飞公司的发展，抑制了国外产品对中国光纤产业的控制，使得中国的光纤产业由弱到强，最终成为世界光纤制造大国。在此过程中，赵梓森为实现中国光纤光缆产业化作出了不可磨灭的贡献。

人代会议议三峡

退居二线的赵梓森不仅继续关注光纤产业的发展，还充分发挥其智力资源，在类似"国家三峡工程建设"这样关乎民生大计的决策上积极发声。1992年，第七届全国人民代表大会第五次会议在北京召开，赵梓森作为人大代表和主席团成员参加了这次会议。赵梓森所著《我在武汉邮电科学研究院亲身经历的故事》一文，对他会议发言的始末做了详尽的叙述：

1983年，我被选为第六届全国人大代表主席团成员，是十分光荣的，我想我是代表科技界的。同上主席团科技界的还有：韦钰（电子学)[1]、温元凯（化学家）、周礼荣（显微手术医生）。1988年，我再次被选为第七届全国人大代表主席团成员。1992年是第七届全国人大的最后一年。全国人大常委会委员长是万里，主持主席团会议讨论要不要搞三峡工程建设。第一个发言的是四川省省长和省委书记张皓若，他说："三峡大坝建设后会有泥沙淤塞，不好解决，会淹到重庆。"第二个发言说："三峡大坝建设影响生态平衡，中华鲟不能到上游产卵，会灭绝。"第三个发言说："有许多文物古迹会被淹没。"第四个发言说："打仗时敌人炸坝不好办。"第五个发言说："是不是留给下一届人大讨论决定。"还有一个发言含糊其词。发言人有中国科学院副院长孙鸿烈，还有的是民主党派，竟无人明确表示赞成要建设三峡！湖北省的主席团成员有三人：省长黄知真、赵梓森和土家族老教师田寿延。三峡建在湖北省，湖北省是受益单位。但不知何故省长黄知真缺席，本应他发言——"赞成"。当然我是赞成搞三峡建设的，一个小人物的我，只好壮着胆子，硬着头皮发言——"支持三峡建设"。我说："你说泥沙会淤积，我说不会。你、我都不是泥沙专家，在这里争论没有多大意思，只能听专家组的。三峡建设泥沙专家组在南京进行了模拟试验，说泥沙不淤积。我们只能相信专家组的。""凡事都有利有弊。要看利大于弊，还是弊大于利。我们宁可要中华鲟呢，还是要万吨巨轮进重庆？况且水生生物学家研究表明，中华鲟可以在中游繁殖。""我们宁可要名胜古迹呢，还是要万家灯火明？"

"我请教了我们国家的军事领导人赵南起（因按姓氏笔画排序，他坐在我旁边）。他说现在的战争不会这样打。炸坝不人道，会遭到全世界人民的反对，其本国人民也会反对和谴责。如果要死人的话，可以炸大城市，不一定要炸大坝。""我认为三峡建设问题，从孙中山讨论到现在，我们还要留到以后讨论，能量天天流到大海，好不好？我赞成建设三峡。"之后，有几个人表示赞成。委员长万里说："现在

---

[1] 韦钰（1940- ），广西桂林人，壮族。电子学专家、中国工程院院士。1965年毕业于南京工学院（现东南大学）电子工程系。东南大学教授，全国政协教科文体委员会副主任，中国科协荣誉委员，中国电子学会副理事长，李嘉诚基金会顾问，国家总督学顾问。1993—2002年任中华人民共和国教育部副部长。

有人赞成，有人反对，我们进行表决。"表决结果120余人中，多数是赞成。反对和弃权的约十余人。之后，递交全体代表表决，结果通过"建设三峡工程"的决议。1993年选举第八届全国人大代表时，我再次被选举为人大代表和主席团成员。后来湖北省人大代表彭仕玉对我说："上面说赵梓森三峡辩论有功，希望继续选他当全国人大代表。"

图 6-1　1983年赵梓森参加第六届人大会议

赵梓森在访谈中，反复说的一句话就是："讲故事的目的是要说明道理。"他在自己撰写的文章或者PPT上，每说一个故事，必定要以简单的话语概括其中的道理。赵梓森对于这段故事用"坚持真理，无所畏惧"来总结。这八个字很容易让人联想到他在"背靠背"辩论、"单模光纤之争"等存在争议问题上的态度。一路走来，正是坚持和勇气，成就了赵梓森，也成就了中国光纤通信的事业。赵梓森对于三峡建设的议题之所以十分积极，除了对真理的一如既往的坚持外，也因为这一工程的建设事关上亿人的福利，包括后文将提及的关乎全中国光纤用户的"光纤到家"问题，赵梓森也是持同样的态度，非常关注。

第六章　小光纤编织大光谷

倡议建立中国光谷

美国有一个硅谷，而中国有一个光谷。"武汉·中国光谷"拥有国内最大的光纤、光缆和光电器件生产基地，最大的光通信技术研发基地，是中国在光电子信息领域参与国际竞争的标志性品牌。对于"光谷"这一概念的由来众说纷纭，但有一个源头不容忽视——赵梓森。1995年，因在中国光纤通信领域的开创性工作与突出贡献，赵梓森被评选为中国工程院院士。同年，他首次提出加快武汉的光电子产业发展，将武汉建设成光电子产业基地。

关于光谷的提出背景，赵梓森介绍说："我们搞了光纤通信，武汉是第一个打通的。后来又发展发展。全中国包括江苏省搞光纤的，杭州的，占领全世界的二分之一、三分之一，所以说中国应该有一个产业基地。华中科技大学有一个教授是搞通信的，他说中国应该有光谷，他讲的话也不算数，后来武汉有一个电子工厂叫中原公司，总工程师叫许其贞，他是全国政协委员，他把这个写成了提议。政协委员写的报告国家是要讨论的。一讨论，武汉说要在武汉，长春说要在长春，上海说要在上海，广州说在广州，后来上海和广州放弃了。长春有一个王大珩[①]，他早就

图 6-2 赵梓森院士证书

[①] 王大珩（1915-2011），中国工程院院士，光学专家，我国光学界公认的学术奠基人、开拓者和组织领导者，第三、第四、第五、第六届全国人民代表大会代表，第三、第七届全国政协委员，国家科学技术进步奖特等奖获奖者，中国工程技术界泰斗级人物。

是院士了,著名的科学家,我比他小得多了,他是光学的创始人,他说应该在长春。武汉也讨论了,省委书记贾志杰,叫我参加,提意见,我说我没有提议要搞光谷,我说我不敢跟王大珩争,我们就不争了。贾志杰说不行,但我们可以不叫'光谷',而叫'中国·武汉光谷'"①。

2000年5月7日,湖北省科协主持召开"中国光谷建设,武汉地区院士、专家座谈会",会上,包括赵梓森在内、杨叔子、熊有伦、殷鸿福、张勇传、潘垣、查全性、朱作言、宁津生、黄旭华、沈韫芬、曹文宣、刘经南、刘广润、文伏波、周济等26位院士和专家在《关于加快技术创新,发展我国光电子信息产业的建议》上签名,吁请党中央、国务院批准武汉建设国家级光电子信息产业基地——"中国光谷",集全国之力,促进中国光电子信息产业的重组与扩张,形成武汉光电子产业的示范效应和名牌效应。2000年5月31日,"武汉·中国光谷"领导小组聘请赵梓森、李德仁院士为"中国光谷"首席科学家。2001年2月28日,科技部正式批准在武汉建立国家光电子信息技术产业化基地。

为了增进交流,进一步扩大影响力,自2002年起,国家九部委和湖北省政府还联合主办了"中国光谷"国际光电子博览会暨论坛(以下简称"光博会")。光博会创办至今已成功举办十二届,累计吸引了全球30多个国家和地区的4500余家知名企业参展,35万多专业观众参观,举办了120多场论坛。作为光谷首席科学家,赵梓森在2008年的第六届光博会子论坛——"武汉·中国光谷"发展院士论坛上作了主题为"应该组筹创新风险基金"的发言。发言内容被2008年6月17日刊的《光明日报》专版《极目楚天论光谷》一文收录:

> 我建议发展有机发光二极管(OLED)。20世纪50年代已经有人研究有机半导体,1959年的时候我听说了,1959年中国当时还没有晶体管,美国有,可是发展慢了,一直到20世纪末都没有成效,很多大公司都放弃了这个项目的研究。搞不成的原因是注明稳定性不过关。

---

① 赵梓森访谈,2016年7月29日,武汉。资料存于采集工程数据库。

谁知道，2005年左右有机发光二极管被突破了，有的寿命可达到10万小时，即24小时工作，可工作11年，分辨率达到1000000∶1。现在已经可以做11英寸的计算机面板，声称可以做32英寸的，SONY和三星都说将有此产品。有机发光二极管所有的指标都超过液晶和等离子，它的厚度很小，它是可以卷曲的，作为它的优点，它自己发光，不需要灯管；耗能大大降低；响应时间小于10毫秒，调料丰富有利彩色显示，环境污染小。显示器的第一代是阴极射线显像管（CRT），第二代是液晶，第三代是有机发光二极管。现在有机发光二极管的价钱很高，不过可能大量生产就不会了。其实有机发光二极管属于有机半导体，它不仅是做面板，还有其他的东西。它还可以做有机太阳能电池。还可以放在墙上的，有极薄膜晶体管。可以做无线标签，它成本很低，可以剪出来贴，也可以做有机存储器，电子纸，照明发白光，它是平面光源；放在天花板上，它是没有影子的。有设想做两用的，平时作台灯，也可以作计算机显示，所以这是一个非常好的想象。有人说，那天花板的灯可以变成电视机，可在床上看电视。当然它最大的优势是可以卷，所以有人说，最近有一个美国专家，说他要做一个移动电视的终端，移动电视可以让大家在马路上看奥林匹克，中国2008年已有几个城市可用移动电视。有人建议我们武汉生产这个可放在口袋的移动电视（有点像MP4），我想用有机发光二极管可做成一支笔，卷开就是电视。作为我们国家光电子有机发光二极管应该是个很重要的方向。我想重点谈谈自主创新。因为我们国家目前是加工国家，不太赚钱。发达国家是创新国家，所以党中央国务院提倡创新。创新是有自己的自主知识产权、有自己的核心技术的东西，不是小改进的创新，我的理解就是这样的。基础研究的利润比较小，有时候你的利润你还得不到，比如牛顿发现万有引力也没有什么利益。应用研究有比较多的经济效益。企业主要是搞应用研究和产品技术开发。当前我们中国创新的重点是可盈利的创新，因此我们党中央提出了以企业为主体。创新需要的条件和环境，那么这个条件是什么呢？我看主要是人和钱的问题，即什么样的钱，"863"的钱一般不允许失败的,我们需要的是风险投资。我们有没有风险投资呢?风险投资的来源,美国等发达国家钱的来源就是大企业,就是资本家,可是我们中国企业家个人的投资是比较困难的,中国的大企业家,中小企业和个人力量小,需要国家的扶持。因此我建议组筹光谷创新风险基金,谁来组筹?这个里面就复杂了,很多人就怕组筹人把东西和钱财都给黑光了,谁来负责。我后来问了一下,他们说,美国12个创新项目,有11个失败,1个成功,让这一个补偿11个。原来国外有专营风险投资的机构,募集了很多的创新基金,以赢补亏,使投资者获利。所以我建议我们政府设立基金制度,让银行出面、政府出面,参与投资的人就会出现。设一个专家委员会对这个基金项目评论好不好,进行顾问咨询。对孵化器,政府还可有减免税收的政策。为了创新,投资者、经营机构、政府共担风险,这是我的建议。

"武汉·中国光谷"建成后,取得了很好的预期效应。从2001年立项批建,到2007年,只用了六年时间就建成了世界上最大的光产业基地。以此为龙头的中国光纤通信技术仅次于美国和日本,排名世界第三,光纤产量位居世界第一。据《光明日报》2008年6月17日刊,2007年光谷总收入达1300亿元,较去年增长30%;工业总产值1150亿元,增长29.21%;

图 6-3 武汉·中国光谷鸟瞰图

固定资产投资 110.1 亿元，增长 48.6%；财政收入 34.1 亿元，增长 30.4%；利用外资 5.7 亿美元，增长 41%。

在 2015 年举办的第十二届武汉光博会展览面积达 4 万平方米，来自美、俄、德、法、英、日、澳等 17 个国家和地区的 458 家企业参展，欧洲光学学会、俄罗斯激光协会、英国皇家物理学会、芬兰光电子协会、新加坡光学学会等全球 5 大光电机构齐聚，来自欧洲、印度、马来西亚、香港和大陆的近 300 多家采购商到会洽谈采购，专业观众达到 24152 人，11 场专业论坛同期举办，吸引听众 3327 人，展会的专业性和经贸效果持续提升。

牵挂光纤到户工程

伴随着中国互联网业的蓬勃发展，高带宽高传输速率的光纤通信也驶入了发展的快车道。赵梓森虽然退居二线，但他对于光纤通信领域，尤其是光纤通信产业一直保持着高度的关注。互联网的发展及其海量信息爆发式增长，对普通用户来说，最直接和迫切的需求就是提高上网速度。而提高上网速度最佳的方式就是光纤到户（fiber to the home，FTTH），即直接将光网络终端设置到用户家中，实现线路全光纤和零铜线，使用户享受到极高的上网速度。

赵梓森从 2002 年发表第一篇有关光纤到户的论文《接入网的过渡与光纤到家庭》起，到 2007 年的

图 6-4 2004 年赵梓森作"光纤到户"主题演讲

5年间，先后发表了《接入网和光纤到家庭的发展动向》《光纤到家庭的思考》《光纤到家庭FTTH与光纤到住地FTTP》《光纤到家庭与无线接入相结合》和《光纤到户的展望》共7篇学术论文，可见他对光纤到户的重视程度。

在光纤入户问题上，"如何降低用户上网费用"是赵梓森关注的核心。赵梓森表示："光纤技术已经到顶了，能做100T再多多不了，但是应用没有到顶。我们的光纤到家庭，还没到。没有倒不是技术问题，是口袋没有钱。光纤到户的带宽不得了，遇到的问题，是到户了大家也不敢用，因为我们现在是多少兆，收费一年就一千多，如果你要一百兆，那你就要几千块钱，就算目前已经光纤到户了，但是大家没有用，没有把带宽增加，因为付不了钱。光纤本身不贵，几分钱一米，通信机要有带宽，如果大家带宽增加了，我通信机的带宽不够了，要设立很多通信机，这个是要钱的，电信局要收钱，还有电视台要收钱，这个钱老百姓付不起。中国电信的总工程师，叫魏罗平，他的毕业论文实际上是我指导的，实际上是我的学生，他当了中国电信的总工程师，我就当面跟他讲，收费太高老百姓用不起。他说'收费不高啊，就算是跟美元一比，我的还是很少的'，我说你不能直接跟美元比，你要跟国内的工资比"[①]！

2012年，第九届"中国·光谷"国际光电子博览会暨论坛举办期间，文汇报记者采访赵梓森时，提及上海电信启动了全市第四次宽带大提速，使用512K宽带的市民可以免费升到10M时，赵梓森表示了他的疑惑："真的不要钱？"在得到记者肯定的答复后，他开怀大笑，"上海电信真是高瞻远瞩，有魄力。通过牺牲自己的利润让老百姓得到实惠，从而带动城市光网的发展，上海电信的张维华总经理真有眼光"。

自2013年中国国务院发布了"宽带中国"战略实施方案以来，宽带首次成为国家战略性公共基础设施，光纤产业也迎来了更加高速的发展环境。但在高速发展的同时，由于市场竞争的加剧，光纤光缆产能过剩的局面已经是不争的事实。光纤的价格甚至比面条还便宜，形势十分严峻。

---

① 赵梓森访谈，2016年7月29日，武汉。资料存于采集工程数据库。

中国光纤产业的这一困境也引起了赵梓森的关注。2016年5月，就光纤产能过剩的现状、原因和解决对策，他专门接受了中国科技网的访问。他谈及的主要观点是：

中国面临比较大的问题就是光纤产能过剩，包括武汉、上海、苏州等光纤市场发达等地。现在，光纤市场在中国发展快且便宜，有的光纤甚至卖到几分钱一米。相同长度的一根面条和一根光纤，实际上光纤比面条还便宜。大家都在竞争，你把价格压低，他也把价格压低，压低的办法就是增加生产线，降低成本，这就必然导致低端产品的堆积。这也不得不让我们对部分不法光纤光缆厂采用伪劣光纤原料的行为担忧。以再生原料顶替优质聚乙烯作为光缆护套，以普通铁皮或者镀锡钢带取代镀铬钢带、采用不符合标准的油膏等都是很多不法厂家降低成本所惯用的方法。这些低质量的光缆产品一旦被使用会给网络带来很大的安全隐患。光纤光缆生产企业之间竞争必须要有度，停止恶性、无序的竞争。大家把所有的产能堆积到同一类产品、同一个市场，以至于打破了产业链的生态平衡。企业一味靠规模扩张、同质化产品竞争，产能过剩是迟早的事，而恶性价格战也将不可避免。国内光纤光缆企业还是要注重技术创新，走差异化竞争之路，靠产品的特色、技术含量取胜。政府要发挥宏观调整，制定相关规范，但是解决能耗问题、成本问题，政府其实是控制不了的，市场经济时代不像过去的计划经济。要解决光纤产能过剩问题，我认为有三点措施：首先，要发挥政府的宏观调控力度。尤其是政府要在解决企业之间的恶性竞争问题，制定科学合理的法律法规，并确保相关法律法规的执行力得到有效落实。其次，企业要解决核心技术和原材料供应受制于人的问题。普通光纤光缆产能过剩的情况将会持续一段时间，国内光纤企业应该加大力度研发预制棒技术，破解和掌握光纤领域这一核心技术难题，并将目前的低端光纤产品转向高端光纤产品。最后，企业还应该采取"走出去"的方式，把眼光放长远，多向世界学先进，也许是解决国内光纤光缆产能过剩的一个好办法。

得益于赵梓森的呼吁、倡议和努力，我国的光纤到户工程进展良好，某种程度上甚至超过他的预期。据统计，截至 2015 年 6 月底，"光纤到户、宽带中国"的目标也实现了过半。这主要表现在，各种指标的完成情况均超过了当初预期。在速率的提升上，使用 4 兆及以上带宽产品的用户比例已经达到了 54%，比 2011 年末提升了 14 个百分点。全国已有 12 个省份 4 兆以上的宽带产品用户比例超过了 60%。在网络覆盖能力上，新增光纤到户覆盖家庭超过了 2300 万户，也超过了全年 3500 万目标任务的一半。在宽带用户发展上，新增固定宽带接入互联网家庭超过了 1000 万户，我们年初确定的是 2000 万户，也实现了时间过半任务过半。在降低单位带宽价格上，各地电信企业通过采取提速不提价等多种措施，如在北京联通，承诺在光纤入户改造可行的情况下，免费将宽带速率从 2M 提高到 10M，全国平均单位带宽价格比 2011 年年底下降了 18.7%。这些成果的取得既取决于通信运营企业，也取决于互联网网站企业，大家都要采取共同的举措来提升网络能力。目前各省通信主管部门积极推动出台本省实施指导意见，并不断创新工作方法，部分省也率先出台了地方光纤到户的强制性建设标准，积极争取将宽带建设纳入城乡规划。在政策的指引下，国内光纤厂商 2012 年自助研发的光纤产品得到了广泛应用，光棒产能提升明显，光棒自给率超过 45%，显著地提升了光纤厂商的盈利能力。据市场咨询机构 CRU International 统计，今年第一季度国内光纤需求量为 2750 万芯千米，按此推算，全年需求量为 1.2 亿到 1.3 亿芯千米。在其中，用于光纤到户的光纤在 1000 万芯千米以上。随着接入网光纤化

图 6-5　2016 年 5 月赵梓森接受中国科技网采访

（FTTH）将替代 3G 建设成为国内光纤需求的重要驱动力，4G 网络部署、三网融合、光纤老化替换升级将是国内光纤需求新的拉动力，物联网的发展、室内无线覆盖改造将为光纤带来新的需求空间。2012 年国内光纤需求预计增长 30%，总体供需偏紧，全年总需求在 1.28 亿芯千米，总供给在 1.23 亿，供需比为 0.96，供需不断改善将给光纤价格企稳提供有力的支撑。

荣膺武汉市功勋市民

2015 年 4 月，在武汉市民广泛参与推荐、评议基础上，赵梓森被评选为武汉市功勋市民。6 月，赵梓森登上武汉市民大讲堂，向武汉市民讲述了自己 20 年的光纤故事。实际上，赵梓森举办的面向各个年龄段人群的讲座不计其数，但他最愿意与之分享的还是在校学子。多年来，赵梓森开展讲座的学校既包括像华中科技大学、武汉理工大学、湖北城市建设职业技术学院的大专院校，也包括武汉市 11 中、中山市一中、珠海市一中这类中学。

赵梓森之所以对于学生关怀热切，是因为他认为早期经历对人此后的发展十分重要。他希望通过自己的故事，向学子们传达创新和兴趣在事业中的重要作用。正如他在接受科普中国网记者采访时说的那样：

童年对我们走后面的发展，是有很大的影响的。比方说我的初中

图 6-6　2015 年赵梓森获得的武汉市功勋市民证书

图6-7 2015年武汉市功勋市民颁奖现场（右四为赵梓森）

成绩并不好，要背的东西，经常勉强及格或者不及格，我的记忆力不好。但是数理化不错。为什么我数理化好呢？因为我喜欢玩。爱做模型飞机，要画图就要用几何；想装收音机，就要搞电子线路，要学物理。所以数理化好是凭兴趣引导的。我童年的时候虽然我玩，很多课不及格，甚至于我玩到考不了高中。但是我得到了好处，能够创新。因为玩的时候，会碰到很多问题，为什么是这样的？为什么是那样的？我这模型飞机飞不好，可能是角度太小，大一点就飞得好了，太大又不好了，那么经过试验，增加了我的创新能力和自信心。因为你敢于创新，听到人家说不可能不可能，你却敢去做。其实比我知识丰富的人，学习比我好的人多的是。但是他们不敢干，我就敢干，这个是可能的，我就敢干，不怕困难，一定要作出来。童年的玩耍对这些都是有帮助的。现在这个教育是做题考试、做题考试，被框住了，没有时间玩，（遇到困难）也没有时间想别的新办法，所以这个实际上是当前教育造成的后果。现在的学生目的就只是能够考上好学校。但这条路并不是非走不可的。教育部知道、家长知道，学生本人也知道。但是现在这种情况，是走进圈子里了，出不来。所以我对学生讲，名牌大学不重要，考上清华北大当然好了，但最重要的是专业[1]，这个专业是自己喜欢做的工作。只有在喜欢的工作上才能作出成绩来。所以名牌大学不重要，适合自己专业最重要，就是说还是兴趣重要。[2]

---

[1] 赵梓森说的专业，并非特指大学所学专业，而是泛指一切感兴趣的领域。
[2] 张佳兴，中国的光纤之父赵梓森：用科技创新报效祖国。http://junshi.gmw.cn/2016-08/16/content_21496069.htm。

结 语

自2010年老科学家学术成长资料采集工程实施以来，我先后参与或主持了数名老科学家（倪文鑫、方秦汉、文伏波、张本仁、赵梓森）的资料采集工作，每次与这些老科学家的直接和间接接触，都能给我很多感触和启迪，很多时候甚至可以说是感知到一股无形的巨大的震撼力量，他们的无比炽热的爱国情怀、艰苦奋斗的实干精神和精益求精的科研品质，都深深感动着我和采集工作团队的其他成员。我发现，这是他们之所以在学术和科研事业上取得成功的共同原因。

他们多数出生于20世纪20—30年代，在童年和青少年记忆中耳闻目睹落后中国所遭受的欺凌，十分明白落后就要挨打的道理，都能在年轻时代树立起科技救国和科技报国的理想，这是激发他们好好学习、励志科研的最深层动力。他们从事科研和学术成长的时代，正值新中国百废待兴、各种物质和文化条件特别艰苦的时期，在一穷二白的基础上搞尖端科技，就需要一股艰苦奋斗的精神，而他们往往能够迎难而上，不畏艰难，苦中作乐，身在陋室，志在高远，这是他们从事科学研究的精神动力。在他们学术成长的过程中，无一例外都曾受到"文化大革命"等政治运动的冲击，都曾遭受不白之冤和人身攻击，其中很多人退缩了或者熬不住陨落了，但他们始终坚持革命乐观主义精神，在逆境之中不屈服、不后退、不转向，不让自己到一线工作就坚持在家自学积累，相信并期待科学春天的到来，而一旦机会来临，他们都会一跃而上，把自己积累的能量成百倍和千倍地释放出来，从而取得傲娇的成绩，这是他们从事科学研究的信仰力量。

但他们分属于不同的学科，身在不一样的环境。不同的条件需要不同的个性与之融合。所以，他们的成功，在共性之外，个性的力量也是必不可少的，甚或是关键的，他们独特的个性和人格魅力常常是他们成功的催化因素，是促使他们取得成功的高尚的人性力量，是人性光辉的闪耀和升华。

这本传记的赵梓森院士尤其具有自己独特的、鲜明的人格力量。

赵梓森院士的第一个人格力量是对兴趣的坚持，甚至说"执拗"。他自小到老，只要找到感兴趣的东西，就很快迷恋上，并全身心投入，"九头牛"都难以拉回。小时候看见气球不能飞，就想如果往气球里充氢气，就可以飞了，于是按照化学老师讲的制备氢气原理，自己购买相关器材和设备在家制备；买不起收音机，又按照报纸上的介绍，与弟弟一起收集和制造最简单器材，自己制作；喜欢小提琴，又不好意思把家里唯一的一把表哥赠送的小提琴带到大学去，就自己动手一点点仿制。最执着的还是为了兴趣"三次退学、三考大学"的故事。赵梓森从小就喜欢亲自动手的、实用性的东西，对理论偏向的需要大量记忆的知识和学科不感兴趣，在浙江大学觉得所学的农业化学不是自己所感兴趣的专业，于是不顾家庭经济困难，依然放弃有奖学金的公立大学退学回家参加高考，考上复旦大学被分配到生物系又放弃再考，最终考上上海大同大学的电机系，觉得电机专业是实用性强的学科之后才最终入学学习。后来随高校合并进入上海交通大学，又选择了与实际生活更为紧密的电信专业。1973年看到"世界光纤之父"高锟的论文之后，最终迷恋上"玻璃丝通信"，自此一发不可收，把自己的毕生精力和全部能量都投入其中。对这些故事回顾一下不难想象，如果不是执拗兴趣最终选择电信专业，如果不是非常憧憬玻璃丝通信的光明前景而沉醉其中，"中国光纤之父"肯定不是赵梓森，甚至可能就不会有"中国光纤之父"了。

赵梓森人格力量的第二点是自信，超级自信。在多次的访谈中，我们几乎听不到他的任何抱怨和把失败归结于环境和他人的解释，给我们课题组成员的印象是，只要让他去做，似乎做什么都有办法，做什么都能做好。要深入揭示他这种"超级自信"的原因，是件非常困难的工作，可能需要专门的课题来深入研究。但从现象上总结，我们发现，他的自信其实源自他自小就有的不断成功经验的逐步积累。儿童及青少年时期，许多看似"高大上"的难以企及的事情，在强大兴趣力的驱动下，他都能把它们变为现实，而且多数都取得了成功，譬如制造氢气球、收音机和小提琴，再譬如高三时期为了考上理想大学弥补自己非常落后的文科科目。参加工作后，1959年，他率领团队研制的可解三阶微分方程的模拟计算机，在"武汉市高校五年成就展览会"上战胜专业从事计算机研究的专家团队，演示获得成功，被授予"武汉市高校科技成果特等奖"。1964年，他独立演算提出的"0-∞法解网络"解"梅森公式"因简捷实用得到学术界高度评价。1973年，他采用太阳光作平行光源，主导解决了立项研究多年而长期鲜有突破的国家级大气激光通信项目。这些理论研究和实践成功的经验无不一步步增加着他的自我效能，生长他的自信力。到1973年，当他从高锟论文中知晓玻璃丝可以通信，而且可以引导通信技术革命时，他没有像其他人那样产生怀疑和动摇，而是非常自信，认为：只要让我来做，我一定能做出来。正是这种自信到"爆棚"的信念，促使他不犹豫徘徊、不瞻前顾后，尽一切力量奋勇向前，并最终取得成功。

赵梓森人格力量的第三点是坚韧不拔。虽然从我们采集的资料来看，在赵梓森院士学术成长的过程中，很少有失败的故事和艰难的经历。但仔细分析后我们认为，这可能源自他倾向于描述积极的一面，而不太愿意展示其困难的地方。事实上，他的每一步关键的学术节点都曾面临重重困难，多数时候甚至是几乎毫无人力和物力资源的窘境，但他从没有被这些外部因素所吓倒，而是立足于现实条件，务实地一个个解决现实困难，逐步达成设定的目标。例如，在国家科学技术委员会组织的关于发展中国光纤通信方案的"背靠背"辩论之前，赵梓森几乎毫无前期的研究经验和基础，而同时参加辩论的都是已经从事过数年相关研究的机构和专家，就常规来说，很多人可能觉得毫无胜算，也许会打退堂鼓，但他基于全面的调查分析后，发现这些机构的思路和方向不符合中国实际，在实际发展中行不通，而自己虽然还没有开展相关研究，但对激光器、通信机和光纤材料的考虑是合乎国情的、最经济和最有操作性的，所以，他精心设计出自己的研究方案，条理清晰地向科学技术委员会领导和专家阐述自己的方案，结果得到一致性认可。再如，武汉邮电科学研究院开始并未把光纤研究列入重点支持项目，而是支持有较好基础的微波通信，因此在光纤研制早期几乎毫无条件。赵梓森根据实际情况，没有气馁，而是把一个废弃厕所改造成简陋的实验室，采用最原始的烧熔工艺研制光纤，最后硬是在难以想象的实验条件下研制出我国第一根光导纤维。在通信线路的试验阶段，因为没有符合要求的数字通信机，即使国外也尚未研制出来，很多人觉得已经没有希望，开始寄希望于国外研制出来再做。但赵梓森却没有知难而退，觉得不能等待，而是根据通信要求，提出暂时的可替代的脉冲式通信机方案，从而保证了我国光纤通信发展没有中断，没有落后于世界通信发展。

　　赵梓森人格力量的最后一点是淡泊名利。心底无私天地宽。一个人背负私利和虚名就难免患得患失，做事时缩手缩脚，工作时就会难以发挥自己最大的力量。很多人都非常惊叹赵梓森在科研工作中表现出的如此大的精力和能量，我们纵观赵梓森的学术成长和科研历程不难发现，在他的这种所谓"超能量"的背后，淡泊名利起到了很好的动力净化作用。初到武汉邮电学校时，校领导因为他个子小，怕他不能胜任讲台教学，安排他去实验室做实验员，负责装备备用电源工作，他虽有怨言和小沮丧，但并不太在意和计较，而是兢兢业业工作，解决了学校多年未能解决的备用蓄电池问题，从而赢得了领导的信任，第二年就安排他上课。我们还注意到，虽然光纤研制工作一直都是他在主导和负责，但在很长时间内，他都担任副职，譬如副主任、副总工程师等，但他也没太过计较，而是一门心思投入科研工作中。采访时问到此问题时，他的态度则是：这是我最理想的状态，因为做副职可以少开很多形式性会议，少操心一些与科研没有直接关系的事情啊！即使在当选院士后，武汉邮电科学研究院决定给他盖一栋院士别墅，配专车和秘书，都被他婉言谢绝了。退休后，他所有的工作，包括频繁的出差，都是自己买票、订酒店和乘车，到现在80多岁高龄依然如故，从不给单位增加一丝麻烦，也几乎没有任何特权思想。其淡泊名利的高尚和纯粹的人格力量确实让人肃然起敬！

　　总之，正是执着兴趣、强烈自信、坚韧毅力和淡泊名利四种因素构筑了赵梓森院士独特而强大的人格力量。兴趣为他指引正确方向，自信给他自我效能，毅力帮他克服困难，淡泊助他排除干扰。如此，他才会从一个没有研究生学历、没有出国学习经历、没有高端软件和硬件条件的单位里，不自卑、不沉沦，身处陋室，心怀天下，瞄准世界通信技术发展的最前沿，立足于国家和民族时代发展的需要，自力更生，艰苦奋斗，开创和发展了我国的光纤通信事业，成为当之无愧的"中国光纤之父"。

附录一　赵梓森年表

1932 年
2月4日，出生于上海市卢湾区莫利爱路（今香山路）。父亲赵泽鎏，上海先施公司职员。母亲谢秀群，一位医生家里女佣。1925 年，父母二人经老乡牵线搭桥结婚，共育有八位子女。兄妹中排行老四，大姐赵丽文，二姐赵美文，三姐赵汉文，五弟赵梓挥，六弟赵梓光，七妹赵志文，八弟赵梓雄。

1933 年
6月，迁住上海市北四川路（今四川北路）公益坊石库门。

1936 年
6月，迁住上海市闸北虬江路宝通路家庭自建的一栋三层新楼。

1937 年
3月，进入上海市蓬路（今塘沽路）飞虹小学读一年级。
7月，中日"淞沪会战"爆发，日军开始全面进攻上海。
8月，逃难至法租界，全家暂居上海同孚路（现石门一路）一窄小阁楼内。

10月，租住于公共租界中区派克路（今黄河路）协和里的一位亲戚家余房里。

1938年

3月，租住于公共租界东区靶子路（今武进路）一家一楼门面里，一家人靠母亲开店铺卖日用品谋生。

6月，飞虹小学就读二年级。

1939年

6月，飞虹小学就读三年级。

9月，算术课堂上口算巧解中国古代《孙子算经》中"鸡兔同笼"算题，显示出过人的数学天赋。

1940年

6月，飞虹小学就读四年级。

9月，手工课上自制飞机模型，因此受到市长接见，显示出手工制作天赋。

1941年

6月，飞虹小学就读五年级。

12月上旬，上课时校园外突发局部枪战，师生四散逃命，冷静带着在同校上一年级和二年级的两个弟弟，匍匐穿越日军步枪射击覆盖区，安全到达协和里5号亲戚家，关键时刻的沉着和勇敢受到亲人们称赞。

1943年

9月，进入上海市河南北路与塘沽路交叉口的钱业中小学就读初中一年级。

1944 年

9 月，钱业中小学就读初中二年级。

10 月，在一次化学课上看老师做化学实验演示对奇妙化学反应很感兴趣，课后自备设备想制造氢气和氧气，拟将氢气灌入气球内让其飞上天，找到设备但无相关试剂，遂求助化学老师龚老师，令龚老师很惊奇，高度评价其热爱科学和善于动手的精神，勉励其继续努力，并当全班学生面称赞其将来必定会成为科学家，因此受到莫大鼓励。

1945 年

9 月，抗日战争胜利后，全家迁回上海闸北虬江路自建家中。

1946 年

9 月，考入上海辅仁中学就读高一年级。因只对数理化类理科课程感兴趣导致理科成绩优秀而文科成绩较差。

1947 年

9 月，在上海辅仁中学就读高二年级。依然不喜欢文科类课程。

1948 年

9 月，在上海辅仁中学就读高三年级。为考上理想大学开始注重纠正重理科轻文科倾向，文科课程较快追赶上来，至高考前，成绩在班级已经名列前茅。

1949 年

9 月，以优秀成绩考入国立浙江大学农学院，先就读农艺专业，后转学农业化学专业。第一学年开设的课程主要有微积分、微分方程、无机化学、定性分析等，对这些课程还比较感兴趣。

1950 年

5 月，听高年级师兄说大二学年开设的课程均是需要死记硬背的细胞学、植物学、植物分类学等，感觉不太合乎自己兴趣，遂考虑弃学重新参加高考。在征得母亲同意后，第一学年末从浙江大学退学回上海复习准备再次高考。

6 月，在上海重新参加高考，报考复旦大学物理系。

7 月，被录取至复旦大学生物系，因不是自己感兴趣的物理专业，又改报私立上海大同大学电机系。

8 月，被上海大同大学录取，如愿就读电机系。

9 月，进入上海大同大学读大学一年级。

1951 年

9 月，上海大同大学读大学二年级。

1952 年

9 月，上海大同大学读大学三年级。

9 月 20 日，加入中国共产主义青年团。

11 月，私立上海大同大学在全国院系调整中被分割合并入其他公立大学，文科被合并到华东师范大学，理科被合并到复旦大学，工科被合并到上海交通大学。所在电机系被并入上海交通大学后，再被分属到电讯、发电、输配电三个系。最终选择电讯系，为日后从事光纤通信研究奠定专业基础。

1953 年

9 月，就读上海交通大学四年级。

9 月中旬，作为实习队长带领十多位同学前往南京电信总局进行市话专业实习，学习插入式市内通话交换机工作原理。

12 月，转至沈阳电信总局铁西分局实习。主要学习机械旋转式市话设备的工作原理和日常设备的维护。

1954 年

8月，实习完毕后返校顺利毕业，被分配到中南邮电管理局下属的武汉邮电学校工作。

9月27日，到达武汉邮电学校报到。因学校业已开学，任课教师均已排定而被安排到实验室上班，从事安装蓄电池工作。

1955 年

2月，初次走上讲台，教授数学课程。不同于其他教师采用"题海战术"，自创分类学习法，收到良好效果，所教班级数学课程统考成绩排名全校第一。

12月，被评为"武汉电信学校优秀教学工作者"。

1956 年

课程之余开始自学苏联电信专业教材。在随后两年多时间里，基本自学完苏联大学中电信专业普遍开设的本科生和研究生课程。

1957 年

7月，因整风运动期间写了一张大字报，险被划入"右派分子"。后因电信学校副校长梁嘉卉力挺其业务优秀，政治可靠，才得以幸免。为其安心在家自学和悄悄制作电视机和收音机等创造了条件。

1958 年

7月31日，邮电部下指示，武汉电信学校改建成武汉邮电学院。为解决师资力量严重不足的问题，学院成立数学培师班，被指派为培师班教师。

1959 年

6月，武汉邮电学院正式成立。

12月，为完成"科研大跃进"任务，率领团队研制出可解三阶微分方程的模拟计算机,并在"武汉市高校五年成就展览会"上公开演示获得成功,被授予"武汉市高校科技成果特等奖"。

1961 年

3 月,因教学成绩突出被选派参与邮电部组织的高校教材编写工作,参与编写了《电工原理》和《长途通信》等数本大、中专教材。

1962 年

2 月,转入通信专业从事本科生的教学工作,教授"脉冲技术"课程。

1964 年

6 月,与武汉邮电学院助教范幼英结婚。

7 月,被派往中国科学院物理研究所进修,跟随从英国留学归来的博士陈芳允学习。陈芳允博士时任中国卫星测量和控制工程总体技术负责人。但进修 2 个月只见过陈芳允博士一面,此后再未参与任何课题和科研工作。

8 月,在北京等候陈芳允博士召见期间收到复旦大学六弟赵梓光来信,询问如何推导信号流图的"梅森公式"。在学习"梅森公式"知识试图回答弟弟问题时,发现该公式的烦琐和应用局限,经独立思考后提出了更为简洁实用的"$0-\infty$ 法解网络"算法,令弟弟钦佩不已。

8 月底,因无实质性进修内容提前返回武汉邮电学院。

1965 年

6 月 15 日,女儿赵颖出生。

12 月,撰写的科研论文"用 $0-\infty$ 法解网络"发表于《电子学报》1965 年第 4 期。论文发表后受到航天部总工程师蔡金涛的高度评价,在翌年出版的《电子学报》第一期上专门撰文"关于网络问题的简洁解法"来介绍和讲解"用 $0-\infty$ 法解网络"论文的贡献和价值,认为论文创新可达到世界先进水平。该论文为赵梓森平生首项科研成果。

1966 年

3 月，中国科学院陈芳允博士看到其发表于《电子学报》上的论文"用 0-∞ 法解网络"，重新认可其科研潜质，派人到武汉邮电学院邀请其到中国科学院参与卫星测量和控制工作，但被其婉拒。

6 月，因赏识其才华的武汉邮电学院领导施光迪和梁嘉卉均被打倒受到牵连，加之在《电子学报》上发表了所谓的"反动文章"，被造反派扣上"修正主义的黑苗子"的帽子，受到批斗，让其"领导"施光迪等"修正主义分子们"天天打扫卫生。

7 月，武汉邮电学院学生组织"大串联"，学校停课。随后 2 年成为无学生可教的"逍遥派"教师，借此机会正好一门心思在家自学开展电器（如电视机等）制作。

1968 年

3 月，学院学生开始"复课闹革命"运动，又被安排教授《电工原理》课程。

9 月，"工人阶级毛泽东思想宣传队"进驻武汉邮电学院。因其两个姐姐在中华人民共和国成立前分别移居到台湾和香港，受到严格的政治审查。

12 月，被派往黄石电厂指导学生实习，参加该厂电路改造工程。

1969 年

3 月，被派往四川眉山 505 厂，参加部属"1800 路中同轴电缆"项目，负责电视信号接通工作。

12 月 30 日，邮电部军管会宣布撤销武汉邮电学院，改建为电信总局 528 厂，下设光设备车间、模具车间、电路及装配车间。工厂主要任务是负责生产 600 路以上微波终端设备。

1970 年

9 月，儿子赵毅出生。从四川眉山 505 厂请假回汉探亲半月。

12 月，完成眉山项目后回到武汉。被安排到 960 路微波载波机的电路及装配车间，从事研发工作。

1971 年

11 月，电信总局向 528 厂下达"毫米波通信""大气激光通信""新能源研究"三项科研任务。其中的大气激光通信项目，此前已在北京电信总局 501 厂立项，但通信距离始终保持在 10 米左右，经多年研究均未达到预期科研目标。大气激光通信研究室主任尹延勋看重其科研能力，力邀其加入该研究室主导此项目研究，因参与研究的 960 路微波终端设备项目尚未完成未能如愿。

1972 年

4 月，960 路微波终端设备通过上海邮电部 519 厂的鉴定。遂从电路及装配车间抽调出来，调任大气激光通信研究室副主任。

6 月，发现既往大气激光通信距离不能突破的核心原因是无法产生平行光源。经过深入思考和研究，发现太阳光其实就是很好的平行光源，因此解决了大气激光通信项目的理论瓶颈，该项目因此获得重大突破。

12 月，率领研究室人员先后完成了光学天线的校准、氦—氖激光器的微调和脉冲相移通信机的研制，使大气激光通信在实验室里突破到百米左右距离。

1973 年

1 月，在一个晴朗的夜晚率领研究人员开展大气激光通信项目户外试验，测试实际通信距离。发射激光光源信号处是武汉当时最高的建筑——汉口水塔钟楼楼顶，接收处远在武昌 528 厂厂区，两处直线距离 9.8 千米，最终试验成功，大气激光通信传输项目因此获得重大突破。其科研能力进一步得到领导和同人们认可。

2 月，虽然因为大气激光通信项目的成功得到了领导和同志们的交口称赞，但其意识到激光通信因为天气和自然障碍物的因素，在使用条件和传输距离上存在很大局限，坚信激光不能成为今后理想的通信传输媒介，转而开始思考新的通信介质。

3月，在湖北省图书馆查阅到英籍华人科学家高锟于1966年在 *Proc. IEEE* 杂志上发表的论文 *Dielectric-fibre surface waveguides for optical frequencies*，对"光纤通信"有了初步认识，非常赞同高锟的观点，确定了研制光纤通信的科研目标。

4月，经多方打听获悉，美国康宁公司已研制出低损耗的石英光纤，更加坚定了做光纤通信研究的决心。

5月初，作为528厂代表，与尹延勋一同出席全国邮电科研规划会议。期间听说著名科学家钱伟长教授赴美刚回来，遂前去清华大学拜访。从钱伟长那里得到了美国正在秘密研发光纤通信，且所生产石英光纤损耗已降至4dB/km以下的确切消息。非常着急，感到必须尽快争取把光纤通信列入我国的邮电科技发展规划。

5月中旬，通过艰苦努力和多方说服，在全国邮电科研规划会议最后形成的文件里，把"积极创造条件开展光导纤维研制工作"列入528厂的科研规划之中，并把"光导纤维研制"确定为528厂的一般性研究课题。光纤通信研究项目终于获得首次立项。

1974年

2月23日，邮电部发文通知，成立武汉邮电科学研究院。按照研究项目需要，设立六个研究室，任命其担任第二研究室（激光通信及光导纤维研制）副主任，因此获得了领导光纤通信研制的机会。

5月27日，向武汉邮电科学研究院筹备组组长施光迪作了"光导纤维研制调查情况"的汇报，争取到院领导对光导纤维项目的重视。

6月，率队南下上海和福州，到一些与光纤研制相关的单位参观学习。

8月8日，以第二研究室名义提交了《关于开展光导纤维研究工作的报告》，当日即被签发上报至邮电部科技委。

9月，国家科技办组织光纤研制相关单位就光纤项目的国家级立项进行"背靠背"辩论，以决定是否予以立项支持，并确定项目负责单位和负责人。其在辩论会上提出的"石英光纤作传输介质、半导体激光器作光源、脉冲编码调制为通信制式"方案得到了国家科技办领导和相关专家的认可。辩论会的结果非常理想，不仅光纤通信被列入国家"五五"计划重点赶超科研项目，而且邮电部亦将该项目列入邮电部十年科研规划，并决定把此项目交付武汉邮电科学研究院实施。其提出的光纤通信研制方案得到了国家级的立项支持。

1975 年

1 月，邮电部确定由武汉邮电科学研究院与武汉大学、沙市石英玻璃厂三家组成"湖北地区光导纤维研制工作协作点"，并在武汉邮电科学研究院召开了"协作点"第一次会议，讨论各自分工。

10 月，在"武汉邮电科学研究院 1976—1985 十年科研发展规划编制会"期间，与院总工程师杨恩泽就"毫米波通信"和"光纤通信"何者为院重点项目问题进行辩论。结果院党委最后敲定毫米波通信为重点，而光纤通信成为院一般项目。光纤通信项目研制工作因此遭受挫折。

1976 年

2 月，借用武汉邮电科学研究院科研楼一楼厕所旁边一个废弃的清洗间为实验室，由黄定国、史青、唐仁杰等数人组成了光纤通信研究组，开始研制光导纤维。

5 月，在进行化学实验时突发意外，盐酸和氯气冲入其眼鼻，被紧急送至广州军区武汉陆军总医院医治。医生清洗其眼鼻后感觉无大碍，当日即返回实验室继续开展实验。

1977 年

3 月，研制出了中国第一根短波长（0.85 微米）阶跃型石英光纤（长度 17 米，损耗 300dB/km）。

5 月，在"邮电部工业学大庆展览会"上，成功用自行研制的光纤演示传输黑白电视信号，得到时任邮电部部长钟夫翔的称赞和赏识，光纤通信重新获得重视，不仅再次被列为邮电部重点项目，还得到武汉邮电科学研究院的坚定支持。武汉邮电科学研究院遂决定放弃原来确定的重点攻关目标"毫米波通信"，改为全力攻关"光纤通信"，光纤通信研究开始驶入快车道。

12月，当选湖北省第四届政协委员。

1978年

3月18日，参加第一届全国科学大会。会上，其所领导的"预制棒熔炼课题组"获国家科技部颁发的先进集体奖。

4月23日，参加邮电部在武汉邮电科学研究院召开的以"集中力量，统一攻关，加速光纤通信技术的发展"为中心议题的"784"会议。

4月，邮科院原第一、第二研究室撤销，合并成立邮电部激光通信研究所，任副所长。

9月，作为中国邮电部代表团成员，赴意大利热那亚参加第四届欧洲光通信会议，并参观当届的世界光通信展览会。展览会上得以与"世界光纤之父"高锟初次会面。

12月，参与编写的《激光通信》一书由人民邮电出版社出版。

1979年

2月，加入中国共产党。

7月3日，主持建成了武汉邮电科学研究院院内8Mb/s、120话路、5.7千米架空光纤通信试验段线路。该线路系统所用光纤、光端机、光电器件均是由武汉邮电科学研究院自行研制和生产，系当时中国最长的光纤试验线路。一年后，该线路延伸到7.7千米。

10月，美国科学院院士、工程科学院院士、贝尔实验室光电部主任田炳耕博士，美国林肯实验室研究员谢肇金博士，受邀来华讲学。田炳耕建议其勿到美国留学，承诺日后以参观的形式引荐其前往美国。

10月，在中国首先打开了长波长"低损耗光纤通信窗口"，使长波长光纤的损耗降低至1dB/km以下，达到当时世界先进水平。

12月1日，"第一届全国光纤通信学术会议"在武汉召开。会上提交

《数字光纤通信系统的估算》一文，被会议评审为"高学术水平论文"。

1980 年

1 月 23 日，被评为武汉邮电科学研究院 1979 年度先进工作者。

2 月 13 日，前往瑞士参观访问。

4 月，论文《数字光纤通信系统的估算（5.7 公里实验线路的估算）》发表于《邮电研究》1980 年 01 期上。

7 月 12 日，被任命为邮电部激光通信研究所所长兼总工程师，武汉邮电科学研究院副总工程师。

1981 年

3 月，论文《数字光纤通信系统的估算》发表于《通信学报》1981 年 01 期上。

4 月，论文《计算光接收机误码率的精确方法 –Gram–Charlier 级数法》发表于《光通信研究》1981 年 01 期上。

4 月，邮科院与谢肇金合资经营的中国"长江激光电子有限公司"正式成立，该公司半年后研制出通信用的长波长半导体激光器。

7 月 1 日，武汉邮电科学研究院举行集会庆祝中国共产党成立 60 周年，会上被评为 1981 年度优秀党员。

9 月，邮电部和国家科学技术委员会确定在武汉建立一条光纤通信实用化线路，因工程限定于 1982 年完成，故简称"八二工程"，被指定为项目负责人。

1982 年

3 月，赴香港参加中国科学院组织的光电子学讲习班。

6 月 25 日，被评为邮科院 1982 年度优秀党员。

12 月，拉制出单模光纤样品。促使邮电部确定单模光纤为发展路线。

12 月 28 日，邮电部副部长宋直元来武汉视察"八二工程"。视察前几小时，因同事操作失误导致机器损坏，赵梓森迅速应激拼凑出临时系统，顺利通过了领导视察工作。

12月31日,"八二工程"全线开通,传输速率为8Mb/s,全长13.3千米。

1983年

1月,武汉邮电科学研究院"八二延伸工程"启动,担任负责人。

2月,荣获湖北省特等劳动模范称号。

3月,论文《数字光接收机灵敏度计算的通用曲线》发表于《通信学报》1983年01期上。

5月17日,被任命为武汉邮电科学研究院总工程师。

6月,当选第六届全国人民代表大会代表、主席团成员。

9月,向国际电报电话咨询委员会(CCITT)提交文稿《武汉光纤市话中继系统》。

10月,在国家科学技术委员会组织的光纤通信规划会上,力主发展单模光纤,但遭到多数人反对。最终邮电部科技局局长梁健拍板,决定发展多模光纤。

1984年

2月,率邮电部光纤通信研究组赴英国考察。

6月24日,前往日本、美国考察。

12月,所著《数字光纤通信系统原理》由科学出版社出版。

12月,邮电部确定在武汉建设邮电部武汉通信光纤厂,隶属武汉邮电科学研究院领导并由武汉邮电科学研究院负责筹建。任命其担任光纤厂筹备处技术负责人。

1985年

1月,任武汉邮电科学研究院副院长兼总工程师。

1月28日,与荷兰飞利浦公司初步达成光纤制造合作办厂协议,中方负责技术,飞利浦公司负责制造工艺。

5月,获全国"五一劳动奖章"。

9月,主持的"八二工程"获邮电部科学技术进步奖一等奖和国家"六五"攻关表彰奖。

10月,主持的"八二工程"获国家科学技术进步奖二等奖、邮电部科学技术进步奖一等奖。

12月,被评为全国邮电系统特等劳模。

1986年

3月,所著论文《140Mb/s,565Mb/s光纤通信系统的传输考虑》发表于《电信科学》1986年02期上。

5月,被国家科学技术委员会、国家经济贸易委员会、国家计划委员会、财政部联合授予国家"六五"科技攻关先进个人称号。

10月30日,任武汉邮电科学研究院工程技术职务评审委员会主任。

1987年

2月24日,湖北省邮电管理局与武汉邮电科学研究院签订"武汉荆州间进行架空长途光缆通信试验协议书"("汉荆沙"工程),正式启动"汉荆沙"工程,任命其担任工程项目负责人。

6月9日,邮电部下达"扬州—高邮34Mb/s长波长单模光缆通信系统实用化试验工程"("扬高"工程),担任工程技术总负责人。

8月31日,出席邮电部科技局在北京召开的"合肥—芜湖140Mb/s光缆数字通信试验段工作会议","合芜"工程正式立项,被推选为试验段现场领导小组副组长和工程技术负责人。

12月,"汉荆沙"工程竣工,全长244.86千米,传输速率34Mb/s。

1988年

1月,"汉阳—汉南140Mb/s单模光纤通信市话中继系统工程"开工建设("汉南"工程),担任工程项目负责人。

3月,论文《第十三届欧洲光通信会议概述》发表于《电信科学》1988年02期上;论文《第十三届欧洲光通信会议概述(续)》发表于《电信科学》1988 年 03 期上。

3 月 25 日，当选第七届全国人民代表大会代表、主席团成员。

4 月，主持的"扬高"工程竣工，全长 62.6 千米。

6 月，主持的"汉荆沙"工程通过邮电部鉴定验收，获邮电部科学技术进步奖一等奖，湖北省科学技术委员会科技成果一等奖。

6 月 18 日，主持的"汉南"工程竣工，全长 37 千米。

7 月，著作《单模光纤通信系统原理》由人民邮电出版社出版。

8 月，论文 The Introduction of Optical Fiber Communication in China 发表在 Hungarian-Sino Joint Seminar 上。

9 月 1 日，主持的"扬高"工程通过邮电部鉴定验收。

9 月 11 日，主持的"扬高"工程被列为"国家光纤通信试点示范工程"。

1989 年

1 月，主持的"汉南"工程通过邮电部验收。

9 月，国务院授予其"全国先进工作者"称号。

10 月，主持的"扬高"工程获邮电部科学技术进步奖一等奖。

1990 年

5 月，论文《光纤通信的现状和未来》发表于《电信科学》1990 年 04 期上。

10 月，论文《光通信系统时钟提取单元的抖动特性》发表于《通信学报》1990 年 05 期上。

12 月，主持的"扬高"工程获国家科学技术进步奖二等奖。

1991 年

1 月，主持的"合芜"工程竣工，全长 146 千米。

5 月，主持的"合芜"工程通过国家鉴定验收，并获邮电部"七五"国家重点科技攻关项目一等奖。

7月，主持的"汉荆沙"工程获国家优质工程银质奖。

12月30日，"北京—武汉—广州140Mb/s架空光缆工程"（"京汉广"工程）会议在北京召开，会议决定成立邮电部"京汉广"工程领导小组，武汉邮电科学研究院为工程总负责单位。任命其担任工程技术总负责人。

1992年

2月20日，被邮电部聘为第二届邮电部科学技术进步奖评审委员会委员，任专业评审组组长。

3月，参加第七届全国人民代表大会第五次会议，就"三峡建设"问题建言献策。

10月，60岁退休，同时被聘任武汉邮电科学研究院高级技术顾问。

1993年

3月，当选第八届全国人民代表大会代表、主席团成员。

5月，主持的"合芜"工程获国家科学技术进步奖三等奖。

6月29日，主持的"京汉广"工程全线开通。

1994年

6月30日，论文《光纤通信的回顾与展望》发表于《光通信研究》1994年01期上。

1995年

5月，当选为中国工程院院士。

7月，电气与电子工程师协会（IEEE）国际集成光学和光纤通信大会在香港举行，高锟博士代表大会赠予其纪念品。

12月，合著论文《提高国产激光器组件直接调制速率与PIN—FET组件频响带宽的新技术》发表于《通信学报》1995年06期上。

1996 年

6 月，合著论文《多路彩色电视信号调频副载波光纤传输系统》发表于《通信学报》1996 年 03 期上。

12 月，当选电气与电子工程师协会（IEEE）会士。

1997 年

9 月，当选中国共产党第十五次全国代表大会代表并出席会议。

1998 年

11 月，被聘为武汉市人民政府参事。先后撰写《关于对省、市筹建"武汉·中国光谷"问题的建议》《关于中国加入 WTO 前我市应做有关准备工作的建议》《关于整顿城市路牌门牌为建设数字武汉打基础的建议》《关于加速发展武汉数字电视的建议》《关于加快发展武汉市因特网建设的建议》《倡导创新思想培养创新人才》等文章，积极为武汉的科技发展建言献策。

1999 年

5 月 28 日，国家主席江泽民到武汉邮电科学研究院视察，由其担任主要讲解员。

9 月，论文《世界光纤通信发展新动向》发表于《光纤通信技术》1999 年 09 期上。

10 月，合著论文 *A Method for Dispersion Compensation Based on GLM Theory* 被收入"亚太地区通信会议暨光电子通信会议"论文集。

2000 年

5 月 7 日，与杨叔子等 25 名院士或专家联名向党中央、国务院呈交《关于在武汉建立"中国光谷"的建议书》。

5 月 31 日，被武汉·中国光谷领导小组聘请为"武汉·中国光谷"首席科学家。

8月，所著报告《OFC 2000 世界光纤通信大会概要》发表于《光纤通信技术》2000年08期上；所著报告《OFC 2000 世界光纤通信大会概要（续）》发表于《光纤通信技术》2000年09期上。

2001 年

5月，荣获湖北省科学技术突出贡献奖。

10月，参加首届湖北科技论坛。所作大会报告《世界光通信技术的发展现状、趋势与湖北的对策》被收入《新世纪科技与湖北经济发展—2001首届湖北科技论坛论文集》。

2002 年

5月，专著《玻璃丝的神通：浅谈光纤通信》由清华大学出版社出版。

7月，论文《接入网的过渡与光纤到家庭》发表于《网络电信》2002年07期上。

11月8日，出席中国共产党第十六次全国代表大会。

2003 年

9月，参加第三届中国光通信技术与市场研讨会，所做报告《光纤到家庭的思考》被收入《第三届中国光通信技术与市场研讨会论文集》。

11月2日，参加"中国·武汉光博会暨IOIT2003中国光谷光通信技术论坛"，所做报告《接入网和光纤到家庭的发展动向》被收入《中国·武汉光博会暨IOIT2003中国光谷光通信技术论坛论文集》。

2004 年

1月，论文《光纤到家庭FTTH与光纤到住地FTTP》发表于《网络电信》2004年01期上。

11月，出席第三届"中国·光谷"国际光电子博览会暨论坛，亲自为"光纤到户"工作做宣传。

2005 年

9月21日，出席"中国第一届光纤光缆产业高层论坛"。所作报告《光纤通信技术今后如何发展》被收入《中国第一届光纤光缆产业高层论坛论文集》。

10月，所著论文《2005光纤通信新进展》发表于《光通信研究》2005年05期上；所著论文《光纤到家庭与无线接入相结合》发表于《光纤通信技术》2005年04期上。

2006 年

6月，论文《FTTH发展动向》发表于《光通信》2006年06期上。

11月，论文《光纤到户的展望（纲要）》发表于《光通信》2006年11期上。

2007 年

3月25日，参加第31届美国光纤通讯展览会及研讨会，在美国加州阿纳海姆会议中心作报告。主要介绍FTTx、光交换、光纤传输、光器件方面的情况。

2008 年

6月，出席第六届国际光电子博览会暨论坛。在其中的"武汉·中国光谷发展院士论坛"上，所作报告《应该组筹创新风险基金》中的部分发言发表在《光明日报》2008年6月17日第10版上。

2009 年

6月，论文《我在武汉邮电科学研究院亲身经历的故事》发表于《烽火科技报》2009年06期上。

8月，论文《从美国OFC会议看光通信的前沿发展》发表于《光学与光电技术》2009年07期上。

2010 年

3月，前往武汉市育才第二小学，为全校师生讲解科普知识。

2011 年

9月，论文《光纤通信的过去、现在和未来》发表于《光学学报》2011年09期上。

12月，向武汉市政府提交《关于加快发展武汉高技术服务业的调研报告》。

2012 年

1月，入选《长江日报》组织评选的"武汉精神代言人"。

2月28日，在华中科技大学作主题为"科学精神与实践"讲座。

6月，专著《光纤通信技术概论》由科学出版社出版。

8月11日，赴呼和浩特参加2012国际光纤通信论坛。

2013 年

论文《宽带中国》发表于《网络电信》2013年11期上。

2014 年

3月，论文《光纤通信技术和产业概况》发表于《科技导报》2014年08期上。

5月，论文《物联网和传感器》发表于《光通信研究》2014年03期上。

2015 年

4月，被评为首届"武汉市功勋市民"。

11月11日，参加2015"中国·光谷互联网+物联网产业发展"国际高峰论坛。作题为《互联网+时代光谷产业发展》报告。

2016 年

5 月，为纪念高锟首次提出采用光纤通信 50 周年所撰写的论文《中国光纤通信发展的回顾》发表于《电信科学》2016 年 05 期上。

8 月，接受《光明网》"军事风云—人物志"栏目组专访，谈中国光纤通信事业的发展历程。

9 月 6 日，出席第十八届中国国际光电博览会（CIOE 2016）。

附录二　赵梓森主要论著目录

一、论文

[1] 赵梓森. 用 0-∞ 法解网络 [J]. 电子学报, 1965, 4: 335-336.

[2] 赵梓森. 数字光纤通信系统的估算 (57 公里实验线路的估算) [J]. 光通信研究, 1980, 1: 18.

[3] 赵梓森. 计算光接收机误码率的精确方法 (Gram-Charlier 级数法) [J]. 光通信研究, 1981, 1: 14-33.

[4] 赵梓森. 数字光纤通信系统的估算 [J]. 通信学报, 1981, 1: 1-11.

[5] 赵梓森. 数字光接收机灵敏度计算的通用曲线 [J]. 通信学报, 1983, 1: 8-15.

[6] 赵梓森. 140Mb/s, 565Mb/s 光纤通信系统的传输考虑 [J]. 电信科学, 1986, 2: 32-39.

[7] 赵梓森. 第十三届欧洲光通信会议概述 [J]. 电信科学, 1988, 2: 9-15.

[8] 赵梓森. 第十三届欧洲光通信会议概述 (续) [J]. 电信科学, 1988, 3: 10-17.

[9] 赵梓森. 光纤通信的现状和未来 [J]. 电信科学, 1990, 4: 2-7.

[10] 黄守华，赵梓森. 光通信系统时钟提取单元的抖动特性 [J]. 通信学报，1990，5：52-61.

[11] 赵梓森. 浅谈光纤通信 [J]. 科技进步与对策，1990，5：36-37.

[12] 赵梓森. 光纤通信的回顾与展望 [J]. 光通信研究，1994，1：10-13.

[13] 赵梓森. 第三讲光纤通信 [J]. 学习月刊，1994，11：22-23.

[14] 任新根，赵梓森. 提高国产激光器组件直接调制速率与PIN—FET组件频响带宽的新技术 [J]. 通信学报，1995，6：114-119.

[15] 赵梓森. 国外光纤通信发展趋势和国内情况介绍 [J]. 光通信研究，1995，4：7-14.

[16] 赵梓森. 超大容量光纤通信系统研究的进展 [J]. 电子科技导报，1995，1：1-5.

[17] 任新根，赵梓森. 多路彩色电视信号调频副载波光纤传输系统 [J]. 通信学报，1996，3：103-108.

[18] 赵梓森. 国外光纤通信技术的新进展 [J]. 光纤通信技术，1998，8：1-3.

[19] 邹柳娟，周志敏，唐良晶，等. Bragg光纤光栅色散补偿的理论分析与研究 [J]. 光通信技术，1998，4：284-289.

[20] 潘小龙，邹柳娟，刘水华，等. 线性啁啾布拉格光纤光栅的优化设计研究 [J]. 华中理工大学学报，1998，12：101-103.

[21] 赵梓森. 世界光纤通信发展新动向 [J]. 光纤通信技术，1999，9：7-18.

[22] 赵梓森. 世界光电器件和集成光电器件发展扫描 [J]. 电子产品世界，1999，9：63-64.

[23] 赵梓森. 世界光纤通信发展新动向 [J]. 光纤通信，2000，1：1-9.

[24] 赵梓森. OFC'2000世界光纤通信大会概要 [J]. 光纤通信技术，2000：8：4-8.

[25] 赵梓森. OFC'2000世界光纤通信大会概要（续）[J]. 光纤通信技术，2000：9：1-4.

[26] 赵梓森. 光波分复用WDM网的建设及其新技术 [J]. 中国电信建

设，2000，12，4：44-46.

[27] 赵梓森. 中国光纤通信的开拓者—武汉邮电科学研究院—烽火通信 [J]. 当代通信，2000，7：11-13.

[28] 潘小龙，赵梓森. A method for dispersion compensation based on GLM theory[C].//Communications, 1999. APCC/OECC'99. Fifth Asia-Pacific Conference on. and Fourth Optoelectronics and Communications Conference. IEEE，1999，1375-1377.

[29] 邹柳娟，潘小龙，邹道文，等. Chirped Bragg 光纤光栅的优化设计与优化指数 [J]. 光学技术，2000，2：172-175.

[30] 赵梓森. 光纤通信发展动向 [J]. 电信工程技术与标准化，2000，6：1-5.

[31] 赵梓森. OFC'2001 概述 [J]. 光纤通信技术，2001，7：3-7.

[32] 潘小龙，赵梓森. AWG 模拟软件的研制及应用 [J]. 光通信研究，2001，2：32-34.

[33] 赵梓森. 光纤通信及其相关产业 [J]. 光通信研究，2001，2：32-34.

[34] 赵梓森. OFC2001 概述（续）[J]. 光纤通信技术，2001，9：10-12.

[35] 赵梓森. 光纤通信一年要览 [J]. 光纤通信，2001，6：8-12.

[36] 赵梓森. WDM 技术的关键光器件的新思路 [J]. 中国数据通信，2001，1：5-9.

[37] 赵梓森. 世界光通信技术的发展现状，趋势与湖北的对策 [J]. 新世纪科技与湖北经济发展——2001 首届湖北科技论坛论文集，2001.

[38] 潘小龙，赵梓森. 一种简化的基于 BPM 的 AWG 优化设计方法 [J]. 半导体学报，2002，1：79-81.

[39] 赵梓森. 接入网的过渡与光纤到家庭 [J]. 网络电信，2002，7：11-14.

[40] 赵梓森. OFC'2002 概述 [J]. 光纤通信技术，2002，8：1-7.

[41] 赵梓森. 我国发展宽带业务及建设宽带网的探讨 [J]. 邮电设计技术，2002，10：1-4.

［42］赵梓森. 2002—2003年光纤通信技术的进步［J］. 光纤通信技术，2003，11：11-15.

［43］赵梓森. 光纤到家庭的思考［C］. 第三届中国光通信技术与市场研讨会论文集，2003：10-12.

［44］赵梓森. 接入网和光纤到家庭的发展动向［J］. 光纤通信技术，2003，11：9.

［45］孙俊，赵梓森. 在WDM全光网络上构建上层网络的路由算法［J］. 光子学报，2003，9：1102-1105.

［46］赵梓森. OFC2004光纤通信大会摘要［J］. 光纤通信技术，2004，8：1-6.

［47］赵梓森. 光纤到家庭FTTH与光纤到住地FTTP［J］. 网络电信，2004，1：16-18.

［48］赵梓森. 2005光纤通信新进展［J］. 光通信研究，2005，5：1-8.

［49］赵梓森. 光纤通信技术今后如何发展［J］. 当代通信，2005，8：26-28.

［50］赵梓森. 光纤到家庭与无线接入相结合［J］. 光纤通信技术，2005，4：1-2.

［51］赵梓森. FTTH发展动向［J］. 光通信，2006，6：8.

［52］赵梓森. 光纤到户的展望（纲要）［J］. 光通信，2006，11：8-9.

［53］赵梓森. 当前值得关注的几个问题［J］. 网络电信，2008，1：30.

［54］赵梓森，等. 极目楚天论光谷［N］. 光明日报，2008-06-17.

［55］赵梓森. 我在武汉邮电科学研究院亲身经历的故事［J］. 烽火科技报，2009，6：15-19.

［56］赵梓森. 从美国OFC会议看光通信的前沿发展［J］. 光学与光电技术，2009，4：1-5.

［57］赵梓森. 光纤通信的过去，现在和未来［J］. 光学学报，2011，9：91-93.

［58］赵梓森. 从高锟获奖看光纤通信的发展［N］. 人民邮电，2009-10-15.

［59］赵梓森. 中国的宽带网［J］. 烽火科技报，2012，3：27.

［60］赵梓森. 宽带中国［J］. 网络电信，2013，11：23-24.

［61］赵梓森. 光纤通信新技术［J］. 网络电信，2012，11：21-22.

［62］赵梓森. 光纤通信技术和产业概况［J］. 科技导报，2014，08：1.

［63］赵梓森. 物联网和传感器［J］. 光通信研究，2014，3：1-3.

［64］赵梓森. 中国光纤通信发展的回顾［J］. 电信科学，2016，5：5-9.

二、著作

［1］赵梓森. 邮电部武汉邮电科学研究院编写组. 激光通信［M］. 北京：人民邮电出版社，1978.

［2］赵梓森. 数字光纤通信系统原理［M］. 北京：科学出版社，1984.

［3］赵梓森. 单模光纤通信系统原理［M］. 北京：人民邮电出版社，1988.

［4］赵梓森. 光纤通信工程［M］. 北京：人民邮电出版社，1994.

［5］赵梓森. 玻璃丝的神通［M］. 北京：清华大学出版社，2002.

［6］赵梓森. 光纤通信技术概论［M］. 北京：科学出版社，2012.

参考文献

［1］徐凤文. 中原公司：一座大楼的摩登时代［N］. 城记，2005.

［2］陈存仁. 抗战时代生活史［M］. 桂林：广西师范大学出版社，2007.

［3］王喆. "八一三"淞沪会战研究述评［J］. 学术月刊，2001，4.

［4］许述，崔军. 淞沪会战的导火索——虹桥机场事件［J］. 文史精华，2006，8.

［5］李文. 抗战史话［M］. 北京：团结出版社，2005，7月第一版.

［6］谢泳. 中国大学的现实困境［Z］. 爱思想网，2007.5.

［7］院史编辑委员会. 邮电部武汉邮电科学研究院院史（1974—1994）［M］. 武汉邮电科学研究院，1994.

［8］李堂翔. 信号流图及其应用［J］. 武汉粮食工业学院学报，1991（4）：50-55.

［9］赵梓森. 用0-∞法解网络［J］. 电子学报，1965，12（4）：52-64.

［10］赵梓森. 关于网络问题的简洁解法［J］. 电子学报，1966，3（1）：90-92.

［11］邮电部武汉邮电科学研究院编写组. 激光通信［M］. 北京：人民邮电出版社，1978.

［12］赵梓森. 玻璃丝的神通——浅谈光纤通信［M］. 北京：清华大学出版社，2002.

［13］钱伟长. 八十自述［M］. 深圳：海天出版社，1998.

［14］武汉邮电科学研究院第二研究室. 关于开展光导纤维研究工作的报告［R］附录：国内外研究光导纤维的动态，1974.

［15］致邮电部科技委员会开展光纤研究工作的报告［R］，1974.

［16］赵梓森. Nd:YAG 激光器和二次谐波［J］. 激光与红外，1971(4)：19-24，8.

［17］池上彻彦. 半导体激光在光通信中的应用［J］. 国外信息显示，1973（8）：43-48.

［18］姚荣庆. 增量调制技术的讨论［J］. 通信技术. 1974（1）：19-26.

［19］吴平安. 中国的光纤之父赵梓森传［M］. 北京：中国青年出版社. 2015.

［20］赵梓森. 我在武汉邮电科学研究院亲身经历的故事［J］. 烽火科技报. 2009（6）：17-21.

［21］赵梓森. 中国光纤通信发展的回顾［J］. 电信科学，2016（5）：11-15.

［22］赵梓森. 从高锟获奖看光纤通信的发展［N］. 人民邮电，2009-10-15.

［23］赵梓森. 在光迅 WTD 开始融合之际回顾往事［Z］. 中国光纤在线网. 2012.12.27.

［24］极目楚天论光谷［N］. 光明日报，2008-6-17.

［25］2015—2020 年中国光纤行业市场深度分析及投资战略研究报告［R］. 中国报告大厅. 2015.12.

后 记

  2015 年 6 月 16 日上午 8 点 30 分，我带着 3 位研究生应约去拜访赵梓森院士，邀请他参加老科学家资料采集工程项目。

  赵院士办公室在武汉烽火集团总部大楼 8 层，大厅登记处清晰记载预约时间是 9 点。我们到赵院士办公室恰好 9 点整，赵院士已经在办公室门口迎接了！严格的作息时间、谦逊、平和……我们提前阅读资料产生的印象几乎在见到他的第一时间都证实了！我们说明来意，他到自己的办公桌上逐一阅看相关文件，并用笔记下他想知道的问题，然后带着那张写着问题的纸过来一个问题一个问题仔细询问，弄清楚所有问题后，欣然同意加入这个工程。我们对他的印象中又增加了"严谨"二字。从 2015 年 7 月项目获批到项目临近结束的两年多时间里，他欣然接受了我们数十次的访谈，每次都是按照预约时间迎接，按照我们提前确定的访谈提纲相互交流，按照约定的时间结束谈话。每次谈话，他都拿一张事先准备好的备忘纸片，上面是一些初定提纲中的关键人和事，以免谈话时想不起来耽误时间。赵院士对任何事情的程序化遵守就像他从事光纤通信研究一样：严谨细致。

  遇到我们难以理解的专业问题，他都会请我们到他的电脑前，用他精心制作的 PPT 深入浅出地讲给我们听，直到我们明白为止。一个 80 多岁高龄的老人,这么认真细致地制作 PPT,真是不可思议!每张 PPT 中对细节的追求程度,连我这个从事脑电科学研究的心理学者都自愧不如。有了这些 PPT 的帮助,再加上赵院士耐心的讲解,我们对光纤通信专业技术的把握就非常轻松了。因此,对赵院士的感谢无法用语言来形容,因为他似乎不只对我们表示支持,而是把自己当作项目组的成员了。

得益于赵院士的严谨、认真,我们在不长的时间内对他的学术成长脉络就有了比较清楚的梳理和掌握。反过来,他也对我们项目采集工作的态度比较认可。对我们这样系统的访谈,认真对一些事实细节严谨求证的精神,他非常欣慰。基于此情况,在征得赵院士同意的情况下,我们在传记中直接引用了一些赵院士的原话,以澄清一些在某些报道中事实不清甚至背离事实的地方。

有些遗憾的是,虽然我们在梳理赵院士学术成长和开创中国的光纤事业脉络过程中比较顺利,但收集相关的史实资料时却遇到了不小的困难。由于武汉邮电科学研究院很早就实行了企业改制(改为武汉烽火集团),改制后的单位无论是硬件(厂房、办公室、资料室),还是软件(人员、管理机构、管理机制)都发生了翻天覆地的变化,许多支撑赵院士学术成长和光纤研制的珍贵资料都在改制过程中散落或遗失了。武汉烽火集团现在的档案馆里,收藏和陈列的绝大部分都是集团成立以来的业绩资料。当我们按照商谈意见给他们发过去我们希望收集的资料目录时,得到的都是"没有"的回答。怎么办?只有到集团的档案馆里自己查找。因为涉及可能的商业机密,在与集团领导反复沟通后,他们同意我们进驻档案馆慢慢查找。我们派了两个研究生去档案馆与工作人员一起上下班,对每一份文字和图片资料进行查找,寻找相关史实和资料。每找到一份与赵院士相关的资料,在得到工作人员同意后,现场进行扫描。经过一个多月的努力,总算收集到一些非常珍贵的资料。在此要特别对武汉烽火集团致谢,感谢他们对我们的信任和对这个项目的支持。

第二要感谢赵梓森院士的夫人范幼英女士。赵院士向我们讲述的都是与学术和科研技术相关的事实,许多相关的背景和生活中的故事,赵院士要么是不清楚,要么是遗忘了。而这些,范幼英女士都能清晰道来,甚至帮我们分析事件的前因后果，帮助我们解开了许多谜团。一些珍贵的家庭资料，也都得益于她的提供。

第三要感谢的是毛谦总工程师，他不仅同意作为我们项目组成员，协助我们开展此项目，还帮我们联系相关人员接受访谈。他作为赵院士的学生、多年同事和朋友，给我们提供了非常专业的帮助和珍贵的资料。最后，还不顾身体有恙，为这本传记写序。可以说，没有毛谦总工程师的支持和帮助，我们很难顺利完成此项目。

第四要感谢我的硕士生应思远和柴瑶，他们利用业余时间参与项目资料的收集和撰写工作，为项目的完成和传记的写作做了很多奠基工作。

最后要感谢中国科协老科学家采集工程项目组的领导和专家们，无论是项目开始之前的培训，还是中期汇报，他们都给我们提供了非常专业的指导和帮助，使得我这个自然科学史专业的外行有机会讲述赵院士的学术成就和人格魅力，有机会为中国的自然科学史作一份贡献。

贺金波

2017 年 11 月

老科学家学术成长资料采集工程丛书
已出版（110种）

《卷舒开合任天真：何泽慧传》　　　《此生情怀寄树草：张宏达传》
《从红壤到黄土：朱显谟传》　　　　《梦里麦田是金黄：庄巧生传》
《山水人生：陈梦熊传》　　　　　　《大音希声：应崇福传》
《做一辈子研究生：林为干传》　　　《寻找地层深处的光：田在艺传》
《剑指苍穹：陈士橹传》　　　　　　《举重若重：徐光宪传》

《情系山河：张光斗传》　　　　　　《魂牵心系原子梦：钱三强传》
《金霉素·牛棚·生物固氮：沈善炯传》《往事皆烟：朱尊权传》
《胸怀大气：陶诗言传》　　　　　　《智者乐水：林秉南传》
《本然化成：谢毓元传》　　　　　　《远望情怀：许学彦传》
《一个共产党员的数学人生：谷超豪传》《没有盲区的天空：王越传》

《含章可贞：秦含章传》　　　　　　《行有则　知无涯：罗沛霖传》
《精业济群：彭司勋传》　　　　　　《为了孩子的明天：张金哲传》
《肝胆相照：吴孟超传》　　　　　　《梦想成真：张树政传》
《新青胜蓝惟所盼：陆婉珍传》　　　《情系梁菽：卢良恕传》
《核动力道路上的垦荒牛：彭士禄传》《笺草释木六十年：王文采传》

《探赜索隐　止于至善：蔡启瑞传》　《妙手生花：张涤生传》
《碧空丹心：李敏华传》　　　　　　《硅芯筑梦：王守武传》
《仁术宏愿：盛志勇传》　　　　　　《云卷云舒：黄士松传》
《踏遍青山矿业新：裴荣富传》　　　《让核技术接地气：陈子元传》
《求索军事医学之路：程天民传》　　《论文写在大地上：徐锦堂传》

《一心向学：陈清如传》　　　　　　《钤记：张兴钤传》
《许身为国最难忘：陈能宽传》　　　《寻找沃土：赵其国传》

《钢锁苍龙　霸贯九州：方秦汉传》
《一丝一世界：郁铭芳传》
《宏才大略　科学人生：严东生传》

《我的气象生涯：陈学溶百岁自述》
《赤子丹心　中华之光：王大珩传》
《根深方叶茂：唐有祺传》
《大爱化作田间行：余松烈传》
《格致桃李半公卿：沈克琦传》
《躬行出真知：王守觉传》
《草原之子：李博传》

《此生只为麦穗忙：刘大钧传》
《航空报国　杏坛追梦：范绪箕传》
《聚变情怀终不改：李正武传》
《真善合美：蒋锡夔传》
《治水殆与禹同功：文伏波传》
《用生命谱写蓝色梦想：张炳炎传》
《远古生命的守望者：李星学传》

《善度事理的世纪师者：袁文伯传》
《"齿"生无悔：王翰章传》
《慢病毒疫苗的开拓者：沈荣显传》
《殚思求火种　深情寄木铎：黄祖洽传》
《合成之美：戴立信传》
《誓言无声铸重器：黄旭华传》
《水运人生：刘济舟传》
《在断了A弦的琴上奏出多复变
　　最强音：陆启铿传》

《虚怀若谷：黄维垣传》
《乐在图书山水间：常印佛传》
《碧水丹心：刘建康传》

《我的教育人生：申泮文百岁自述》
《阡陌舞者：曾德超传》
《妙手握奇珠：张丽珠传》
《追求卓越：郭慕孙传》
《走向奥维耶多：谢学锦传》
《绚丽多彩的光谱人生：黄本立传》

《探究河口　巡研海岸：陈吉余传》
《胰岛素探秘者：张友尚传》
《一个人与一个系科：于同隐传》
《究脑穷源探细胞：陈宜张传》
《星剑光芒射斗牛：赵伊君传》
《蓝天事业的垦荒人：屠基达传》

《化作春泥：吴浩青传》
《低温王国拓荒人：洪朝生传》
《苍穹大业赤子心：梁思礼传》
《仁者医心：陈灏珠传》
《神乎其经：池志强传》
《种质资源总是情：董玉琛传》
《当油气遇见光明：翟光明传》
《微纳世界中国芯：李志坚传》
《至纯至强之光：高伯龙传》

《弄潮儿向涛头立：张乾二传》
《一爆惊世建荣功：王方定传》
《轮轨丹心：沈志云传》
《继承与创新：五二三任务与青蒿素研发》

《淡泊致远　求真务实：郑维敏传》
《情系化学　返璞归真：徐晓白传》
《经纬乾坤：叶叔华传》
《山石磊落自成岩：王德滋传》
《但求深精新：陆熙炎传》
《聚焦星空：潘君骅传》

《材料人生：涂铭旌传》
《寻梦衣被天下：梅自强传》
《海潮逐浪　镜水周回：童秉纲口述人生》

《采数学之美为吾美：周毓麟传》
《神经药理学王国的"夸父"：金国章传》
《情系生物膜：杨福愉传》
《敬事而信：熊远著传》